JN098777

新版
商法総論・
会社法総則

畠田公明／前越俊之／
嘉村雄司／後藤浩士〔著〕

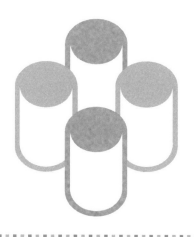

中央経済社

はしがき

　本書は，商法総則と会社法総則をできるかぎり融合させて，統一的に理解しやすいようにまとめて概説するものである。

　商法に関する規定は，近年，平成30年「商法及び国際海上物品運送法の一部を改正する法律」に引き続いて，令和元年「会社法の一部を改正する法律」により，大幅に改正された。そこで，本書は，前越俊之教授，嘉村雄司准教授および後藤浩士准教授の協力により，拙著『商法総論・会社法総則』（中央経済社）を改訂して，新たに上記一連の改正に対応した教科書を公刊するものである。

　本書の構成は，まず，商法総論として，現代の企業社会における企業の社会的責任，コーポレート・ガバナンスなどにも言及しながら，商法の意義・特色および法源などについて総説する（第1章）。その後に，商人と会社の意義・種類，商人資格，営業・事業および営業所，商号などを取り上げる（第2章～第4章）。また，商業帳簿（第5章），支配人その他の使用人，代理商などの企業の補助者のほかに，特約店・フランチャイズにも言及する（第6章・第7章）。さらに，商業登記（第8章），営業・事業の譲渡（第9章）を概説する。

　本書は，大学の講義において，商法総則・会社法総則を学ぶ者のために利用しやすいように工夫したものである。本書の本文のなかに重要な基本判例の事案の概要と判旨を紹介し，諸規定の説明では，できるかぎり図解等を掲載し，論点についてはその詳細を参照できるように，注書きで，各種の逐条解説書の該当頁を引用している。さらに，各章ごとに問題を設けて，ケースメソッド・プロブレムメソッドに対応できるようにしている。基本判例を読むことによって，教科書で説明されている制度や問題点が具体的な事案でどのようにとりあげられているのかがわかり，各章の必要と思われる所に設けた問題を考えることによって本書で理解したものをさらに具体化・深化させていくことができるように配慮している。設問には模範的な解答例を付してはいない。本書の内容をていねいに読んで理解していれば，自分で考えて答えを出すことができるで

2

あろうし，また，問題の具体的な事例によってはいろいろな考えがありうるし，さらに新たな論点の展開につながることもあるであろう。本書の上記のような構成が読者の考える力を身につける一助になるならば，筆者の何よりの喜びとするところである。

　最後に，本書の刊行にあたっては，出版を快くお引き受けいただいた中央経済社の皆様方，また企画段階からご相談に応じていただき，校正その他で多大のご尽力をいただいた同社編集長の露本敦氏に心よりお礼を申し上げる。

　令和3年12月10日

執筆者を代表して

畠田　公明

目　　次

6

〔法令名略語〕

商→商法／商旧→平成17年改正前商法／商則→商法施行規則

会社→会社法／会社計算→会社計算規則／会社則→会社法施行規則

整備法→会社法の施行に伴う改正法律の整備に関する法律

有→有限会社法（平成17年会社法制定時に廃止）

民→民法

一般法人→一般社団法人及び一般財団法人に関する法律

会更→会社更生法

企業担保→企業担保法

金商→金融商品取引法

刑→刑法

小→小切手法

公益法人→公益社団法人及び公益財団法人の認定等に関する法律

国公共済→国家公務員共済組合法

財務規→財務諸表等の用語，様式及び作成方法に関する規則

商登→商業登記法

商取→商品先物取引法

商標→商標法

職安→職業安定法

水協→水産業協同組合法

生協→消費生活協同組合法

船舶→船舶法

地公共済→地方公務員等共済組合法

たばこ事→たばこ事業法

中協→中小企業等協同組合法

手→手形法

電電→日本電信電話株式会社等に関する法律

投信→投資信託及び投資法人に関する法律

特許→特許法

独禁→私的独占の禁止及び公正取引の確保に関する法律

任意後見→任意後見契約に関する法律

農協→農業協同組合法

破→破産法

非営利活動→特定非営利活動促進法

不正競争→不正競争防止法

分割労働承継→会社分割に伴う労働契約の承継等に関する法律

法適用→法の適用に関する通則法

民再→民事再生法

民訴→民事訴訟法

民執→民事執行法

連結財務規→連結財務諸表等の用語，様式及び作成方法に関する規則

労組→労働組合法

労派遣→労働者派遣事業の適正な運営の確保及び派遣労働者の保護等に関する法律

〔書籍名〕

相澤編著・一問一答→相澤哲編著『一問一答新・会社法（改訂版）』（商事法務，2009年）

会社法コンメ→江頭憲治郎・森本滋編集代表『会社法コンメンタール』（商事法務，2008年〜2021年）

坂本編著・一問一答→坂本三郎編著『一問一答・平成26年改正会社法（第2版）』（商事法務，2015年）

逐条解説→酒巻俊雄・龍田節編集代表「逐条解説会社法」（中央経済社，2008年〜）

畠田・会社の目的→『会社の目的と取締役の義務・責任―CSRをめぐる法的考察』（中央経済社，2014年）

論点解説→相澤哲・葉玉匡美・郡谷大輔編著『論点解説新会社法―千問の道標』（商事法務，2006年）

論点体系→江頭憲治郎・中村直人編著『論点体系会社法（第2版）⑴〜⑹』（第一法規，2021年）

〔判例集・雑誌名〕

民録：大審院民事判決録

民（刑）集：最高裁判所（大審院）民（刑）事判例集

集民：最高裁判所裁判集民事

高民集：高等裁判所民事判例集

下民集：下級裁判所民事裁判例集

＊

新聞：法律新聞

金判：金融・商事判例

判時：判例時報
判タ：判例タイムズ
労判：労働判例

第1章

商法総論

1 現代の企業社会と商法・会社法

(1) 企業社会

1－1図解：企業と密接な現代社会（企業社会）

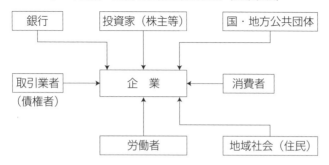

現代社会において，企業はわれわれの生活に必要な多くの財貨やサービス（役務）を提供している。また，われわれの大多数は，労働者として企業に労働の場を得て賃金を獲得している。このような企業に株主・社債権者などの投資家や銀行が資金を提供し，その企業に原材料などを提供する取引業者も，債権者として企業と密接な関係をもつ。これらの投資家や債権者などは，企業から配当や利息の支払いなどの形で利潤の分配を受ける。さらに，企業の事業所や工場が存在する地域では，その住民の利害とも深く結びついており，企業は，納税者としても，国や地方公共団体の財政の重要な一翼を担っている。そのうえ，現代では，企業間の資本関係による企業グループ，支配・従属関係にある企業（企業結合）が形成されることにより，お互いに依存関係にあるとともに，国内にとどまらず，国際的に活動することによって，企業間で激しい競争を展開している。

上記のように，現代社会では，企業が国民経済や社会一般の利害と深く関わり，政治・教育などを含むあらゆる問題が企業の活動を抜きにしては考えられ

ない。そのような意味で，現代社会は企業社会であるといわれている。

(2) 企業と法

　企業が現代社会で果たしている機能は，多岐にわたることから，企業はきわめて多くの分野の法律に関係している。

(ｱ) 企業組織

　企業組織については，民法（組合），商法（個人商人・匿名組合），会社法，金融商品取引法などによって規整されている。さらに，銀行業・保険業・証券業などの個々の業種について，いわゆる「業法」にも規定がある。また，企業組織の変動として，事業譲渡・合併などの組織再編については，商法，会社法だけでなく，独占禁止法なども関わってくる。企業の営業活動の補助者としては，使用人・代理商・仲介業者などについて，民法や商法・会社法によって規整されている。企業と労働者との関係については，労働法によって，雇用条件などについて労働者の保護の視点から規整されている。

(ｲ) 企業取引

　企業取引については，契約は民法と商法による規整が行われているが，契約の種類によっては，特別な規整が行われる。たとえば，不動産取引では，不動産登記法などによる規整がある。また，消費者取引では，消費者保護の観点から，消費者契約法，特定商取引に関する法律，割賦販売法，製造物責任法などの多くの法律が制定されている。最近の電子商取引の増加に伴い，電子消費者契約に関する民法の特例に関する法律，電子署名及び認証業務に関する法律などが制定されている。企業間の信用取引と担保については，民法を中心として多くの法律により規整されている。

(ｳ) 企業の市場との関わり

　企業の市場との関わりについては，企業間の公正で自由な競争を実現させることによって，消費者の利益を確保し，国民経済の健全な発達を促進させることを期するために，独占禁止法を中心とするいわゆる経済法が制定されている。

(ｴ) その他

　さらに，企業活動の創造的所産としての発明・考案・意匠などや，商号・商標などの企業の識別標識を保護するために，特許法・商標法などのいわゆる知的財産法が制定されている。また，企業の税法との関わりについては，法人税法などによる規整がある。

　以上のような企業に関係する法律のすべてが，企業法という一つのまとまった法分野を形づくっているわけではない。わが国の商法学において，企業法とは，企業をめぐる関係主体相互間の経済的利益の調整を目的とする法分野（企業組織の規整，企業相互間の取引および企業と消費者間の取引の規整）であるといわれており，商法は企業法と呼ばれる。

　商法を企業法と呼び替える意味については，商法の意義のところで取り上げる。

(3)　企業形態

1 - 2図解：企業形態

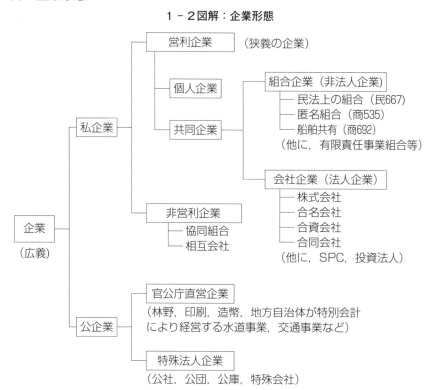

㋐　企業形態の意義

　企業とは，現代の資本主義経済体制の下で，計画的・継続的・反復的に，われわれの生活に必要な多くの財貨やサービス（役務）を提供するための経済活動を営む組織体ないしは経営単位をいう。このような企業が法律上分類・整理

された組織形態が，企業形態といわれる[1]。法律上は，企業の目的，設立方式，出資者の範囲，管理運営組織，経営成果の帰属などが問題となる。企業形態は，公企業形態と私企業形態とに大別することができる。

（イ）公企業形態

　国または地方公共団体が法律に基づいて出資し，直接または間接に経営する企業形態である。公企業の形態には，政府が直接に経営する形態として林野・国民年金事業など純粋な国営事業を行う場合と，地方公共団体が直接に経営する形態として地方公営事業（給水・鉄道・バス事業など）を行う場合がある。国や地方公共団体が全額出資して間接に経営する形態として，国の特殊法人（公社・公団・公庫・事業団・独立行政法人など）と地方公社（土地開発公社・地方道路公社・地方住宅供給公社など）とがある。

　国民経済全体の中で，民間企業すなわち私企業が圧倒的に多い。しかし，採算が合うことを求められる私企業は，国民生活に不可欠の事業活動であるにもかかわらず，その採算をとることが困難であることから進出しない事業分野がある。また，国や地方公共団体が一定の政策を遂行するためみずから事業活動を行うことが必要となる場合がある。このような場合に，当該事業部門が公企業によって担われるようになる。現在では，企業に対する国家財政の役割も増大し，国や地方公共団体の経済行政に対する配慮も強化されており，いわゆる第三セクター（公私合同〔混合〕企業）のように国または地方公共団体が民間企業と共同出資によって法人を設立することもある（その場合に株式会社の形態をとることが多い）。さらには，近時，従来の公企業が，競争原理の導入，効率の促進などを図るために，私企業にされることがみられる（民営化）。

（ウ）私企業形態

　民間の私人が出資者となり，その設立が当事者の自治に委ねられている企業形態であって，営利企業と非営利企業とに分けられる。営利企業は，利潤獲得を目的とし事業活動を行い，その経営成果が私人に帰属する企業形態（個人企業・共同企業〔組合・会社など〕）である（詳細は下記①②参照）。これに対し，非営利企業は，事業活動によって獲得した利潤を出資者たる構成員に分配するこ

1）　企業形態が法律上限定されているのは，企業と取引する者がその相手方企業の法律的な組織関係を確認することを容易にし（会社の場合，代表権の有無，無限責任社員，有限責任社員など），大量で反復・継続的取引を迅速・円滑にする必要性があるからである。

とを目的としない企業形態（協同組合・相互会社・信用金庫など）である（詳細は下記③参照）。

① 　個人企業　　営利企業の最も単純で古くから存在する企業形態である。個人が事業に出資してこれを経営し，得た利潤をすべて自分のものとすることができ，損失のすべても自分１人で負担する。家計と営業用財産が区分されていても，全体で債務を弁済する責任を負わされる。手っ取り早く事業を行う場合に個人企業は便利であるが，個人の生命・労力・資力には限度があるから，その企業形態で経営することができる事業の規模や種類にはおのずから限りがある。そこで，事業規模が拡大するにつれて，他の事業者を共同企業者とすることが必要となる。

② 　共同企業　　複数人の人が資金を持ち寄って，必要な労力を補充し，損失を分担することによって，共同して事業を行うものが，共同企業形態である。事業活動により多くの利潤を獲得するためには事業規模を拡大する必要があり，また，かなりの資本的規模をもたないと成り立ちえない産業分野もあることから，共同企業形態が生まれる。この企業形態は，以下のように分類することができる。

(a)組合　　数人の個人企業業者が共同して事業を営む民法上の組合である（民667条以下）。古くからある共同企業の最も簡単な共同企業形態である。組合債務について無限責任を負う出資者（組合員）からなる。

(b)匿名組合　　事業の経営者（営業者）に出資者（匿名組合員）が出資し，その事業経営から生ずる利益を分配することを約する契約の一種である（商535条）。その債務について無限責任を負う営業者と有限責任を負う匿名組合員からなる。これは，中世のコンメンダ契約にその起源を有し，そのなかで後に出資者も共同企業者（有限責任社員）として表に現れた形態が合資会社であるといわれている。

(c)船舶共有　　民法上の組合をやや合理化した海上企業だけに利用される企業形態である（商692条以下）。かつては重要な海上企業経営の形態であったが，株式会社制度が普及したため，今日ではほとんど利用されていない。

(d)投資事業有限責任組合・有限責任事業組合　　これらは，いずれも民法上の組合の特例として創設されたものである。「投資事業有限責任組合」は，ベンチャー企業等への投資を目的として認められたもので，無限責任組合員と有限責任組合員からなる（投資事業有限責任組合契約に関する法律〔平10法

90号〕）。「有限責任事業組合」は，日本版LLP（Limitd Liability Partnership）といわれており，組合員全員が業務執行権限を有する形で営利目的の事業を行うことを目的とする企業形態で，出資者（組合員）全員が有限責任を負う（有限責任事業組合契約に関する法律〔平17法40号〕）。

(e)会社　　現在の経済社会において，典型的な営利企業として，最も重要な企業形態が会社企業形態である。資本・労力の結合，企業危険の分散という共同企業の特質は会社企業形態において，最も合理的に効果的に実現されている。会社法では，株式会社のほか合名会社・合資会社・合同会社について規整を設けている（会社2条1号）[2]。株式会社以外の三つをまとめて「持分会社」と呼ぶ（会社575条1項括弧書）。

　「合名会社」は，会社債権者に対して無限責任を負う無限責任社員だけからなる会社である（会社576条2項）。「合資会社」は，無限責任社員と出資額を限度とする有限責任社員からなる会社である（会社576条3項）。合名会社および合資会社は，実質的には個人企業の共同経営にほかならないということもできる。「合同会社」は，有限責任社員だけからなる会社である（会社576条4項）[3]。「株式会社」は，その社員は株主と呼ばれ，株主は会社に対し出資義務を負うだけで，会社債権者に対してまったく責任を負わない（有限責任）。株式会社は，資本・労力の結合，企業危険の分散が最も徹底されており，現在の主要産業のほとんどは，株式会社形態で事業経営されている。なお，株式会社の限定された特定の（たとえば資産流動化目的）目的へ利用されるものとして，特定目的会社（SPC）といわれるものがある[4]。

---

2)　ちなみに，会社に関する規定は，原則として強行規定であり，当事者がこれと異なる定款を設けたりすることができないと考えられてきた。これに対し，近代市民法の大原則である契約自由の原則からは任意規定でよいのではないかという疑問が生じ，とくにアメリカでは会社関係を契約の束（nexus of contracts）と考える立場から，当事者が契約で何も定められない場合にのみ適用されるデフォルト・ルール（default rule〔一種の標準契約書式〕）であり，会社法の存在意義は当事者の契約にかかる費用の削減にあるということがいわれることがある。しかし，会社を巡る多数の利害関係者の保護をする必要があり，会社の基本的構造および利害関係者の調整のための規定などは強行規定とされるべきである。平成17年制定の会社法は，とくに株式会社について，同年改正前の商法における場合と比べて，定款自治の範囲が拡大し，従来より任意規定の性格が強まっている傾向がある。

3)　合同会社は，日本版LLC（Limited Liability Company）と呼ばれ，合弁企業（Joint Venture）やベンチャー企業（Venture Business）などの起業に適し，経済の活性化につながることが期待される。

③　**非営利企業**　「協同組合」は，経済的弱者が結束して相互扶助と地位の向上を図るもので，農業協同組合・漁業協同組合・消費生活協同組合・中小企業等協同組合などがある。「相互会社」は，仲間のなかで不時の入用に備えて，保険に加入すると同時に社員となり社員相互の保険を目的とする会社であるが（保険業法5条の2・18条以下），会社法上の会社ではない。「信用金庫」は，国民大衆のために金融の円滑を図り，その貯蓄の増強に資するため，個人または法人が会員となるために出資した協同組織によるものである（信用金庫法1条・10条）。また，「労働金庫」は，労働組合，消費生活協同組合その他労働者の団体が協同して組織するものである（労働金庫法1条）[5]。

⑷　企業倫理と企業の社会的責任
㋐　企業倫理と社会的責任

　企業は，前記のように計画的・継続的・反復的に経済活動を営む組織体ないしは経営単位であるといわれるが，狭義の企業は，営利を目的とし資本的計算方法（いわゆる資本に対する利回り計算）に基づき継続的・反復的に経済活動を行うものである。このような営利企業では，企業主もしくは出資者の営利追求の手段として，利潤の増大もしくは最大化が第一義的目標として経営されることになる。近時，とりわけ食品の安全性に関して，企業不祥事が続発している[6]。人をだましたり，あるいは人に危害を与えるかもしれないのに，そのような不道徳なことをしてまでも利潤第一とする思想が背景にあるとも考えられる。企業が社会的に守るべき道徳，すなわち企業倫理に反した企業経営が行わ

4）　特定目的会社（Specific Purpose Company〔SPC〕）は，「資産の流動化に関する法律」（平成10法105号）により，公開会社に要求される複雑な機関構成，議決権制限株式の発行限度規制等の制約を除去した新しい社団法人が設けられたものである。また，現行法上，会社とは呼ばれていないが，「投資信託及び投資法人に関する法律」（昭和26法198号）において，いわゆる会社型証券投資信託に用いるため平成10年に制度が作られた投資法人（投信61条〜223条）も，特定の目的への利用のため株式会社の機構に変更を加えたものである。

5）　なお，「一般社団法人」・「一般財団法人」（一般法人1条），ならびにそのうち公益性の認定を受けた「公益社団法人」・「公益財団法人」（公益法人1条）のみならず，「NPO法人」（特定非営利活動法人〔Non-Profit Organization〕）も特定非営利活動促進法（NPO法）（平10法7号）の規定によって成立した民間の団体で，営利を目的としない。

6）　たとえば，東京地判平17・2・10判時1887号135頁（雪印食品牛肉偽装事件），名古屋高金沢支判平17・5・18判時1898号130頁（ジャージ高木乳業事件），大阪高判平18・6・9判タ1214号115頁（ダスキン株主代表訴訟事件）など参照。

8

れる場合に，その企業は社会的な非難を受け，消費者による不買運動，行政処分，経営者の責任追及訴訟などが行われることが少なくない。

そこで，日本経済団体連合会（経団連）は，すべての企業や個人が高い倫理観のもと自由に創造性を発揮できる経済社会の構築に取り組む一環として，1991年に企業行動憲章を制定した後に幾たびか改正をしている。近年国連採択のSDGsの達成を柱として，2017年の「企業行動憲章―持続可能な社会の実現のために―」では，企業は，公正かつ自由な競争の下，社会に有用な付加価値および雇用の創出と自律的で責任ある行動を通じて，持続可能な社会の実現を牽引する役割を担うこと，そのため企業は，国の内外において，企業行動憲章に定められる10原則に基づき，関係法令，国際ルールおよびその精神を遵守しつつ，高い倫理観をもって社会的責任を果たしていくこととし，会員企業は，本憲章の精神を遵守し，自主的に実践していくことを宣言するとされる[7]。

㈠ バーリとドッドとの間の論争

アメリカでは，1930年代に，会社は株主以外の社会的利益に対して，受託者としての義務と責任を負うかについて，バーリ（Berle）とドッド（Dodd）間で論争が行われた[8]。バーリは，株式会社の所有と経営の分離を前提として，会社経営者は株主の利益のために経営すべきであると主張した。これに対し，ドッドは，会社経営者が株主の利益だけでなく従業員・消費者および一般公衆の利益をも考慮することが長期的には株主の利益を増大させることを主張して，このような者に対する社会的責任の観念が経営者のとる適切な態度であると説いた。アメリカでは，バーリの考えのほうがこれまでの主流であるが，会社実務ではそのような社会的責任の考えが徐々に展開して，利害関係のある者すな

7）　すなわち，①イノベーションを通じて持続可能な経済成長と社会的課題の解決，②公正・自由な競争ならびに適正な取引，責任ある調達と，政治・行政との健全な関係の保持，③公正な企業情報の開示と，ステークホルダーとの建設的対話による企業価値の向上，④人権を尊重する経営，⑤消費者・顧客に対する商品・サービスに関する適切な情報提供，誠実なコミュニケーションによる満足と信頼の獲得，⑥多様性・個性等を尊重する働き方の改革および職場環境の充実，⑦環境問題への主体的な取り組み，⑧社会参画とその発展への貢献，⑨反社会的勢力・テロ・サイバー攻撃・自然災害等に備えた，組織的な危機管理の徹底，⑩経営トップの役割として，実効あるガバナンスの構築と，社内・グループ企業のみならずサプライチェーンにも本憲章の精神の周知徹底，また，本憲章の精神に反する場合に経営トップが率先して問題解決・原因究明・再発防止等の責任を果たすこと，以上の10原則が定められている。（https://www.keidanren.or.jp/policy/cgcb/charter2017.html）。

8）　バーリとドッド間の論争について，畠田・会社の目的69頁・146頁参照。

わちステークホルダーに配慮した経営が行われるようになった。近時のアメリカの多数の州では，会社の取締役がその義務を履行する際に，株主以外の利害関係者（従業員・顧客・供給者・地域社会など）の利益を考慮することを認める利害関係者制定法（Constituency Statutes）[9] が定められ，また，一般的な公共的利益の創出を要求する社会的営利会社（Benefit Corporation）に関する州制定法も増加している。

(ウ)　わが国における企業の社会的責任論

　企業が社会的要請に沿う行動を行う責任を負うことを意味する企業の社会的責任は，教育・慈善・文化など企業が社会に期待される行動を行うという積極的な面と，不正支出・公害の発生など企業が社会的に非難されるような行動をしない責任を負うという消極的な面を意味する。わが国では，とくに消極的な面が取り上げられて議論されることが多くて，社会的な倫理に反した利潤追求活動を法的に規制しようとする倫理的側面が強い。

　わが国では戦後の高度経済成長期に入って，公害問題，粉飾決算，闇カルテル，大企業による土地投機・買占め・売り惜しみ，政治献金[10] などが問題とされるようになり，企業の社会的責任論が盛んに行われるようになった。とくに，八幡製鉄政治献金事件の最高裁大法廷判決を契機として，社会的責任についての議論が高まった。

　上記大法廷判決は，特定の政党への政治献金が定款所定の目的の範囲内かどうかが争点とされた事案で，「会社は……自然人とひとしく，国家，地方公共団体，地域社会その他（以下社会等という。）の構成単位たる社会的実在なのであるから，それとしての社会的作用を負担せざるを得ないのであって，ある行為が一見定款所定の目的とかかわりがないものであるとしても，会社に，社会通念上，期待ないし要請されるものであるかぎり，その期待ないし要請にこたえることは，会社の当然になしうるところであるといわなければならない。そしてまた，会社にとっても，一般に，かかる社会的作用に属する活動をすることは，無益無用のことではなく，企業体としての円滑な発展を図るうえに相当の価値と効果を認めることもできるのであるから，その意味において，これらの行為もまた，間接ではあっても，目的遂行のうえに必要なものであるとする

---

9)　利害関係者制定法について，畠田・会社の目的93頁以下・157頁以下参照。
10)　最大判昭45・6・24民集24巻6号625頁（八幡製鉄政治献金事件）参照。

を妨げない。災害救援資金の寄附，地域社会への財産上の奉仕，各種福祉事業への資金面での協力などはまさにその適例であろう。……会社による政治資金の寄附は，客観的，抽象的に観察して，会社の社会的役割を果たすためになされたものと認められるかぎりにおいては，会社の定款所定の目的の範囲内の行為であるとするに妨げない」と判示した[11]。

その後，企業の社会的な倫理に反した利潤追求活動を法的に規制するかどうかの問題について，1974（昭和49）年商法改正の際に，衆・参両院の法務委員会で企業の社会的責任に関する附帯決議が行われた。それを受けて，1981（昭和56）年商法改正に向けて，企業の社会的責任に関する一般規定を商法上設けるかどうかについて議論されたが，消極論が有力であった。結局，会社の社会的責任に関する一般規定を設けることは見送られて，今日に至っている[12]。

(5) コーポレート・ガバナンスと内部統制

(ア) コーポレート・ガバナンス

コーポレート・ガバナンス（Corporate Governance）は，企業統治や会社運営などの訳語が用いられることがあるが，あいまいに使われており客観的・統一された定義があるということではない。わが国のコーポレート・ガバナンスの論議は，諸外国におけるコーポレート・ガバナンスの論議の影響を強く受けているが，とくにアメリカにおいて盛んに論じられているコーポレート・ガバナンスがグローバル・スタンダードとして紹介されることが多い。大まかな捉え方をするならば，①会社の所有と経営の分離の徹底した大規模の株式会社を念頭に置き，大企業を取り巻くさまざまな関係者（ステークホルダー）の利害調整と，②その大企業の経営・管理機構はどうあるべきかということを議論するものの総称であるといってよいであろう。

前記①では「会社は誰のものか」ということが論じられている。今日の大会社は，会社の実質的所有者である株主のほか，従業員，取引先，債権者，地域社会等，さまざまなステークホルダーの利害が複雑にからまった組織体である。大会社は，株主の利益のために存在するのか，従業員・取引先・地域社会等のステークホルダーを無視すべきではないのか，いろいろのステークホルダーの

---

11) 最大判昭45・6・24民集24巻6号625頁（前掲八幡製鉄政治献金事件）。
12) 企業の社会的責任論の展開について，畠田・会社の目的28頁以下参照。

利益を考慮する場合にはその優先順位・程度等はどのように考えられるのかという，たいへん難しい問題がコーポレート・ガバナンスと題して論じられている。アメリカのバーリ＝ミーンズ[13)]は，株式所有の分散および所有と支配の分離の結果として，経営者支配が現実となっていることを実証したが，会社経営者は，大株主でもないのに経営専門家として会社を支配できるようになると（所有なき支配），株主の利益のために経営活動するだけでよいのか，他のステークホルダーの利益のためにも行動すべきであるのかが問題とされる。アメリカでは伝統的に株主第一主義あるいは株主利益の最大化という考えがとられており[14)]，わが国でも，近時，株主全体の利益保護という観点を強調する裁判例がでてきている[15)]。しかし，アメリカでは，上記のような考えは，前述の社会的責任についてのバーリとドッドとの間の論争や利害関係者制定法などにより，修正されてきている。

　前記②では「大会社の経営・管理機構はどうあるべきか」ということが論じられ，会社法の規定の対象とするものであり，今日，世界中の先進国で課題とされているものである。ここでは，会社の効率的な経営組織と経営者に対する効果的な監督・監査組織が問題とされている。わが国では戦後の高度経済成長の後に1990年代にはいり，いわゆるバブル経済が崩壊して，企業不祥事が相次いで発覚したことを契機として，コーポレート・ガバナンスに関する論議が盛んに行われるようになった。「企業の不祥事」防止のためのコーポレート・ガバナンスとして，社外監査役の資格，監査役の選任方法，株主代表訴訟の見直しなどが論議された。他方，「経営効率の向上」のためのコーポレート・ガバナンスとして，経営者の選任・解任の適切なシステムのあり方，取締役会と監査役会のどちらを重視するのか，取締役・取締役会の改革（社外取締役の選任，指名委員会・報酬委員会等の設置，取締役の員数の削減と執行役制度）などが論議された。これらの論議を経て，その成果の多くが平成17年会社法に規定されているといってよかろう。近年，東京証券取引所は，上場会社について，五つの

---

13)　Adolf A.Berle, Jr. & Gardner C.Means, The Modern Corporation and Private Property (1932). 畠田・会社の目的148頁以下参照。

14)　先例として，Dodge v. Ford Motor Co., 170 N.W. 668（Mich. 1919）. 畠田・会社の目的63頁・145頁参照。

15)　たとえば，東京地決平17・3・11判タ1173号143頁，東京高決平17・3・23判時1899号56頁など参照。

基本原則，30の原則および38の補充原則からなる「コーポレートガバナンス・コード」を策定した。このコードは平成27年6月から適用されている[16]。

(イ)　内部統制とコンプライアンス

　コーポレート・ガバナンスの実践の一環として，その実効性を確保するために，近時の企業では，内部統制の重要性が認識されるようになった。会社法は，会社の業務の適正を確保するための整備を取締役会の決議事項とし，とくに大会社にはそのような体制（いわゆる内部統制システム）の構築に関する事項を決定することが義務づけられている[17]。また，金融商品取引法も，財務計算に関する書類その他の情報の適正を確保するために必要なものとして内閣府令で定める体制について内部統制報告書を内閣総理大臣に提出することを要求する（金商24条の4第1項）。

　ちなみに，企業会計審議会の「財務報告に係る内部統制の評価及び監査の基準」では，「内部統制とは，基本的に，業務の有効性及び効率性，財務報告の信頼性，事業活動に関わる法令等の遵守並びに資産の保全の四つの目的が達成されているとの合理的な保証を得るために，業務に組み込まれ，組織内のすべての者によって遂行されるプロセスをいい，統制環境，リスクの評価と対応，統制活動，情報と伝達，モニタリング（監視活動）及びIT（情報技術）への対

---

16)　令和3年のコードにおいて，「コーポレートガバナンス」とは，「会社が，株主をはじめ顧客・従業員・地域社会等の立場を踏まえた上で，透明・公正かつ迅速・果断な意思決定を行うための仕組みを意味する」と定義される。そして，本コードは，基本原則として，株主の権利・平等性の確保（基本原則1），株主以外のステークホルダーとの適切な協働（基本原則2），適切な情報開示と透明性の確保（基本原則3），取締役会等の責務（基本原則4），および株主との対話（基本原則5）を定め，これらの五つの基本原則の内容を詳細に規定した31の「原則」，さらにこの「原則」の意味を明確にするための47の「補充原則」から構成される。東京証券取引所「コーポレートガバナンス・コード～会社の持続的な成長と中長期的な企業価値の向上のために～」（2021年6月11日），https://www.jpx.co.jp/news/1020/nlsgeu000005ln9r-att/nlsgeu000005lne9.pdf。本コードは法的拘束力はないが，「コンプライ・オア・エクスプレイン（comply or explain）」規範とされ，原則を実施するか，実施しなければ実施しない理由を「コーポレートガバナンス報告書」で説明することが求められることになる（東京証券取引所・有価証券上場規程445条の3・436条の3・419条，同・有価証券上場規程施行規則415条）。

　なお，金融庁は，「スチュワードシップ・コードに関する有識者検討会」において，機関投資家の行動基準を明らかにした「『責任ある機関投資家』の諸原則≪日本版スチュワードシップ・コード≫～投資と対話を通じて企業の持続的成長を促すために～」を定めて，公表している。https://www.fsa.go.jp/news/r1/singi/20200324/01.pdf。

17)　会社348条3項4号・362条4項6号5項・416条1項1号ホ，会社則98条・100条・112条2項参照。

応の六つの基本的要素から構成される」と定義されている[18]。

　内部統制の目的の中の一つが法令等の遵守，すなわちコンプライアンスである。コンプライアンスの意味は，狭義では法令を厳守することをいうが，広義では企業倫理を含む社会規範の厳守を意味するといってよかろう。社会の一員としての企業は社会とのかかわりをもつことから，一般社会の倫理規範などの社会規範を，企業の特性に応じて倫理綱領やガイドラインとして社内規則に取り入れ，それらを遵守させることも必要となる場合が多いであろう。

　最近の企業不祥事にみられるように，コンプライアンスに反する企業運営や企業活動が行われる場合，法的責任のほかに，社会的信用の失墜，業績悪化，さらには企業倒産に至る事態となることもある。そこで，会社内に定められた明確な内部統制システムによりコンプライアンスが正しく実施されることによって，コーポレート・ガバナンスの実効性が確保されるようにするため，会社法も，取締役・執行役および使用人の職務の執行が法令・定款に適合することを確保するための体制の整備を規定している（会社348条3項4号・362条4項6号5項・416条1項1号ホ，会社則98条・100条・112条2項参照）。コンプライアンス体制の整備を怠るとき，役員は会社または第三者に対して責任を負わなければならない場合がある（会社423条・429条参照）。

2　商法の意義

(1)　形式的意義の商法と実質的意義の商法

(ア)　形式的意義の商法

　商法とは何かについては，まず，法令集（いわゆる六法）のなかにある商法典（明32法48号）が考えられる。このように商法という名称を付して制定された法律，すなわち商法典を意味するのが，形式的意義の商法である。現行商法典は，第1編総則，第2編商行為，第3編海商の3編からなっている。

　ところで，商法における「商」は，経済上の概念に依存している。当初の経済上の商は，有形財貨の転換の媒介であり（「固有の商」といわれる），それを

---

18)　企業会計審議会「財務報告に係る内部統制の評価及び監査の基準並びに財務報告に係る内部統制の評価及び監査に関する実施基準の改訂について（意見書）」8頁（令和元年12月6日），https://www.fsa.go.jp/news/r1/sonota/20191213_naibutousei/1.pdf。

営業する者のみが商人であった。しかし，近代経済の発達とともに，広義の商
として，固有の商の補助的行為（たとえば両替その他の銀行取引・運送・仲立・
運送取扱・損害保険など）が独立の営業として形成された（「補助商」といわれる）。
これも法律上固有の商と同様に取り扱われるようになった。

　その後，第3種の商として，たとえば動産および不動産の賃貸・電気やガス
の供給・請負業・出版および印刷・劇場や食堂の経営などのように，固有の商
や補助商と内容または形態の類似ということから，商法の対象と認められてき
た（商501条・502条参照）[19]。

(イ)　実質的意義の商法

　商法典の内容は多岐にわたり，しかも種々雑多な断片的な規定の寄せ集めに
すぎないものもあり，さらに商法典のほか各種の特別法や商慣習などが存在す
る。そこで，私法の一般法である民法とは別個の一つの首尾一貫した理念のも
とに統一的に把握される特別な法領域としての商法が存在するものと認める試
みが，実質的意義の商法あるいは商法の自主性の問題である。

　商法の対象・本質について，わが国の学説ではこれまで見解の相違がみられ
たが，現在では，実質的意義の商法は，企業生活の特有な需要に対応するため
に形成された企業に関する法であるとする見解（企業法説）が通説である[20]。

(2)　企業に関する法

　商法を民法とは別個・独立の法分野と認めて，実質的意義の商法を企業に関

---

19)　現代では，たとえば私立の大病院や多数の弁護士を擁する法律事務所などのように，
　　いわゆる「自由職業労務の商化」という現象も生じている。このように経済の発展段階
　　に応じて商法の規整の対象が拡大してきており，経済上の商の概念と法律上の商の概念
　　との隔たりが著しくなっている。したがって，商法の対象・本質について統一的理念の
　　もとで理論的に把握することは難しい面がある。

20)　学説では，かつて，統一的理念のもとで理論的に把握することを断念して，①商法
　　とは商法典が商または商事として定める法律事実を商法の対象とし，商法はこの法律事
　　実に特有な法規の全体であるとする見解が有力であった。この見解に対し，商法の自主
　　性の否定に導くものであるといわれた。そこで，②一般私法の法律事実のなかで商的色
　　彩を帯びるものが商法の対象となる法律事実であり，商的色彩とは商法的な法律事実に
　　通有の技術的性格で，集団性および個性の喪失をその主要な内容とするものであると解
　　する見解（商的色彩論）が主張された。しかし，商的色彩論は性格論に終始して商法の
　　対象である生活関係の内容を積極的に確定することを放棄していると批判された。その
　　後，③商法の対象を企業を中心とする生活関係すなわち企業関係に求める見解（商法企
　　業法論）が主張されるにいたった。

する法と解する場合に，企業の概念が問題となる。企業概念については学説の間で若干の差異があるが，一般に，企業とは，一定の計画に従い，継続的意図をもって資本的利回り計算のもとに営利行為を実現する独立の経済単位と考えられている。しかし，このような定義は，経済活動主体のどの範囲までが企業とされるか否かについては不明確であり，たとえば，商法の適用除外（商4条・501条・502条参照）とされる農林水産業者および自由職業者（弁護士・医師・公認会計士・芸術家など）が当然に排除されるものかは必ずしも明らかではないとの批判がある。

　また，実質的意義の商法すなわち企業法には，いかなる法規が包摂されるのかについても必ずしも明確であるとはいえない。たとえば，組織的な営業を前提としない絶対的商行為（商501条）のように，形式的意義の商法に含まれながら，実質的商法に属さないと考えられるものがある。また，手形法・小切手法が実質的意義の商法に含まれるかについては争いがある。手形法・小切手法が沿革的に企業関係において発達し，現在でも企業関係において最も多く利用され，また，それ自体の性質上企業と密接不可分の関係にあることからみて，実質的意義の商法に含まれると解するのが通説である[21]。

3　法体系における商法の地位

(1)　民法との関係

　民法と商法は経済主体間の利益調整の点で同じといえるが，民法は，ひろく一般の社会・経済生活を対象とし，それをめぐる経済主体間の利益調整を行うものである。これに対し，商法は，そのうちの企業生活関係を対象とし，それをめぐる経済主体間の利益調整を行うものである。このような意味で，民法は一般法であり，商法はその特別法である。

　企業についても民法の一般的適用が前提となっている規定もあるが[22]，商法は，①民法の個々の規定を補充または変更し[23]，②民法上の一般制度の特殊化された形態を規定し[24]，③民法には存在しない特殊の制度を創設している[25]。

---

21)　これに対し，手形・小切手は企業外において一般人にも利用可能であることから，企業に関する法としての商法に属さないと解する見解も有力である。

22)　たとえば，民法3条（権利能力）・4条以下（行為能力）・90条以下（法律行為）など。

23)　商法504条（商行為の代理）・506条（代理権の消滅）・515条（流質契約）など。

いずれの場合にも，民法の規定が補充的に適用されるが，その範囲が企業生活関係に適切な範囲内に限られる。

ところで，商法の自主性，すなわち商法が民法に対し独自の存在理由をもつことを疑い，商法の規定の大部分は一般の生活関係に適用しうるものであること，民商二法典の境界が不明確であること，両法典の併存は私法全体としての統一的・調和的理論の形成・発達を妨げることなどを理由として，民商二法統一論が有力に主張されたことがあった[26]。

また，経済生活の進歩発達により，かつての商法上の原則または制度（たとえば契約自由の原則など）が一般法上の原則または制度となっていくという現象を「民法の商化」という。しかし，商法は，その法原則の一部を民法に譲っても，みずからはまた経済生活の進展とともに，企業関係の合理的・進歩的精神により不断に新たな法原則または制度を創造することから，民法の商化によって，商法の独自の存在が失われるとはいえない。

(2) 労働法との関係

労働法も，企業の補助者である労働者を対象とすることから，企業に関する法である商法のなかに含まれうる可能性がある。しかし，企業補助者の企業における法律関係には，企業者に従属して企業上の労務を提供する面と，企業者のために第三者と取引関係に立つ面とがあり，前者では企業補助者の生活利益の擁護という社会政策的見地，後者は企業主体間の利益の調整による取引の円滑と安全の保護が指導理念とされる。前者が労働法の領域に属するものであり，後者が商法の領域に属するものと解されている[27]。また，商法と労働法の理念が交錯する点もみられる[28]。

(3) 経済法との関係

独占禁止法を中心とする経済法も同じく企業を対象とするから，企業に関す

---

24) 商法20条以下（商業使用人）・27条以下（代理商）・569条（運送人）など。
25) 商法 8 条以下（商業登記）・11条以下（商号）・19条（商業帳簿）・808条以下（共同海損）など。
26) その統一を実現した適例として1911年スイス債務法があるが，現在，わが国では民商二法統一論に賛成する学説は見当たらない。
27) たとえば，使用人の規定（商20条以下，会社10条以下）のほとんどが商業代理に関する規定である。

る法である商法との関係が問題となる。しかし，経済法の概念をどのように考えるかについて見解が分かれており，経済法と商法との体系的関連も明確でないのが現状である。現在では一般的に，商法は企業をめぐる個々の経済主体間の利益を調整するために，関係経済主体間の権利義務秩序を規整するものであるのに対し，経済法は，個々の経済主体の利益を超えて国民経済全体の利益を図るために（独禁1条参照），関係経済主体の組織または行動に規制を加えたものであるといわれている。

　なお，銀行法・信託業法・保険業法・金融商品取引法などの各種の業法は，企業に対する管理監督的な規制が中心となるが，業法のなかにある関係経済主体間の利益の調整をその間の権利義務秩序として規整する諸規定は，実質的には商法に属するものということができる。また，消費者の保護を目的とする一連の法規である，消費者基本法，消費者契約法，割賦販売法，特定商取引に関する法律，金融商品の販売等に関する法律など，いわゆる消費者法については，これを商法の範囲内のものであるのか，消費者保護という政策的要請に基づき規制を加えるものであるとみるべきかについては，必ずしも定説はない。不正競争防止法は，商法と異質的なものでありそれに含まれないとするのが従来の通説である。

---

28)　たとえば，営業・事業譲渡などの場合における企業補助者の引継の問題，労働組合の壊滅を意図する会社解散決議などの問題がある。また，近時は労働者の企業への関心を図るため，労使協議会制度や従業員持株制度も相当普及している。さらに，とくにドイツのように共同決定法による労働者の経営参加が認められる場合には，商法と労働法との関係の区別がより困難となってくる。

4 商法の特色

(1) 企業に内在する本質的性格

1－3図解：企業に内在する本質的性格

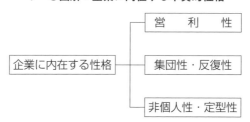

```
                          ┌─── 営　利　性
企業に内在する性格 ───┼─── 集団性・反復性
                          └─── 非個人性・定型性
```

　商法は企業に関する法であるから，企業に内在する本質的性格が反映して，一般私法である民法に対して，その特別法である商法は種々の点で特色を有することになる。企業に内在する性格として，営利性を基本に，集団性・反復性・非個人性・定型性が認められる。

(ア) 営利性

　企業は，資本主義経済秩序のもとで資本的計算方式で（すなわち利回り採算を考えて）継続的・計画的に経営される独立の経済主体として，技術的・合理的に営利活動を遂行するものであるから，営利の追求を究極の目的する存在である。営利性こそが企業の基本的性格であり，企業としての存在にとって基礎的なものである。企業は，営利性そのものが制度化された形態ということができる。

(イ) 集団性・反復性

　また，この営利性の合目的的な追求は，集団性・反復性を要請する。営利が目的である以上は，利潤を上げうるような行為を集団的・反復的に行為が行われることが合目的的であるからである。企業取引の集団性と反復性とは，資本主義経済における企業に内在的な要請であるということができる。

(ウ) 非個人性・定型性

　さらに，企業取引の集団性と反復性の実現のためには，その相手方および給付内容について非個人性・定型性を要請する。個性の喪失[29]および定型化[30]によって，大量取引の迅速な処理が可能となってくる。

(2)　商法の内容上の特色

　企業の性格が反映した商法上の法則や法制度の内容の面からは，企業取引に関する特色と，企業組織に関する特色とがある。

(ア)　企業取引に関する特色

　商法は，いたるところで企業の「営利性」を定めるが[31]，その顕著な例として商人の行為の有償性[32]を定める。企業取引については「契約自由・方式自由」を原則としており，商法の規定の多くは任意規定とされている[33]。企業取引が集団的・反復的に行われるためには，「簡易迅速性」が要請され，その趣旨の規定が設けられている[34]。「個性の喪失」として，行為の相手方や給付内容の個性もあまり重要視しない制度が認められている[35]。集団的法律関係を画一的に処理することが要請され，そのために行為の内容および効果を「定型化」する方式がとられる[36]。

　また，集団取引の円滑・安全を保障するために「公示主義」がとられ，重要な事項を一般に周知させるための制度を定める[37]。取引の安全性・迅速性を確保するために「外観主義」がとられ，外観と真実が一致しない場合に外観を尊重する法則や制度を認める規定が多く[38]，善意取得者の保護[39]もその例である[40]。さらに，取引相手方の保護や企業の信用維持の必要から「責任加重主義」がとられ，企業関係者の責任を加重する規定がある[41]。もっとも，責任の軽

---

29)　企業はその取引相手方について財産的信用さえあれば何人であるかを問わないことがいわれる。

30)　給付の内容が極端に代替性のある商品・有価証券の形をとり，また約款による取引の発達していることがいわれる。

31)　商人（商4条）・絶対的商行為（商501条）・営業的商行為（商502条）など。

32)　報酬請求権（商512条）・利息請求権（商513条）など。

33)　商521条・544条・553条など。

34)　商504条・508条・524条・525条など。

35)　商504条但書・549条・555条など。

36)　一定の書面記載事項について，商571条・758条など。また，普通取引約款・正札売買・自動販売機による取引など。

37)　登記制度の商8条以下など。また，会社では，公告（会社939条以下），定款・計算書類・議事録等の書類の備置・公示（会社31条・318条・371条・394条・440条など）を定めた規定がある。

38)　商9条2項・14条・24条，会社9条・13条・354条・421条・908条2項など。

39)　会社131条2項・258条2項4項・689条2項，手16条2項，小21条。

40)　なお，外観主義は，ドイツでは外観法理（Rechtsscheintheorie），英米法では表示による禁反言（estoppel by representation）の法理といわれる。

減を図るものとして，高価品の特則（商577条など），運送人の損害賠償額の法定（商576条など）がある。

(イ)　企業組織に関する特色

　商法は，企業が十分にその機能を発揮するためには，その物的基礎として多額の資本を必要とするために，「資本の糾合」の便宜を図る制度を設けている[42]。また，企業に不可欠な人的基礎として「労力の補充」を趣旨とする特殊の制度を設けている[43]。さらに，「危険の分散」を図るために損失を多数人に分担するための特殊の制度が商法上認められている[44]。

　また，「企業の維持」を図り，企業の解体による無益な価値の喪失を防止するための制度が設けられている[45]。企業経営者の経営活動を萎縮させたり一般人が企業への参加を躊躇することのないように，企業経営について当事者の責任を一定額または特定の財産に限定する「有限責任」の制度がとられる[46]。「法的確実主義」に関するものとして，既往の事実上の関係の尊重をするために，会社法上の各種の訴えの提起期間を定める規定（会社828条以下）や合併無効などの遡及効を否定する規定（会社839条）がある[47]。

(3)　商法の発展傾向上の特色

(ア)　進歩的傾向

　企業に関する法であり商法は，その対象となる企業が経済の発展に従って不断に進歩発達することにより商法もまた不断に進歩発達することになるだけでなく，資本主義的合理主義が強く支配し技術的性格を有する法分野であること

---

41)　履行担保責任（商504条但書・549条・553条など），無過失立証責任（商560条・575条など），多数債務者の連帯責任（商511条・579条）など。

42)　匿名組合（商535条以下），船舶共有（商692条以下），各種会社（会社2条1号）など。

43)　使用人（商20条以下，会社10条以下）・代理商（商27条以下，会社16条以下）・仲立人（商543条以下）・問屋（商551条以下）・船長（商708条以下）など。

44)　海上保険（商815条以下）・共同海損（商808条以下），各種会社の有限責任制度（会社104条・580条2項）など。

45)　営業・事業の譲渡（商15条以下，会社21条以下）・会社の組織変更（会社743条以下）・合併（会社748条以下）・分割（会社757条以下）など。

46)　一定額に限定する人的有限責任（商811条など），特定の財産に限定する物的有限責任（商711条2項），各種会社の有限責任制度（会社104条・580条2項）。

47)　なお，企業行為法（取引法）は任意法規であるのに対し，企業組織法は強行法規であることを原則とするといわれることがある。この行為法および組織法の区別は，企業活動または企業組織に関する法規の大体の傾向を明らかにするにとどまる。

から，合目的的な考慮によって進歩的傾向を示す。

(イ) 国際統一的傾向

　商法は，その対象が技術的であり，合理主義で貫かれるため，各国の歴史・習俗・国民性等により制約されることが少ないことから，経済の発達した諸国では企業に関連する技術的な諸制度・法規制がほぼ共通なものとなる。また，一国で発達した技術的にすぐれた制度が他国に進んで取り入れられやすいだけでなく，現在における国際経済ないし国際取引の重要性の増大によって，各国商法とりわけ国際取引における法の統一に関する努力が続けられていることから，国際統一的傾向を有している。

5　商法の歴史と商法典の構造

(1)　商法の起源・沿革

　わが国の商法は，わが国固有のものではなく，外国から継受したものである。外国の商法の起源については，貨幣経済が成立し，商取引現象の存在したところでは，古くから商法的な制度が存在したということができる。しかし，商法の起源は，ヨーロッパ中世の地中海沿岸の諸地方において商業が発達した頃に遡る。

　中世においては，当時の一般法であるローマ法は弾力性を失っていて，教会法は営利を罪悪視する立場をとり，またゲルマン法も厳格・形式主義的で営業活動の規律に融通性を欠いていたことから，これらは商取引に不便であった。そのため，当時の各種の営業に従事する商人階級の間で，営業活動を規律する独特な商慣習が漸次発達し，商業都市の成立とともに，これらの商慣習や商人団体いわゆるギルドの規約が都市の条例として取り入れられ，また，特別な商事裁判所が設けられて，ここに包括的な商事的な特別法が成立するにいたったものが商法の起源であるといわれている。

　そのような慣習法的かつ地方法的であった商法が包括的な国家的商法となった近代的商法の最初の立法は，1807年制定のフランス商法典である。その後1861年制定の普通ドイツ商法典（ドイツ旧商法典），さらに1897年ドイツ新商法典が制定され，これらのフランスおよびドイツの商法が他の大陸法系諸国の立法の模範となった。

　他方では，英米法系の諸国は，具体的な事件について下された判決のなかか

ら先例拘束性を有する判決理由を見つけることによって確定される判例法の国である。英米法系の諸国では，慣習法ないし判例法が中心となり，民事・商事の区別なく私法関係を規律してきており，英米法系の商法は大陸法系の諸国と比べて独自の発展形態をたどった。しかし，商法の対象とする企業生活は複雑・技術的であることから，その法律関係を明確・確実に処理するために，19世紀の後半以降，商事に関する多数の制定法が成立している[48]。

(2) わが国の商法の歴史と構造

　わが国でも，古くから商事的な法令もしくは慣習が発達していたといわれているが，現行の商法は明治維新後外国から継受されたものであって，フランス・ドイツの商法を参照して1890（明治23）年に初めて包括的な商法典（旧商法）が制定された。その後，主としてドイツ旧商法典に依って1899（明治32）年に新たな商法典が制定された。これ以後，この新商法典は改正が繰り返されたが，1950（昭和25）年改正では，「会社」編についてアメリカ法の諸制度が多く取り入れられた。その後も，相次ぐ改正が行われたが，2005（平成17）年には，これまでの商法第2編「会社」およびその関係する法令を統合して，「会社法」として独立の法典が制定され，また，2008（平20）年に，平成17年改正商法第2編（商行為）の第10章「保険」を独立させて，保険法が制定された。さらに，2017（平29）年に民法（債権法）が改正されたことに伴い，関係法律の整備等に関する法律によって商法・会社法等も改正された。また，2018（平成30）年に商法（運送・海商関係）等の改正が行われ，さらに，2019（令和元）年に会社法の一部（株主総会等の関係）が改正された。

　現行の商法典は，第1編「総則」，第2編「商行為」，第3編「海商」の編別からなる。とくに第1編の商法総則は，商人一般に係る規定としてその内容を整理し（主として個人商人が対象となる），その内容の一部については，会社に関わる事項は会社法で自足的に定める方針によって，会社法総則においても同様の内容が規定されている（会社6条～24条参照）。商人の営業，商行為その他の商事については，他の法律に特別の定めがあるものを除くほか，商法の定め

---

48)　アメリカにおいては，各州で商事制定法が多数制定されていてその内容が必ずしも一致せず不便が多いので，統一法が作成され，各州で採用されている（たとえば統一商法典，模範事業会社法等。連邦法として，州際通商法，破産法，独占禁止法，海上物品運送法等）。

るところによる（商1条1項）。他方，会社の設立・組織・運営および管理については，他の法律に特別の定めがある場合を除くほか，会社法の定めるところによる（会社1条）。

　商法典の構造は，実定法としてその適用範囲を明瞭にする必要があるので，自ら技術的に企業主体に相当する商人概念および企業取引に相当する商行為概念を明確に定め，これを基礎として商事に関する諸規定を整理し体系づけている。商法の規律対象を限界づけ，その適用範囲を画するために，商人（商4条）と商行為（商501条・502条）の二つが中心概念となっている（また，商503条・684条1項，会社5条参照）。

6　商法の法源と適用の順序・範囲

(1)　商法の法源の意義と種類

(ア)　商法の法源の意義

　商法の法源とは，実質的意義における商法の存在形式，すなわち実質的意義の商法に属する各種の法をいう。わが国は成文法主義をとるので，商法典が商法の法源の中心となるが，それ以外の商事制定法・商事条約・商慣習および商事自治法も法源となることに異論はない。これに対し，商事判例，条理（物事の道理）および学説の法源性については，その法源性を否定するのが従来の多数説である[49]。

(イ)　商事制定法

　商法の対象とする企業生活は複雑・技術的であるから，制定法によるのでなければ，その法律関係を明確・確実に処理することは困難であるので，商法においては，制定法が最も重要な地位を占める。

①商法典　　商事制定法のなかで最も重要なものは，形式的意義の商法である商法典である。

②商事特別法　　二つの種類に大別され，第1は，商法典の規定を施行しまたはその具体的細目を定める付属法令である[50]。第2は，商法典の規定を補充

---

49)　商事判例は，わが国では事実上の拘束力（先例が実際に後の裁判を拘束している）を有するにすぎないものであり，条理も法解釈の指導理念にすぎず，また学説は立法・判例に対する指導性・法創造的作用が事実上存在するにすぎないと考えられることから，これらの法源性が否定されると解される。

しまたは変更する特別法である[51]。なお，経済法ないしいわゆる業法のなかにも商事特別法としての性格を有する規定が存在する[52]。

③**商事条約**　条約は国家間で締結されるものであるが，その批准・公布によって法律と同様の効力を生ずるから，条約も商法の法源となることができる。ただし，商事条約のすべてではなくて，直接に締約国の国民相互の関係を規制するもの[53]に限られる。

(ウ)　**商慣習**

商慣習は，商法の法源と定められている（商1条2項）。法律行為の補充的解釈の基準となる事実たる慣習（民92条）としての商慣習とは異なり，事実たる商慣習に法的確信が加わった場合に，法規範としての効力を有する商慣習（商慣習法）となる。「法の適用に関する通則法」3条は，公序良俗または善良の風俗に反しない慣習は，法令の規定により認められたもの，または法令に規定されていない事項に関するものに限り，法律と同一の効力を有すると規定する（法適用3条）。したがって，この通則法では，商慣習には，制定法を改廃する効力はなく，これを補充する効力のみが認められるとしている。もっとも，会社法に関して，商慣習（法）は会社法に優先する「他の法律」（会社1条）に含まれうると解される[54]。

商慣習は，制定法と同様に裁判規範となり，裁判所は当事者の主張立証の有無にかかわらず，自ら商慣習を職権で探知して適用しなければならない。また，当事者が商慣習による意思を有していたかどうかにかかわらず，当事者を拘束することになる[55]。

(エ)　**商事自治法**

会社その他の団体がその組織および構成員に関して自主的に定める規則は，

---

50)　商法施行規則（平14法22号），商業登記法（昭38法125号），商業登記規則（昭39法23号）など。

51)　会社法（平17法86号），手形法（昭7法20号）・小切手法（昭8法57号），保険法（平20法56号），国際海上物品運送法（昭32法172号）など多数。

52)　不正競争防止法（平5法47号）・金融商品取引法（昭23法25号）・銀行法（昭56法59号）・保険業法（平7法105号）など。

53)　自動的執行力（self-executing）のある条約。たとえば国際航空運送についての規則の統一に関する条約（平15条6号，いわゆるワルソー条約）など。

54)　会社法コンメ(1)16頁-17頁（大判昭2・3・8評論16巻商333頁〔記名株式の白紙委任状付譲渡〕等の判例参照）（江頭憲治郎），逐条解説(1)32頁（岩原紳作），論点体系(1)2頁（遠山聡）。

法令の許容する範囲内で法規と同一の効力が認められることが少なくなく，それらの規則は商事自治法として商法の法源に属する[56]。会社の定款（会社26条・575条など），金融商品取引所の業務規程（金商117条）は，それらを定めることについて法律の中に根拠がある[57]。これに対し，手形交換所の手形交換規則は，その規則制定について明文の法律上の根拠がないので，その法的拘束力の根拠について見解が分かれる[58]。

(オ)　普通取引約款

① **普通取引約款の意義**　　普通取引約款とは，特定の企業取引について，多数の取引相手方との取引の際に画一的に適用するため，あらかじめ作成された定型的な契約条項をいう。たんに約款ともいう。約款は，企業にとっていちいち契約条件を交渉しなくてもよいから，同種・同型の大量の集団的取引を簡易・迅速に行うために便利である。約款の例として，運送約款，保険約款，倉庫約款，銀行取引約款などがよく知られており，「生きた商行為法」ともいわれる。しかし，最近では，大規模な企業の取引について「法律からの逃避」の現象が生じている。約款の多くは企業の側が一方的に定めるものであるから，約款の存在や内容を知らない相手方を拘束するかが問題となる。約款の拘束力について，判例・学説は対立している。

② **約款の拘束力**　　約款の拘束力について従来の学説は見解が分かれるが，㋐判例は「意思推定説」の立場をとる[59]。意思推定説は，伝統的な法律行為理論によりつつ，個々の契約締結の際の何らかの事実をとらえて，当事者が約款による意思を有していたと推定して，約款の拘束力を認める説である。判例において，意思を推定する事実として，判例は，保険約款による旨を記

---

55)　わが国で実際に認められた商慣習の例として，たとえば白地手形（大判大15・12・16民集 5 巻841頁），白紙委任状付記名株式の譲渡（大判昭19・2・29民集23巻90頁），元受保険者が再保険者より再保険金を受領したとき，第三者に対する権利を元受保険者が代位行使し，回収した金員を再保険者に交付（大判昭15・2・21民集19巻273頁）などがある。

56)　たとえば団体の定款，取引所の業務規程，手形交換所の交換規則など。

57)　会社法において明文の規定により定款の記載事項が定められている場合以外で，会社法に規定する事項に関する任意的な定款規定も，強行規定などに違反しない限り，定款で定めればその効力が生じると解される。会社法コンメ(1)16頁（江頭憲治郎），逐条解説(1)31頁（岩原紳作），論点体系(1) 2 頁（遠山聡）。

58)　規則制定の根拠が法律中にないとするならば，当事者の合意あるいは商慣習の存在の有無によることになると考えられる。

59)　大判大 4 ・12・24民録21輯2182頁など。

載した申込書に保険契約者が任意に調印して申し込んだ事実[60]，約款を裏面に記載した保険証券を受領後も何らの異議を申し出なかった事実[61] などを挙げている。また，近時の判例は，法律上公示義務の課せられている約款[62] については，法定の公示義務が履践され，契約の締結に際して，約款の内容が取引の相手方に容易に知りうべき状況に置かれていた場合には，約款による意思を推定し，その拘束力を認めている[63]。

これに対し，学説の多数説は，㋐「白地商慣習説」をとり，白地商慣習説は，約款そのものを商慣習の内容とみるのではなくて，特定の取引分野において「約款による」ことを内容とする商慣習（いわゆる白地商慣習）の成立を認める説である[64]。一般的には，約款の法源性は否定されている。

③ 定型約款　　(a)意義　　「定型約款」とは，定型取引において，契約の内容とすることを目的としてその特定の者により準備された条項の総体をいう，と定義される（民548条の2第1項柱書括弧書）。「定型取引」とは，ある特定の者が不特定多数の者を相手方として行う取引であって，その内容の全部または一部が画一的であることがその双方にとって合理的なものをいう（民548条の2第1項柱書括弧書）。定型約款に関する規律は，平成29年民法改正において新設されたものである。

定型取引を行うことの合意（「定型取引合意」という）をした者は，㋐定型約款を契約の内容とする旨の合意（契約内容に組み入れることの合意）をしたとき（民548条の2第1項1号），㋑定型約款を準備した者（「定型約款準備者」という）があらかじめその定型約款を契約の内容とする旨を相手方に表示[65]していたときには（民548条の2第1項2号），定型約款の個別の条項についても合意をしたものとみなされる（民548条の2第1項柱書）。この合意を，

---

60)　大判大4・12・24民録21輯2182頁。
61)　大阪地判昭6・6・5新聞3280号8頁。
62)　たとえば鉄道営業法3条，道路運送法12条・64条，海上運送法10条，航空法107条など。
63)　大阪地判昭30・6・1判時65号21頁など。
64)　意思推定説は，約款そのものに当事者の意思を補充する効力しか認めないことから，約款による取引の安定性に限界があることが指摘されている。白地商慣習説も，新しい産業部門において従来約款が利用されていなかった取引について，初めて新約款を採用する場合にはその拘束力の説明に窮することになる。これらの説のほかに，約款の拘束力について，かつての有力説である㋒「伝統的な法律行為説」，さらに，㋓「付合契約説」，㋔「自治法説」などが主張されている。

「みなし合意」という。

　上記の定型約款の定義の内容から，これまで一般に「約款」と呼ばれていた，運送約款，旅行業約款，保険約款，ホテル宿泊約款，銀行預金規定，電気・ガス・水道などのサービスの約款やインターネットのサービスの規約などは，ほとんど「定型約款」に該当することになると考えられる。事業者間の取引においても，定款約款の定義の要件を満たすものであれば，定型約款として，定型約款に関する規定の適用を受けることになる[66]。

(b)不当条項規制　　定型約款の個別の条項についての「みなし合意」は，同項の条項のうち，㋐相手方の権利を制限し，または相手方の義務を加重する条項であって，㋑その定型取引の態様およびその実情並びに取引上の社会通念に照らして民法1条2項に規定する基本原則に反して相手方の利益を一方的に害すると認められるものについては，合意をしなかったものとみなされる（民548条の2第2項）。その定型約款のなかの不当条項をみなし合意から排除し，相手方が不利益を被らないようにしており（不当条項規制），また，定型約款に含まれていることが相手方からみて通常予測予見できない場合（排除のための考慮事情としての「定型取引の態様」）も，みなし合意から排除されるもの（「不意打ち条項規制」）と理解されている。

(c)定型約款の変更　　定型約款準備者は，㋐定型約款の変更が相手方の一般の利益に適合するとき，または，㋑定型約款の変更が，契約をした目的に反せず，かつ，変更の必要性，変更後の内容の相当性，定型約款の変更をすることがある旨の定めの有無およびその内容その他の変更に係る事情に照らして合理的なものであるときには，定型約款の変更をすることにより，変更後

---

65)　定期取引合意の前後における定型約款の内容の表示（民548条の3）については，公共性の高い取引で，約款による契約内容の補充の必要性の高い一定の取引分野で用いられる定型約款の場合に，あらかじめ個別に表示することが困難であるため，個々の特別法により，「表示」に代えて，当該「定型約款」により契約内容が補充されることをあらかじめ「公示」していれば，定型約款の個別の条項についても合意をしたものとみなされる（鉄道営業法（明33法65号）18条ノ2，軌道法（大10法76号）27条ノ2，海上運送法（昭24法187号）32条の2，道路運送法（昭26法183号）87条，航空法（昭27法231号）134条の4等参照）

66)　約款の拘束力の根拠について，従来，前述したように見解がわかれており，判例は意思推定説をとっている。民法の定型約款の規定は，約款の拘束力を与える根拠を当事者の合意に求めている点で，意思推定説の考えに近いものと思われる。定型約款の定義に該当する約款は，民法の定型約款の規定に従わなくてはならないことになる。

の定型約款の条項について合意があったものとみなし，個別に相手方と合意をすることなく契約の内容を変更することができる（民548条の4第1項4項）。これにより，定型約款準備者は，多数の相手方との間で個別に合意することなく契約の内容を変更することができることになる。定型約款準備者は，定型約款の変更の効力の発生時期を定め，かつ，定型約款を変更する旨および変更後の定型約款の内容等をインターネットの利用等の方法で周知しなければならない（民548条の4第2項3項）。

④　**約款の国家的規制**　　約款は，企業側の優位な経済力を背景に企業あるいは企業団体によって一方的に作成されることから，しばしば取引の相手方に著しく不利な条項が含まれる場合があり，このような不当な約款をどのように規制するかも重要な問題となる。

　約款の国家的規制として，まず(a)立法による規制として，約款による契約の締結手続の規制[67]などがある。(b)行政による規制として，最も一般的な方法は主務大臣による約款の認可・変更命令権である（事前的監督）。(c)司法による規制として，約款の適用および解釈に関する当否の問題は，最終的には，訴訟を通じ裁判所によって行われる（事後的措置）。

　判例は，約款の当該条項の信義則・公序良俗違反の有無，あるいは顕著な不合理性を判定するにあたり，当該契約の特殊性，約款認可制度の有無[68]などのほか，取引の相手方にとって苛酷なものかどうかなどの諸事情を考慮している[69]。

⑤　**約款の解釈**　　約款の本質について，たんなる契約内容とみる立場をとるか（通常の契約の解釈方法）あるいは法源の一種であるとみるか（法規の解釈方法）によって，約款の解釈方法が異なってくることになる。しかし，実際には，法律解釈への接近と差異の考察のうちに約款解釈の特異性を求める中間的な解釈態度をとる見解が有力である。すなわち，法律解釈では，立法者

---

67)　手続規制として，たとえば鉄道営業法3条，道路運送法12条・64条，海上運送法10条，航空法107条など。

68)　最判昭45・12・24民集24巻13号2187頁は，船舶海上保険金請求の事案で，家計保険ではなく企業保険であることに言及して，保険業者が普通保険約款を一方的に変更し，変更につき主務大臣の認可を受けないでその約款に基づいて保険契約を締結したとしても，その変更が保険業者の恣意的な目的に出たものでなく，変更された条項が強行法規や公序良俗に違反しあるいはとくに不合理なものでない限り，変更後の約款に従った契約もその効力を有するものと解するのが相当であると判示する。

の合理的意思の探求が重視されるのに対し，約款の解釈では，企業者の意思
は決定的なものではなく，その適用が予定される顧客圏だけの平均的・合理
的な理解可能性が基準とされる。したがって，具体的な原則として，㋐客観
的解釈・統一的解釈の原則，㋑目的論的解釈の原則が要求される。

　上記㋐の原則[70]は，時・場合により，また相手方のいかんによって異な
る場合は，衡平の理念に反することになるから，必要とされる。もっとも，
客観的解釈といっても，その基準となるものは顧客圏だけの平均的・合理的
な理解可能性であり，また，統一的解釈といっても，顧客圏が地域的（たと
えば，都市と農村）または職域的（たとえば，商人と一般大衆）に異なり，そ
れぞれ定型化している場合に，必ずしもそれに適応する別異解釈を否定する
ものではない[71]。

　また，上記㋑の原則により，約款の個々の条項は，全条項（目的）との関
連性を踏まえて調和的に解釈される必要がある[72]。もっとも，たとえば企業
者に有利な免責約款をみだりに類推拡張して解釈すべきではないと解される。
また，約款の欠陥も，類推拡張によって補修すべきでないと解される（制限
的解釈の原則）。

　なお，一般に，約款に疑わしい字句のある場合には，これを企業側に不利
に，相手方に有利に解釈すべきである，と説かれることもある（「作成者不利
の原則」または「疑いの利益の原則」とも呼ばれる）。しかし，それは客観的解

---

69)　約款を無効とするものとして，盛岡地判昭45・2・13下民集21巻1・2号314頁（「保
　　険の目的の譲渡につき保険証券への保険会社の承認裏書手続がされていない場合には保
　　険会社は裏書手続がされるまでの間に生じた損害をてん補する責に任じない」旨の火災
　　保険約款は甚だしく衡平の観念に反するとして効力を否定する），前橋地桐生支判昭38・
　　12・2下民集14巻12号2395頁（自動車月賦販売契約における，「月賦金不払による解除
　　の場合自動車を返還し，既払代金は使用料とし，未払代金相当額は違約金として支払う，
　　ただし売主は返還を受けた自動車の時価を参酌して違約金の額を加減することもある」
　　旨の特約は公序良俗に反するとする）がある。有効とするものとして，札幌高判昭42・
　　3・23高民集20巻2号178頁（内容検査不適当な受寄物については品物違いの責任を負
　　わない旨の倉庫証券約款の効力）などがある。
70)　大阪高判昭51・11・26判時849号88頁，名古屋高金沢支判平4・5・20判タ795号243
　　頁参照。
71)　最判昭45・12・24民集24巻13号2187頁（船舶海上保険金請求の事案で，海上保険〔企
　　業保険〕と一般の火災保険・生命保険〔家計保険〕とで別異の解釈の可能性を示唆する）。
72)　最判昭62・2・20民集41巻1号159頁（約款自体の目的ではなく個々の具体的な約款
　　規定の目的により解釈する）参照。

釈方法と調和しがたいことなどかから，現在では，約款解釈の特異性として
強調する意味は乏しいといわれる。

(2) 商法の適用順序

　商法典は，商事に関し，商法に定めがない事項については商慣習に従い，商
慣習がないときは民法の定めるところによると規定する（商1条2項）[73]。ここ
にいわゆる商事とは，法規適用の限界を明確にするため，形式的意義の商事す
なわち商法典の規律するすべての事項をいうものと解されている。

　商事制定法のなかでは，一般の原則により，特別法は一般法に優先するから，
商事特別法，商法典の順で適用される。商事条約は，国内法規に優先する（憲
法98条2項）。また，商事自治法は，法令の許容する範囲内で，強行法規に反
しないかぎり，契約の場合と同じように，最も優先して適用される。

　ところで，商慣習については，民法および商事制定法との関係が問題となる。
民法との関係では，民法に規定がない場合だけでなく，民法に規定がある場合
にも，商慣習が優先して適用される（商1条2項）。これは，商慣習に民法規定
を改廃する効力を認めたことになり，「法の適用に関する通則法」3条のとる
制定法優先主義の例外を定めたものである。民法の対象とする伝統的・固定的
な一般生活関係とは異なり，商法の対象となる企業生活関係は自由かつ創造的
で絶えず変動するものであり，それに即して生み出された商慣習を適用するほ
うが，より合理的であるからである。

　商事特別法との関係については，商法に定めがない事項については商慣習に
従うと規定されているところから（商1条2項），制定法を改廃する効力を認め
ない「法の適用に関する通則法」3条のとる制定法優先主義の立場がそのまま
妥当するものと解される。しかし，商法の起源において商慣習として発達した
ものであり，また企業生活関係が経済事情の変遷により著しく変化し流動的な
ものであることから，いったん制定されると固定性をもちやすい商事制定法の

---

73)　商法1条2項の規定については，商法の主要な法源の適用順序を定めたものである
　　ようにみえるが，特別法である商法が一般法である民法に優先するのは法の一般原則上
　　当然であり，商法典に規定のない場合に初めて商慣習に従うことも制定法優先主義の規
　　定（法適用3条）から当然である。したがって，商法1条2項は，商慣習の特殊的効力
　　（商慣習に民法に対し優先する効力を認める）を定める意味を有するにすぎないものと
　　解する見解が有力である。

変更力を認めるべきでないかという疑問も生じる[74]。

　以上のことについて，通説の立場から，商事に関する法規適用の順序を形式的に整理すれば，商事自治法→商事条約→商事特別法→商法典→商慣習→民事特別法→民法典の順序ということになる。

(3)　商法の適用範囲

(ア)　事項に関する適用範囲

　形式的意義の商法すなわち商法典の適用対象となる事項である商事とは，商法典に規律されているすべての事項というほかないが，実質的意義の商法の対象となる事項は，企業に特有な経済生活関係に限られる。

(イ)　時に関する適用範囲

　法律の制定・改廃があったときは，法的安定や既得権の尊重などから，法律はその施行日前に生じた法律事実について適用されないという不遡及主義（民法施行法1条，憲法39条）が一般原則である。しかし，法律関係の合目的・技術的色彩の強い商法の領域では，附則などによる経過措置の規定によって，新法に遡及効を認めつつ，幾多の例外を定めることが少なくない[75]。

(ウ)　人・所に関する適当範囲

　他の法律と同様，商法はすべての日本国民に適用され，また日本の領域全域において適用されるのが原則であるが，例外的に外国人または外国領土に適用されたり，反対に日本領土内または日本国民に適用されない場合もある。これらは，国際私法の問題であって，一般的には「法の適用に関する通則法」の定めるところである[76]。しかし，このような迂回的な解決では国際取引の迅速・円滑な処理に十分とはいえないので，各国の商法統一運動が盛んである。

問題

1　企業形態について，次の問に答えなさい。

---

74)　近時は，商慣習は商事制定法のなかの任意規定には優先するとの見解，さらには強行法規にも優先することができるとする見解も主張されている。

75)　平成6年改商附則2項以下，平成17年会社附則2項以下，平成26年6月会社附則2条など参照。

76)　なお，手88条以下，小76条以下にも特別規定がある。

⑴ 何か商売を始めるとすると，どのような企業形態を選択するか。

⑵ 営利を目的とした企業形態として法律上どういうものが考えられるか。

⑶ どうして個人企業から共同企業へ移行するのか。

⑷ 企業形態が法律上限定されているのはなぜか。

2 形式的意義の商法と，実質的意義の商法との違いは何か。どのような理由で，実質的意義の商法を考える必要があるのか。

3 商法の特色に反映する企業の本質的性格は，どのようなものであるか。そのいくつかを挙げて，これらの性格の相互の関係について説明しなさい。

4 判例法の国では，とくに商法関係（典型的には会社法）は，多くの成文法が制定されているが，その理由は何か。

5 普通取引約款は，なぜ，みていなくても拘束力を有するのか。その根拠について述べなさい。

第2章

商人と会社

1 商人と商行為

(1) 商人と商行為の関係

　商法は，実定法としてその適用範囲を明瞭に画するため，商人および商行為という二つの基本概念を定めている[1]。わが国の商法は，まず商行為概念を定め（商501条・502条），これを基礎として商人概念を定めるとともに（商4条1項），その他に商行為を業としなくても商人とみなす擬制商人（商4条2項），商人概念を前提とする附属的商行為（商503条）を規定することから，折衷主義の立場をとっている。

　平成17年商法改正前は，商法総則の規定が会社を含むすべての商人に適用されていた。しかし，平成17年会社法では，会社は商人にあたるが（会社5条，商4条1項），会社に関わる事項について，会社法で自足的に定める方針がとられた。したがって，会社の商号・使用人・代理商・事業譲渡に関する規定は，会社法で定められている（会社6条～24条）。その結果，これらに関する商法総則の規定（商11条～31条）は，会社および外国会社を除いた商人に対してのみ適用されるに過ぎない（商11条1項括弧書参照）。なお，商人概念と商行為概念は，商法中の特定の規定が適用されること，とりわけ商行為総則の規定が民法の規定を排除して適用されることを導くための概念である。

1）　これらの概念の定め方として，まず①商人概念を定めてから商行為概念を導く商人法主義（主観主義〔1990年ドイツ商法〕），②商行為概念を定めてから商人概念を導く商行為法主義（客観主義〔1885年スペイン商法〕），および③商行為法主義に商人法主義を加味する折衷主義という三つの立法主義（1807年フランス商法その他の多くの立法例）がある。

⑵ 商行為の意義と種類

㋐ 商行為の意義

　商行為には，その行為の客観的性質により商行為となる絶対的商行為（商501条）と，営業として行われたときに初めて商行為となる営業的商行為（商502条），商人が営業のために行うことにより商行為となる附属的商行為（商503条）がある。

2－1図解：商行為の種類

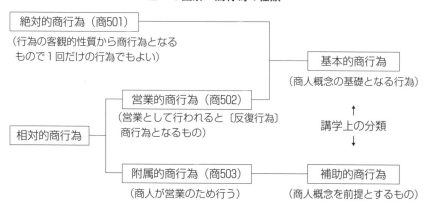

　絶対的商行為と営業的商行為は，商人概念の基礎となる行為であることから，基本的商行為と呼ばれる。営業的商行為と附属的商行為は，相対的商行為と呼ばれ，また，附属的商行為は，商人概念から導き出されるものであるから，補助的商行為とも呼ばれる。商法は，商法の適用範囲を明確にするために基本的商行為を限定列挙している。しかし，このような限定列挙は，現代の取引社会における経済事情の変遷・進展に伴って生じる新たな営業行為に対応できないことになり，それに即応させようとすれば頻繁に法改正を必要とすることになるという問題がある。

㋑ 絶対的商行為

　行為の主体のいかんを問わず，行為の客観的性質から商行為とされるものである。したがって，商人でない者が1回限りで行う場合であっても商行為となる。具体的には以下の①〜④の行為である。なお，商法501条に列挙される行為は，制限的列挙であると解するのが通説である。

① **投機購買およびその実行行為**（商501条1号）

　(a)瓦製造販売業事件（大判昭4年9月28日民集8巻769頁）　　Y1の先代Aは，

瓦製造販売業を営んでいたが，訴外Bから金450円を借り受け，Y2はこの債務を連帯保証していた。しかし，Aが弁済期に支払いをしなかったので，Bから当該貸金債権を譲り受けたXは，主たる債務者であるAの家督相続人Y1および連帯保証人Y2に対し弁済を求め，訴えを提起した。

　第1審ではXが敗訴したので，Xが控訴した。第2審は，他人より土を買い入れ，瓦を製造して販売することおよび他人の委嘱に依り瓦製造の請負をすることを業とする行為はいずれも商法所定の性質上の商行為または営業のための商行為に該当しないことから，Aは商人ではなく，本件貸借は商行為の推定を受けなく，10年の消滅時効はなお完成していないとして，Xの請求を是認した。そこで，Y1，Y2は，Aの行為がたとえ商法旧264条2号（現行商502条2号）に該当しないとしても，商法旧263条1号（現行商501条1号）および旧264条5号（現行商502条5号）のいずれにも該当し，Aは商人であり，本件貸借は商行為によるものと推定を受けるから，前記債務は5年の消滅時効によって消滅しているとして（なお，平成29年改正法により，5年とする商事消滅時効の規定〔改正前商522条〕は削除されている），上告した。大審院は，次のように判示して，原判決を破棄し，原審に差し戻した。

　「商法第263条第1号（現行商501条1号）ハ利益ヲ得テ譲渡ス意思ヲ以テスル動産ノ有償取得又ハ其ノ取得シタルモノノ譲渡ヲ目的トスル行為ヲ商行為ナリト規定シ右法条ハ此等行為ニ付必シモ其ノ取得シタルモノヲ其ノ儘他ニ譲渡スルコトヲ要件ト為ササルノミナラス譲受タル物品ヲ其ノ儘譲渡スルニ依リ利ヲ図ルト之ニ加工ヲ為シ或ハ之ヲ原料トシテ他ノ物品ヲ製造シ譲渡シテ以テ利益ヲ営ムトニ因リ特ニ其ノ商行為タルト否トヲ区別スヘキ理由ヲ認メ得サルヲ以テ右法条所定ノ商行為ハ前記ノ如ク土ヲ買入レ之ヲ以テ瓦ヲ製造販売スルカ如キ営利行為ヲモ包含スルモノト解スルヲ相当トシ原判決カ之ト反対ノ見解ニ立チ本件債権ヲ5年ノ時効ニ罹ラスト為シタルハ其ノ根本ニ於テ法律ノ解釈ヲ誤リタルニ由来スルモノト謂フ可ク原判決ハ此ノ点ニ於テ破毀ヲ免レサルモノトス」

(b)投機購買およびその実行行為　　　投機購買とは，利益を得て譲渡する意思（投機意思または営利意思）をもってする動産・不動産もしくは有価証券の有償取得を目的とする行為である。またその実行行為とは，この有償取得した物を他に譲渡する行為である。安く買って後に高く売ることによりその差額を利得しようとする行為であって，商取引の典型的な形態として，経済上，

固有の意味の「商」と呼ばれる行為である。

　不動産は，土地およびその定着物を指し（民86条1項），通常，土地および建物のことであるが，登記・明認方法を施した「立木」は不動産に含まれる。また，法律上不動産に準じて取り扱われる鉱業権も不動産に含むと解するのが判例である[2]。動産は，不動産以外の有体物を意味する（民86条2項）。もっとも，投機購買とは動産等の取得・譲渡を目的とする有償の債権行為であることを要するゆえに，農業・林業・漁業など第1次産業に属する行為などにより原始取得した物を他に売却する行為はこれに含まれない。他から取得した有体物をそのまま売却する場合に限られず，製造業のように，これに加工を加えて売却する行為も，投機購買・その実行行為に該当する[3]。なお，具象的な証券と関連のない一般債権および特許権・著作権その他の知的財産権などは，これら目的物に含まれない。

　行為者が利益を得て譲渡する意思（投機意思）を有することが必要であるが，投機意思は目的物の取得行為のときに存在すればよく，実際に利益を得たかどうかは問わない。なお，投機意思は，取引の安全を保護するために，外部から認識可能であることが必要である（通説）。

2－2図解：投機購買およびその実行行為

②　**投機売却およびその実行行為**（商501条2号）　　投機売却とは，他人から有償取得する動産または有価証券の供給契約をいう。また，その実行行為とは，その供給契約の履行のために他人から投機売却の目的物を有償取得することを目的とする行為である。先に買主を見つけて高く売っておいて，その後から安く買い入れてその差額を取得する行為である。

　目的物に不動産が含まれていないのは，不動産にはそれぞれ個性があり，あらかじめ売却しておいても後に同じ不動産を買い入れることは困難であるからである。投機意思は供給契約締結時にあればよく，また外部から認識可

2）　大判昭15・3・13民集19巻554頁。
3）　大判昭4・9・28民集8巻769頁（前掲瓦製造販売業事件）。

能であることが必要である。

2－3図解：投機売却およびその実行行為

③　**取引所においてする取引**（商501条3号）　　取引所とは，多数の会員・取引参加者が定期的に集合して一定の商品・有価証券などの取引を大量かつ集団的に行う設備である。

　このような取引が絶対的商行為とされるのは，投機性が高く，大量に定型的になされ，その方法も技術的・専門的だからである。主要な取引所としては，株式・公社債などの有価証券の売買または市場デリバティブ取引を対象とする金融商品取引所（金商2条14項16項）と，貴金属・繊維・大豆・ゴムなどの商品または商品指数についての先物取引を対象とする商品取引所（商取2条1項4項）がある[4]。

④　**手形その他の商業証券に関する行為**（商501条4号）　　商業証券とは，ひろく有価証券のことをいう。したがって，手形・小切手のほかに，株券・運送証券・倉庫証券なども含まれる。商業証券に関する行為とは，証券自体の上になされる振出・裏書・引受・保証などの証券的行為を意味する[5]。商業証券を目的とする売買・交換などの行為は含まれないと解される[6]。

　商業証券に関する行為が絶対的商行為とされるのは，行為者が何人である

4）　これらの取引所で取引をすることができるのは会員等（会員または取引参加者〔金商111条1項，商取97条1項2項〕）に限られる。会員等でない顧客が取引所で取引するためには，証券会社（金融商品取引業者〔金商2条9項・91条・112条・113条〕）あるいは商品先物取引を行う会社（商品取引員〔商取2条3項16号～18号・190条〕）に委託することになる。これらの者が，自己の計算で，あるいは顧客からの委託で他人の計算で，証券・商品取引をする行為は絶対的商行為（商501条1号2号）・営業的商行為（商502条11号）となり，しかも証券会社（第1種金融商品取引業者〔金商28条1項・29条〕）や商品取引員は株式会社であるので（金商29条の4第1項5号イ，商取193条1項1号），その行為は商行為（会社5条）とされる。したがって，この場合には，商法501条3号は注意規定となる。

5）　最判昭36・11・24民集15巻10号2536頁は，白地小切手の補充権授与行為も本号にいう商業証券に関する行為に準ずるものとする。

6）　通説。反対，大判昭6・7・1民集10巻8号498頁。

かを問わず商法典の規定を一般的に適用することが適当であると考えられたからである。しかし，現在では，何人であるかを問わず適用される手形法・小切手法が特別法として存在するから，その意義は薄れており，運送証券・倉庫証券などについて意味をもつにすぎない。

(ウ) 営業的商行為

営業としてなされるとき，すなわち営利の目的をもって，反復・継続して行われることによって商行為となるものである。商法502条の列挙も，商法の適用範囲を明確にするために，制限的列挙と解される（通説）。

ただし，列挙された行為であっても，もっぱら賃金を得る目的で物を製造し，または労務に従事する者の行為は，商行為とはならない（商502条柱書但書）。たとえば手内職などは，あまりにも小規模であって，商行為とするまでもないからである。

① 投機貸借およびその実行行為（商502条1号）　投機貸借とは，他に賃貸する意思をもってする動産または不動産の有償取得または賃借行為をいう。その実行行為とは，このようにして取得または賃借した物を他に賃貸する行為をいう。投機購買との相違は，物の所有権の媒介ではなくて，物の利用を媒介することにあるだけである。したがって，商行為となるため必要な他の要件は，投機購買の場合に準じて考えられる。貸家業，貸衣装業，貸本業，レンタカー営業などのレンタル業の行為がこれにあたる。リース業も，これに含まれることが多い。賃貸の目的物として，有価証券が挙げられていない。これは投機貸借に適しないと考えられたためであろうが，金融商品取引業者のする有価証券の貸借はその者が商人の場合には附属的商行為（商503条）となり，会社の場合も商行為となるので（会社5条），不都合は生じない。

② 他人のためにする製造・加工に関する行為（商502条2号）　「他人のため」とは，他人の計算においてという意味であり，他人から材料の給付を受けて，または他人の計算で買い入れた原材料をもって製造・加工することである。製造とは，材料をまったく異なった物にすることであり（たとえば注文を受けて行う製造業・醸造業・紡績業など），加工とは，物の同一性を失わない程度で材料に変更を加えることである（たとえば，洗濯業・染色業・精米業など）。

③ 電気またはガスの供給に関する行為（商502条3号）　電気事業者およびガス事業者が行っている行為である。設備の賃貸を伴う場合がある。商法は，

電気・ガスと共通性の多い水や電波・有線放送などの供給に関して明文の規定がないが，そのような行為が会社形態で行われる場合には商行為となる（会社5条）。

④　**運送に関する行為**（商502条4号）　物または人を場所的に移動させることを引き受ける行為である。物か人により物品運送と旅客運送に分かれる。運送の場所（陸上・海上・空中），運送の手段・方法（鉄道・自動車・船舶・飛行機）のいかんは問わない。いわゆる曳き船契約では，曳かれる船舶が曳き船の管理・指揮下にない場合，運送とはいえず，請負または雇用契約にあたる。

⑤　**作業または労務の請負**（商502条5号）　作業の請負とは，道路の建設，家屋の建築，鉄道の敷設，船舶の建造・修繕などのように不動産または船舶に関する工事を請け負うことをいうと解されている。また，労務の請負とは，労働者の供給を請け負うことをいうと解されている。労働者供給事業は，労働組合等が，厚生労働大臣の許可を受けた場合は，無料で行う場合に認められていたにすぎなかったが（職安44条・45条），現在では，労働者派遣事業を行おうとする者は厚生労働大臣の許可を受けて労働者派遣事業を行うことが認められている（労派遣5条以下）。

⑥　**出版・印刷または撮影に関する行為**（商502条6号）　出版に関する行為とは，文書などを印刷・頒布することを引き受ける行為をいう。すなわち，出版業者，新聞社および雑誌社の行為である。印刷に関する行為とは，印刷業者のように，機械力・化学力で文書・図画の複製を引き受ける行為である。撮影に関する行為とは，カメラマンのように，写真の撮影を引き受ける行為である。

⑦　**客の来集を目的とする場屋における取引**（商502条7号）　公衆の来集に適する物的・人的設備を設け，これを利用させる行為である。商法は，場屋の例として，旅店（旅館）・飲食店・浴場を挙げているが（商594条1項），劇場，ゴルフ・テニスなどのスポーツ場，遊園地なども含まれる。理髪業については，判例は理髪という請負または労務の提供があるにすぎないとして場屋取引でないとするが[7]，理髪業も場屋取引と解するのが通説である。

⑧　**両替その他の銀行取引**（商502条8号）　銀行取引とは，金銭または有価

7）　大判昭12・11・26民集16巻1681頁。

証券の転換を媒介する行為をいう。銀行取引は，不特定多数から金銭または有価証券を受け入れる行為（受信行為）と，これらを必要とする者に対して融通する行為（与信行為）が併存することを要する[8]。したがって，受信行為がなく，自己資金のみをもって貸付を行う貸金業者の貸付行為[9]や質屋営業者の金銭貸付行為[10]は，ここでの銀行取引に含まれない。

⑨　保険（商502条9号）　　保険とは，保険者が保険契約者から対価（保険料）を徴収して保険を引き受ける行為である。営利保険であれば，損害保険（物保険）であると，生命保険その他の人保険（傷害保険・疾病保険など）であるとを問わない。相互保険や社会保険における保険行為は含まれない。

⑩　寄託の引受け（商502条10号）　　他人のために物の保管を引き受ける行為をいう。倉庫業や駐車場の経営がこれにあたる。

⑪　仲立ちまたは取次ぎに関する行為（商502条11号）　　仲立ちに関する行為とは，他人間の法律行為の媒介を引き受ける行為をいう。仲立人（商543条），民事仲立人（結婚や宅地建物取引の仲介など），媒介代理商（商27条，会社16条）の行為がこれにあたる。取次ぎに関する行為とは，自己の名をもって，他人の計算において法律行為をすることを引き受ける行為をいう。問屋（商551条），準問屋（商558条），運送取扱人（商559条）の行為がこれにあたる。

⑫　商行為の代理の引受け（商502条12号）　　委託者である本人にとって商行為である行為の代理を引き受ける行為をいう。締約代理商（商27条，会社16条）の行為がこれにあたる。

⑬　信託の引受け（商502条13号）　　一定の目的に従い財産の管理または処分およびその他の当該目的の達成のために必要な行為をすべきものとすること（信託2条）を引き受けることをいう。

㈔　附属的商行為

商人がその営業のためにする行為は商行為とされ（商503条），これを附属的商行為という。附属的商行為は，商人の営業の目的である行為（基本的商行為）ではないが，本来の営業に関連する手段的行為であるから，これにも商行為の規定（商511条・515条など）を適用する必要があるとして，これを商行為とし

8）　大判明41・6・25民録14輯780頁・通説。
9）　最判昭30・9・27民集9巻10号1444頁。
10）　最判昭50・6・27判時785号100頁。

ている。ただし，身分法上の行為は，それ自体の性質上営業の手段とはなりえ
ないから，附属的商行為とはならない。

　営業のためにする行為とは，商人が直接に営業の遂行のためにする行為に限
られず，営業資金の借入れなどの営業の維持などを図るためにする行為も含ま
れる。さらに，その営業のための開業準備行為[11]，後始末のためにする行為も
これに含まれる（通説）。また，契約などの法律行為に限られず，事務管理，
催告・通知などの準法律行為も含まれる。商人が締結する雇用契約については，
通常の取引行為と同様に考えることができるかについて疑問があるが，判例は，
営業のためにする雇用は商行為であり[12]，また，会社と労働組合の間に成立し
た退職に関する協約上の約定を商行為とする[13]。商人による株式引受けは，株
式引受けが組織法上・団体法上の問題ではあるとはいっても，営業のためにす
る資金蓄積・利殖行為であると考えられるかぎり，附属的商行為と解され
る[14]。なお，商人の行為は，その営業のためにするものと推定される（商503条
2項）。個人商人の場合，私生活のために行為することもあるため，個々の行
為が営業のためにするものであるか否かが明らかでない場合が生じる。この場
合，その行為の商行為性を否定しようとする者が，営業のためになされたもの
ではないことを立証しなければならない。ただし，この推定規定は，商人の行
為自体より観察してその営業のためにするのではないことが明らかな場合には，
適用されない[15]。

(ｵ)　会社の行為の商行為性

① 　所有権移転登記抹消登記手続等請求事件（最判平20・2・22民集62巻2号
　576頁）

　　Y有限会社は，砂の採取・販売等を目的とする会社であったが，現在，会
　社法の規定による株式会社（特例有限会社）として存続している（整備法2条
　1項・3条）。Aは，Y会社の代表取締役である。Xは，平成6年7月26日
　当時，土地・建物（本件不動産）を所有していた。本件不動産には，原因を
　平成3年5月7日金銭消費貸借とし，債権額5,000万円，債務者をX，抵当

---

11)　最判昭33・6・19民集12巻10号1575頁（後掲石炭販売共同事業事件）。
12)　最判昭30・9・29民集9巻10号1484頁。
13)　最判昭29・9・10民集8巻9号1581頁。
14)　反対，大判明43・12・13民録16輯937頁（株式の引受は商行為でないとする）。
15)　大判大4・5・10民録21輯681頁，大判昭15・7・17民集19巻1197頁。

権者をY会社とする抵当権（本件抵当権）の設定登記（本件抵当権設定登記）が平成6年7月26日になされている。

本件本訴は，XがY会社に対し，本件不動産の所有権に基づき，本件抵当権設定登記の抹消登記手続を求めるものである。一方，本件反訴は，Y会社がXに対し，主位的請求として，Y会社は平成3年5月7日Xに1億円を貸し付けたと主張して，残元本9,489万4,400円および遅延損害金の支払いを求めるものである。Y会社は，本件抵当権の被担保債権は反訴請求に係る債権であると主張している。

Xは，平成17年11月1日の原審第1回口頭弁論期日において，反訴請求に係る債権につき平成29年改正前の商法522条所定の5年の消滅時効が完成しているとして，これを援用した。Xは，本件債務は商事債権であるところ，平成6年7月26日の本件抵当権登記手続がXの執った最終の債務承認的言動であるから，本件債務は，平成11年7月26日の経過により短期消滅時効が完成し，消滅したと主張した。原審（福岡高判平18・12・21金判1303号41頁）は，本件貸付けはY会社の営業とは無関係になされたものとみる余地があることから，本件貸付けに基づく債権が商事債権であるということはできないとして，Xの消滅時効の主張を認めず，Y会社の反訴請求を一部認容した。そこで，Xが上告したが，最高裁は，次のように判示して，原判決中の上告人の敗訴部分を破棄し，本件を原審に差し戻した。

「会社の行為は商行為と推定され，これを争う者において当該行為が当該会社の事業のためにするものでないこと，すなわち当該会社の事業と無関係であることの主張立証責任を負うと解するのが相当である。なぜなら，会社がその事業としてする行為及びその事業のためにする行為は，商行為とされているので（会社5条），会社は，自己の名をもって商行為をすることを業とする者として，商法上の商人に該当し（商4条1項），その行為は，その事業のためにするものと推定されるからである（商503条2項。同項にいう「営業」は，会社については「事業」と同義と解される）。」「前記事実関係によれば，本件貸付けは会社であるYがしたものであるから，本件貸付けはY会社の商行為と推定されるところ，原審の説示するとおり，本件貸付けがAのXに対する情宜に基づいてされたものとみる余地があるとしても，それだけでは，1億円の本件貸付けがY会社の事業と無関係であることの立証がされたということはできず」，「本件貸付けに係る債権は，商行為によって生じた債権に

当たり，同債権には商法522条の適用があるというべきである。これと異なる原審の判断には，判決に影響を及ぼすことが明らかな法令の違反がある。」

②　**会社の行為の商行為性と商人性**　　会社（外国会社も含む）がその事業としてする行為およびその事業のためにする行為は，商行為とする（会社5条）。

平成17年改正前商法では，商行為を業とすることを目的とする商事会社（商旧52条1項）と，商行為以外の営利行為を業とすることを目的とする民事会社（商旧52条2項）との区別がなされ，民事会社の行為は準商行為と称されて，商行為に関する規定が準用されていた（商旧523条）。会社法は，この区別を廃止している。

会社は，会社法5条の定めにより，「自己の名をもって商行為をすることを業とする」ことにより，商人（固有の商人）となる[16]。判例も，会社が商法上の商人に該当することを肯定するとともに，会社の行為は，その事業のためにするものと推定（商503条2項）されると判示する[17]。会社法5条は，会社が「その事業のためにする行為」も商行為（附属的商行為）とすることから，商法503条1項の意義はなくなるが，会社が商人であるゆえに，商法503条2項の推定規定の適用は認められることになる[18]。

「事業としてする行為」とは，通常，会社の定款に「目的」（会社27条1号・576条1項1号）として記載・記録した事項を行う行為である[19]。「事業のためにする行為」とは，商法503条1項所定の附属的商行為を意味し，その種類・範囲，有償・無償を問わない[20]。ところで，会社の行為のなかに，事業のためにする行為以外の行為が存在しうるか否かが問題となる。従来の通説

---

16)　会社法コンメ(1)131頁（江頭憲治郎），逐条解説(1)103頁（森本滋），論点体系(1)35頁（遠山聡）。

17)　最判平20・2・22民集62巻2号576頁（前掲所有権移転登記抹消登記手続等請求事件）。

18)　会社法コンメ(1)132頁（江頭憲治郎），逐条解説(1)105頁（森本滋）。これに対し，立案担当者によれば，会社法5条の規定により，商法の商行為に関する規定については，とくにその商人性について論ずるまでもなく，すべて適用されることとなり（論点解説12頁），また，商法503条2項の規定が類推適用される余地もないとする（相澤編著・一問一答24頁）。

19)　定款に目的として明示的に掲げられていなくても，客観的・抽象的な基準により会社の目的遂行に必要な行為も含まれると解されている。法人の権利能力（民34条）および前掲八幡製鉄所事件（本書第1章1(4)ウ）参照。

20)　たとえば事務所の賃貸・広告等，事業資金の借入れ，保険契約，得意先への贈答等，事業目的の遂行あるいは事業に関連して必要・有益な一切の行為が含まれる。逐条解説(1)104頁（森本滋）。

は，会社は生まれながらの商人であり，事業生活を離れて一般私生活はないとして，会社の行為はすべて商行為となると解する。したがって，附属的商行為の推定規定は会社に適用されない[21]。しかし，会社法5条が「事業のためにする行為」を商行為とするのは，「事業のためにする行為」に該当しない行為が存在していることを前提としていると考えられるのであり，組織法的・団体法的行為として，会社と株主間の法律関係，会社の役員・従業員との関係に固有の問題などは，「事業のためにする行為」に該当しない。このような行為につき商行為性を否定するのが妥当であると考える[22]。

(カ) 一方的商行為と双方的商行為

2-4図解：一方的商行為・双方的商行為

当事者の双方にとって商行為である行為を双方的商行為といい，当事者の一方にとってのみ商行為である行為を一方的商行為という。商法は，一方的商行為の場合にも，当事者双方に商法を適用するものとする（商3条1項）。また，当事者の一方が2人以上ある場合において，その1人のために商行為となる行為については，その全員に商法を適用するものとする（商3条2項）。法律関係

---

21) これに対し，会社についても，社会的実在として，事業活動以外に一般社会人としての生活領域を認めるべきであり，災害・社会的行事等における寄付について附属的商行為の推定規定を会社に適用する余地を認める見解，会社の行為には事業活動のほか，組織法的・団体法的行為があり，会社法5条が事業上の行為を商行為とするのは，事業上の行為以外にも会社の行為があることを含意するとする見解がある。会社法コンメ(1)132頁-133頁（江頭憲治郎），逐条解説(1)105頁（森本滋），論点体系(1)28頁（遠山聡）。

22) 会社法コンメ(1)132頁-133頁（江頭憲治郎〔株式の引受けについては，公募による募集株式の発行を証券会社に買取引受けさせる場合は営業上の資金調達行為として附属的商行為と解する〕），逐条解説(1)105頁（森本滋），論点体系(1)35頁-36頁（遠山聡）。商行為にあたらないとする裁判例として，東京地判昭58・8・23判時1114号102頁（剰余金の配当の支払いの遅延損害金の利率），東京地判平9・12・1判タ1008号239頁（従業員に対する資金貸付けの消滅時効期間），東京高判平9・12・4判時1657号141頁（取締役の退職慰労金支払いについての遅延損害金利率），福島地会津若松支判平12・10・31判タ1113号217頁（株主総会の授権に基づく特定の株主からの自己株式取得の支払いについての遅延損害金の利率），最判平20・1・28民集62巻1号128頁（取締役の会社に対する責任についての利息・消滅時効期間）など。

の簡明を期する趣旨からである。

(キ)　**公法人の商行為**

　商法は，公法人が行う商行為については，法令に別段の定めがある場合を除き，商法の定めるところによるとする（商2条）。

(3)　商人の意義と種類

2 - 5図解：商人の意義

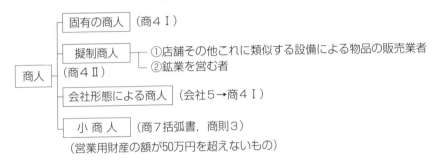

(ア)　**固有の商人**

　固有の商人とは，自己の名をもって商行為をすることを業とする者をいう（商4条1項）。「商行為」とは，絶対的商行為（商501条）と営業的商行為（商502条）をいう。附属的商行為（商503条1項）は商人概念を前提とするからこの「商行為」には含まれない。

　「自己の名をもって」とは，行為によって生ずる権利義務の帰属主体となることをいう。必ずしもその行為から生ずる経済的損益の帰属主体である必要はなく，また営業に資格を要するとき行政官庁への届出名義人でなくても，現実に権利義務の帰属主体として取引している者が商人である。また実際の営業活動をみずからはせず代理人にさせてもよい。固有の商人は，自然人の場合もあれば，法人の場合もある[23]。

　「業とする」とは，営業とすることであり，営利の目的をもって同種の行為を計画的に反復・継続的に行うことをいう。反復的・継続的に行うことが計

---

[23]　商法施行規則は，商法の委任に基づく事項を定めることを目的とし（商則1条），この規則において用いられる商人という用語の意義について，商法4条1項に該当するものであっても法人その他の団体を本項に規定する商人から除外する定めをしている（商則2条1号）。

画されている限り，その一環としてなされたものであれば，最初の行為のみで業としてなされたものと解される。

営利の目的とは，収支の差額を利得する目的である[24]。営利の目的は，反復継続的行為の全体について存すればよく，個々の行為にまで認められる必要はない。また営利が唯一の目的でなくてもよく，公益的・宗教的・政治的目的などの他の目的が併存してもよい。営利の目的がある限り，実際に利益を得たかどうかは問題とならない。

(イ)　擬制商人

農業，林業，漁業などの第1次産業を営む者は，商行為を営業とする者ではないので，商人ではありえないことになる。そこで，商法は，商行為を営業としていなくても，その者の行う経営形式あるいは企業的設備に着目して商人性を認め，これを擬制商人とする。商法は，つぎの二つの場合にこれを擬制商人とする（商4条2項）。これら擬制商人は，固有の商人と同様，営利の目的で自己の名でもって営業をなすことを要する。

① 店舗その他これに類似する設備による物品の販売業者　　店舗的設備により物品販売を行う者は，その物品を有償取得したものでなくても商人とされる（商4条2項）。たとえば，農産物や水産物などを農家や漁師が直接販売する場合に，車に積んで行商しても商人とはならないが，店舗を構えて販売するときは商人となる。固有の商人と同様の店舗的設備で同種の物品の販売行為がなされているとき，その物品が有償取得されたものか原始取得されたものかによって商人とされるか否かが左右されるのは不合理的であり，また取引の相手方にとっては有償取得されたか否かは判断できないからである。店舗とは，継続的取引のために公衆に対して開設される場所的設備をいうと解されている。訪問販売する場合は商人とはならない。しかし，通信設備・情報ネットワークなどを利用して継続的に商品の販売をすれば，外形的に商人的設備・手段を備えたことになるから，擬制商人に該当するとする見解がある。

---

24)　医師，弁護士，芸術家などのいわゆる自由職業人は，営利目的を有しているかが問題となる。これらの自由職業はそもそも商行為にあたらないのが通常である。自由職業は社会観念上あるべき姿としては営利であるべきではなく，客観的には営利の目的はないと解される（通説）。ただし，医師が経営する病院に患者を入院させる場合（商502条7号参照）や，画家・陶芸家の自作品の店舗販売（商4条2項前段参照）などの場合は，企業的経営方法で運営されているとき，営利目的を認めて，営業的商行為と解される余地がある。

② 鉱業を営む者　第1次産業のうち鉱業を営む者については企業的設備を要件とせず，その業種から，これを商人とみなしている（商4条2項）。地下資源の採掘には，通例，大規模な資本・設備が伴っていることに着目したものである。

擬制商人は商人であるから，その営業のためにする行為は附属的商行為（商503条）であり商法の規定が適用されるが，擬制商人の営業目的である行為は非商行為であるから，商行為を問題とする商法の規定（商504条・505条・511条・515条・516条など）が適用されないことになる。この場合に民法の規定が適用されることになる。

(ウ)　会社形態による商人

平成17年会社法において，会社（外国会社を含む）は，「その事業としてする行為及びその事業のためにする行為は，商行為とする」と定められた（会社5条）。ゆえに会社は，商法4条1項の要件を満たし，設立の瞬間から商人である。したがって，会社は，典型的な企業形態である会社という法形態をとるだけで，当然に商人である（形態による商人）[25]。

(エ)　小商人

「小商人」とは，商人のうち，営業の用に供する財産につき最終の営業年度に係る貸借対照表に計上した額が50万円を超えないものをいう（商7条括弧書，商則3条）。営業規模があまりに零細な商人にまでそれらの規定を適用することは，その者にとっては煩瑣であり，過大な負担となって酷でもあるから，商法は，小商人に適用のない条文を個々に列挙して（商7条）[26]，これら以外の規

---

[25]　平成17年改正前商法では，会社の事業目的行為が絶対的商行為・営業的商行為である会社は商事会社（商旧52条1項），それ以外の会社は民事会社（商旧52条2項）と呼ばれており，従来，この民事会社も擬制商人とされていた（商旧4条2項後段）。そして，非商行為である民事会社の営業目的行為に商行為に関する規定を準用することにしていた（商旧523条，準商行為）。そこで，この規定を民事会社以外の擬制商人にも類推適用して，その営業目的行為は準商行為と解されていた。しかし，平成17年会社法は，商法総則のうち会社に適用されるべきものについては会社法のなかで規定し，また前記のように会社の行為は商行為とすると定めているので（会社5条），会社は事業目的が何であろうと商人となるから（ただし，商人の定義からの除外を規定する商則2条1号参照），従来の民事会社に関する商法旧規定（商旧4条2項・52条2項・523条）は削除された。

[26]　小商人には，商法のうち未成年者登記（商5条），後見人登記（商6条），商業登記（商8条〜10条），商号登記（商11条2項），商号譲渡の登記（商15条2項），譲渡人の商号を使用した営業譲受人のなす免責登記（商17条2項），商業帳簿（商19条），支配人の登記（商22条）に関する規定は適用されない（商7条）。

定[27] は小商人にも適用があることを明らかにしている。なお，会社は，小商人となることはない[28]。小商人に対して，商法が全面的に適用される通常の商人は，「完全商人」と呼ばれる。

2 会 社

⑴ 会社の意義

㋐ 会社の定義

会社法は，会社とは，会社法の定めるところにより設立された，「株式会社，合名会社，合資会社又は合同会社をいう」と定義する（会社1条・2条1号）。会社法は，法律関係を明確にして取引の安全を図るため，会社の種類をこれら4種類の会社に限定している。現在の経済社会において事業を行うための重要な企業形態であり，とりわけ株式会社は最も重要なものとなっている。

㋑ 営利社団法人

① **法人性**　会社は，法人とされる（会社3条）。その団体自身の名において権利を有し義務を負うことが認められ，その法律関係の処理が著しく簡明となる。法人の属性として，とくに株式会社については，(a)独立した権利義務の帰属主体となり，(b)民事訴訟における当事者能力（民訴28条）があり，(c)会社財産に対する民事執行には，法人である会社を名宛人とする債務名義（民執22条）が必要であり，(d)構成員の債権者は会社財産に対する追及ができない（法人の責任財産の独立・分離）。なお，株式会社においては，法人の業務執行・代表につき第三者機関制（会社326条1項・348条1項・349条1項など）がとられる。

② **営利性**　会社は，事業活動によって会社自身の利益を図るにとどまらず，その得た利益を出資者である社員に対して分配する（会社5条・105条・621条等参照）。その意味において会社は営利法人である。前述のように，商行為における「営利性」とは「対外的取引による収支の差額を利得する目的」である（第2章1⑶㋐固有の商人，参照）。このような意味での営利性とは異

---

27)　たとえば未登記の商号の選定（商11条1項・12条・13条），名板貸人の責任（商14条），未登記の支配人（商20条），表見支配人（商24条）など。
28)　商則2条1号，会社の商号の登記を要求する会社911条3項2号・912条2号・913条2号・914条2号参照。

なり，会社の営利性は，対外的な事業活動によって得た利益を出資者に分配することを目的とする意味であると考えられている（通説）[29]。

③　**社団性**　さらに，会社は，出資者である団体の構成員が団体との間の社員関係によって団体を通じて間接に結合する団体，すなわち社団である[30]。法律上，団体の構成員を「社員」という。会社という団体の場合，社員とは，出資者のことを意味する。一方，日常用語・新聞用語においても「社員」という用語がしばしば用いられる。このような用法での「社員」とは，「従業員」（被用者・労働者）を示す言葉である。

会社法において，会社は，株式会社と持分会社の二つの類型として整理される。持分会社には，合名会社・合資会社・合同会社の三つの種類がある（会社2条1号・575条）。なお，会社の住所は，その本店所在地にあるものとされる（会社4条）。

(2)　会社の種類

(ア)　株式会社

株式会社の社員である株主は，会社に対し出資（社員としての地位である株式についての払込みまたは給付）する義務を負う。出資を履行すれば，株主は会社に対してそれ以上の義務を負うことはない（間接有限責任）。また，会社が会社債権者に対して負っている債務につき，株主は，会社および会社債権者に対して責任を負わされることはない。これを株主有限責任の原則という（会社104条）。このように会社の負債に関して，会社債権者に対して責任を負わない社員（出資者）のことを有限責任社員という。株式会社は，有限責任社員によってのみ構成される社団（出資者の団体）である。このような株主によって構成される会議体を株主総会という。株主総会は，通常，年に1回開催される。

実際上よくみられる株式会社では，株主総会（会社295条）で取締役を選任し（会社329条），取締役が取締役会を構成する（会社362条1項）。取締役会は，会

---

29)　この考え方（通説）は利益分配説といわれる。これに対し，会社の営利性の意味を，事業活動による差額の取得（利潤獲得）の目的のみで足ると解する立場がある。たとえば宮島司・会社法3頁（弘文堂・2020年）。これを営利事業説という。現行の諸法制度における理論的・体系的整合性の観点から営利事業説が妥当であろう。畠田・会社の目的5頁-18頁。

30)　平成17年改正前商法・有限会社法では，会社は営利を目的とする社団であると明記されていたが（商旧52条，旧有1条），この規定は会社法において削除されている。

社の業務執行の決定，取締役の職務の執行の監督，代表取締役の選定および解職についての職務を行う（会社362条2項）。代表取締役は，会社の業務を執行し会社を代表する（会社363条1項1号・349条4項）。そして，取締役の職務の執行を監査する機関として監査役（会社381条1項）が置かれる[31]。大会社（会社2条6号）では，監査役会（会社390条）および会計監査人（会社396条）が置かれる（会社328条1項）。株主の投下資本の回収は，原則として株式（持分）の譲渡による（会社127条）。

　会社法は株式会社について柔軟な機関設計を認めており（会社326条〜328条参照），選択した機関設計によって，取締役会を置く会社は取締役会設置会社（会社2条7号），会計参与（会社374条）を置く会社は会計参与設置会社（会社2条8号），監査役を置く会社は監査役設置会社（会社2条9号），監査役会を置く会社は監査役会設置会社（会社2条10号），会計監査人を置く会社は会計監査人設置会社（会社2条11号），監査等委員会を置く会社は監査等委員会設置会社（会社2条11号の2），指名委員会・監査委員会および報酬委員会（会社400条・404条）を置く会社[32]は指名委員会等設置会社（会社2条12号）といわれる。また，すべての種類の株式について譲渡制限（譲渡による当該株式の取得について会社の承認を要する旨の定款の定めを設けること）がある会社以外の株式会社は公開会社（会社2条5号），剰余金の配当その他の事項（会社108条1項各号）について内容の異なる2以上の種類の株式を発行する会社は種類株式発行会社（会社2条13号）といわれる[33]。

---

31) これに対し，監査等委員会設置会社（会社2条11号の2・399条の2以下）および指名委員会等設置会社（会社2条12号・400条以下）では，監査役を置くことは認められない（会社327条4項）。

32) 指名委員会等設置会社の場合，取締役は原則として会社の業務執行をすることができず（会社415条），執行役が業務執行の職務を行う（会社402条・418条）。執行役のなかから，代表執行役（監査役〔会〕設置会社の代表取締役に相当する）が選定される（会社420条）。

33) なお，平成17年改正前の有限会社法に基づく有限会社は，会社法において簡素な機関設計も認められている株式会社の類型に統合され，有限会社法は廃止された（会社法施行時にすでに設立されている有限会社は，同法施行後は会社法上の株式会社として存続し〔整備法2条1項〕，特例有限会社と呼ばれる〔整備法3条〕）。したがって，小規模会社向けの最も簡素な機関設計として，株主総会（会社295条1項）と1人または2人以上の取締役（会社326条1項）を置くだけでよいものが認められている。この場合は，各取締役が業務を執行し（会社348条1項），単独で会社を代表する（会社349条1項2項）のが原則である。監査役の設置は任意である（会社326条2項・327条2項参照）。

(イ)　**合名会社**

合名会社は無限責任社員からのみ構成される会社である。会社の負債につき，会社の財産で負債を完済できない場合，会社債権者に対して，社員は責任を負わなければならない（直接無限責任）。このように会社の負債について，会社債権者に対して責任を負う社員（出資者）を無限責任社員という（会社576条1項5号・2項）。合名会社の各社員は，当該会社の財産をもってその債務を完済することができない場合または会社の財産に対する強制執行がその功を奏しなかった場合，連帯して，会社の債務を弁済する責任を負う（会社580条1項・605条）。

すべての社員は，定款等で別段の定めがない限り，会社の業務を執行し（会社590条1項），会社を代表する（会社599条1項）。社員の出資は金銭等（会社151条）に限らず労務・信用の出資も可能であり（会社576条1項6号），投下資本の回収方法としては，他の社員の全員の同意による持分（社員の地位）の譲渡（会社585条1項）のほかに，各社員による出資の払戻しの請求が認められている（会社624条1項）。また，各社員は，退社することができ（会社606条・607条・609条），退社した社員は原則としてその持分の払戻しを受けることができる（会社611条）。

(ウ)　**合資会社**

合資会社の社員は，無限責任社員と有限責任社員からなる（会社576条3項）。無限責任社員の責任は，合名会社の社員と同じである。一方，有限責任社員（会社576条1項5号3項）は，その出資の価額（すでに会社に対し履行した出資の価額を除く）を限度として，会社の債務を弁済する責任（会社債権者に対する直接責任〔直接有限責任〕）を負う（会社580条2項）。つまり，会社に対する出資を履行していれば，それ以上の責任を負うことはない。

業務執行と会社代表は合名会社の場合と同様に，社員（出資者）がおこなう。なお，有限責任社員も会社の業務執行や代表をすることができる[34]。有限責任社員の出資は，金銭その他の財産に限られる（会社576条1項6号・151条）。社員の持分の譲渡は，定款で別段の定めがない限り，他の社員の全員の承諾を要するが（会社585条1項4項），業務を執行しない有限責任社員の持分の譲渡は，

---

[34]　会社法では，有限責任社員の業務執行・会社代表を禁止する商法旧156条のような規定はない。

業務を執行する社員の全員の同意があるときは譲渡することができる（会社585条２項）。なお，出資の払戻し，退社，退社による持分の払戻しは，合名会社と同様である。

(エ) 合同会社

合同会社は，会社法で新たに設けられた会社形態である。合同会社のすべての社員は，有限責任社員である（会社576条１項５号４項）。社員の責任に関しては，上述の合資会社有限責任社員と同じである（会社580条２項）。ただし，会社財産が重視され，社員になろうとする者は，設立登記の時までに出資に係る金銭の全額の払込みまたはその他の財産の全部の給付をしなければならない（会社578条）。したがって，合同会社の有限責任社員の責任は，株式会社の場合と同様の間接有限責任である。また，会社財産を維持する基準となる資本金の額の登記が要求される（会社914条５号）ほか，さまざまな会社債権者保護のための規制が設けられている（会社626条～631条）。

合同会社の業務執行と会社代表は，前述したような合名会社・合資会社の場合と同様である。社員の持分の譲渡，出資の払戻し，退社，退社による持分の払戻しは，合資会社の有限責任社員と同様であるが，出資の払戻しおよび退社に伴う持分の払戻しに関する特則がある（会社632条～636条）。

(オ) 会社法上のその他の会社の意義

①**外国会社**　外国会社とは，外国の法令に準拠して設立された法人その他の外国の団体であって，会社と同種のものまたは会社に類似するものをいう（会社２条２号）。会社法は，外国会社について，利害関係人を保護する規制を設けている（会社817条～823条）。

②**親会社・子会社**　大規模な会社は，通常，企業グループのかたちで企業経営を行っている。支配する側の会社が，親会社であり，支配される側の会社が子会社である。親子関係にある会社について，子会社とは，会社（会社２条１号）がその総株主の議決権の過半数を有する株式会社，または，その他の当該会社（会２条１号）がその経営を支配している法人として法務省令で定めるもの[35] をいう（会社２条３号・３号の２〔子会社等〕）。親会社とは，株式会社を子会社とする会社その他の当該株式会社の経営を支配している法人

35) 会社が他の会社等の財務および事業の方針の決定を支配している場合における当該他の会社等とする（会社則３条１項）。

として法務省令で定めるもの[36]をいう（会社2条4号・4号の2〔親会社等〕）。たんなる議決権数だけでなく，実質基準によって定義されている。会社法は，いろいろな局面で，親子関係にある会社の規制を設ける[37]。

③大会社　　大会社とは，最終事業年度に係る貸借対照表に資本金として計上した額が5億円以上，または最終事業年度に係る貸借対照表の負債の部に計上した額の合計金額が200億円以上の要件のいずれかに該当する株式会社をいう（会社2条6号）。たんに大きな会社という意味ではなく，法律用語である。大会社について，会計監査人（公認会計士・監査法人）の設置の強制（会社328条）など，会社法は，一般の株式会社よりも厳格な規制を設ける。大会社という法律用語は，会社法上このような規制を及ぼすためにある。

3　商人資格

(1)　商人資格の意義

2−6図解：商人資格

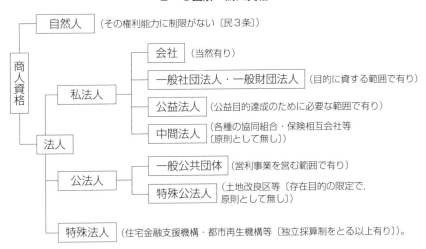

商人資格とは，商法4条に定める要件を満たすことにより商人となることが

---

36)　会社等が株式会社の財務および事業の方針の決定を支配している場合における当該会社等とする（会社則3条2項）。

37)　たとえば，会社135条・381条3項・433条3項・442条4項など参照。

できる地位をいう。商人資格は，営業・事業に関する権利義務の帰属主体となる地位を意味するから，権利能力を有していなければその資格を満たすことができないが，権利能力を有するものすべてが商人資格を備えて商人となれるわけではない。

　自然人は，その権利能力に制限がなく（民3条），その年齢・性別・行為能力の有無に関係なく，商人となることができる。ただし，自然人が商人であっても，そのすべての生活関係が商人としての生活関係となるのではなく，別に非商人としての生活関係が存在しうる（商503条2項参照）。

　これに対し，法人は，一定の目的の範囲内において権利能力が認められることから（民34条参照），そもそも商人となりうるか否かが問題となる。とりわけ営利法人である会社以外の法人の場合，その存立目的との関係から商人となりうる適格が問われることになる。

(2)　各種法人の商人資格
(ア)　会　社

　法人（会社3条）である会社は，その事業目的が何であれ（商501条・502条の商行為でなくとも），その事業としてする行為およびその事業のためにする行為は商行為とされるから（会社5条），自己の名をもって商行為をすることを業とする固有の商人である（商4条1項）。会社は，事業により得た利益を出資者である構成員（株主・社員）に分配（会社105条・621条等参照）することを目的とする営利法人であると考えられている（通説）。

(イ)　一般社団法人・一般財団法人

　一般社団法人・一般財団法人に関する法律（平18法48号）は，剰余金の分配を目的としない（一般法人11条2項・153条3項2号）社団・財団について，法人格の取得と公益性の判断を分離することで，準則主義により簡便に法人格を取得することができるようにした[38]。平成18年民法改正以前は，民法上の法人格の取得と公益性の認定が一体化されていた。このような法制の下では，公益性の認定が厳格なことから，営利性を持たない法人の設立自体が難しいという弊害を生じていた。現行法の下では，設立が認められた非営利法人を対象にし

---

[38]　法人格（一般法人3条），定款の作成（一般法人10条・152条），定款の認証（一般法人13条・155条），一般法人の成立（一般法人22条・163条）。

て，「公益社団法人及び公益財団法人の認定等に関する法律」（平18年法49号）
に基づき公益性が認定される。

　一般社団法人・一般財団法人において，対外的な収益事業活動は禁止されて
いない。したがって，定款に記載された法人の目的に資するために，商行為
（商501条・502条）を業とする場合，商人となる[39]。

㋒　公益法人

　公益法人は，学術，技芸，慈善，祭祀，宗教その他の公益を目的とする法人
である（民33条2項参照）。公益性の認定は，「公益社団法人及び公益財団法人
の認定等に関する法律」（平18年法49号）による。公益法人は，公益を本来の目
的としていても，その公益目的達成のために付随的に営利事業を営むことは可
能である。したがって，その範囲において商人となると解するのが従来の多数
説である[40]。一般社団法人・一般財団法人のなかで公益認定を受けた公益法人
（公益法人2条1号～3号）は，公益目的事業の実施に支障を及ぼすおそれがな
い限り，収益事業等を行うことが認められている（公益法人5条7号）[41]。つま
り，その範囲において商人となりうる[42]。なお，公益法人については，その活
動を促進しつつ適正な課税の確保を図るため所要の税制上の措置を講ずるもの
とされることから（公益法人58条），公益認定を受けることにより寄付等の社会
的支援を受けやすくなるなどの利点がある。

㋓　中間法人

　各種の協同組合（中協3条，生協3条，農協4条，水協2条）または保険相互
会社（保険業法18条），労働組合（労組2条），共済組合（国公共済3条，地公共
済3条等）などは，営利法人でも公益法人でもないため，中間法人（中性的法
人）といわれる。これらの中間法人の場合，構成員の相互扶助ないし共同利益
の増進のために事業目的が特定されており，しかも営利事業ではないなどの理

---

39)　ただし，一般社団法人および一般財団法人については，商法11条から15条まで（商
　　号の選定，名板貸人の責任，商号の譲渡等），および商法19条から24条まで（商業帳簿，
　　支配人，表見支配人等）の規定は適用しないとされる（一般法人9条）。

40)　これに対し，公益法人の本来の目的である公益目的事業（公益法人2条4号・別表
　　参照）に関する限り，商人性は問題とならないので，公益法人は営利事業を行うことが
　　できなくて商人となりえないとする説もあった。

41)　同様の規定をする私学26条1項，社福26条，非営利活動5条1項参照。

42)　ただし，商法11条から15条まで，商法19条から24条までの規定は適用がない（一般
　　法人9条）。

由で，商人性を否定するのが多数説である。判例も，信用協同組合（中協3条2号）は商人でないとする[43]。また，信用金庫（信用金庫法2条）も，国民大衆のために金融の円滑を図り，その貯蓄の増強に資するために設けられた協同組織による金融機関であるから，商人にはあたらないとする[44]。なお，商法・会社法の規定の一部が準用されうる場合がある（保険業法21条等）。

(オ) 公法人

国または地方公共団体は，その存在目的が一般的で，その目的達成方法が限定されていないから，営利事業を営むことができ，その範囲で商人となることができる。たとえば，市町村が，独立採算制の下でバス・電車・地下鉄などの運送業（商502条4号）を営むことがある。商法は，公法人の商行為の存在を認めている（商2条）。商人とされるとき，公法に属する法令に別段の規定がない限り，商法の規定が適用されることになる[45]。これに対し，土地区画整理組合（土地区画整理法14条），土地改良区（土地改良法5条），水害予防組合（水害予防組合法1条）などのように，特別法でその存在目的が限定されているものは，特殊公法人といわれており，その存在目的と営利性とは矛盾するので，商人とはなりえないと解される（通説）。

(カ) 特殊法人

住宅金融支援機構・都市再生機構などの独立行政法人，農林中央金庫などの金庫，日本銀行などの特殊銀行は，その事業の公共的性質から，特別の法律[46]により設立されるもので，特殊法人といわれる。これらの特殊法人は，独立採算性をとるから収益の確保を意図せざるをえず，そこに営利の目的を認めることができるから，その事業が商行為（商501条・502条）に該当するときは，商人になると解される（通説）。

---

43) 最判昭48・10・5判時726号92頁，最判平18・6・23金判1252号16頁。
44) 最判昭63・10・18民集42巻8号575頁。
45) ただし，その性質上，商法総則の商業登記・商号・商業帳簿・商業使用人の規定は適用されない。
46) 独立行政法人住宅金融支援機構法，独立行政法人都市再生機構法，農林中央金庫法，日本銀行法など。

4　商人資格の取得・喪失

(1)　自然人の場合

(ア)　石炭販売共同事業事件（最判昭33・6・19民集12巻10号1575頁）

　Ｙら４名は，当時好況であった石炭販売の共同事業を始めることを計画し，それぞれ労務を提供し事業資金は他から融資を得て事業に当てる旨の組合契約を締結した。そこで，Ｙらは，Ｘに対してその共同事業を説明したうえ，その事業資金の融資を受けるために必要な担保としてＸ所有の物件（土地・建物）を借りることを申し込み，Ｘはその共同事業発展の助けになるならばとＹらの申込みを承諾した。ＹらはＸ名義で前記物件を売渡担保に供して他から金銭を借り入れたが，期限内に返済をしないため担保権実行手続がなされることになった。Ｘは，前記物件の所有権を保有するため前記金銭の貸主に一定の金額を支払わなければならなくなり，損害を被った。そこで，Ｘは，開業準備のための前記担保利用契約の不履行による損害賠償債務の連帯性を主張してＹを訴えた。

　第１審・第２審ともＸが勝訴した。Ｙは，Ｘとの担保利用契約の当時Ｙらはまだ商人資格を取得しておらず，同契約は附属的商行為ではないのに，原判決がＹに連帯責任を負わせたのは違法であるとして，上告した。これに対し，最高裁は，上告を棄却して，つぎのように判示した。

　「原判決が本件担保利用契約をＹ等の営業の準備行為と認め且つ特定の営業を開始する目的で，その準備行為をなした者は，その行為により営業を開始する意思を実現したものでこれにより商人たる資格を取得すべく，その準備行為もまた商人がその営業のためにする行為として商行為となるものとした判断は，正当であ」る。

(イ)　商人資格の取得・喪失の時期

　自然人は商法４条の「業とする」という要件から，営業開始時に商人資格を取得することになるが，それ以前に開業準備行為を行ったときにも，商人資格を取得すると考えられ，したがって，その開業準備行為は附属的商行為（商503条１項）として取り扱われるべきであると解される（通説）。「業とする」とは，営業とすることであり，営利の目的をもって同種の行為を計画的に反復的・継続的に行うことであり，営利の目的は計画的に予定された反復・継続さ

れる行為の全体についてあればよく，開業準備行為は基本的商行為にむけて計画・準備されるもので，それ自体が，商法が適用されるべき企業活動であり，かつ当事者も商法の適用を予定している場合があると考えられるからである。

　具体的に営業開始前のいつの時点で商人資格が取得されるのかについては，これまで判例には変遷がみられ，学説も分かれている[47]。判例は，現在では，営業意思が客観的に認識可能であることを要するとする営業意思客観的認識可能説の立場をとると考えられている[48]。この立場は，取引の相手方と行為者との利益衡量上妥当なものである（多数説）。なお，自然人たる個人商人が商人資格を喪失する時期は，営業の廃止または営業的設備の廃止のときではなく（商4条参照），残務処理の終了時である。したがって，営業の廃止の後始末として残務処理がなされている間は商人たる資格を失わないから，倒産後における残務処理のための消費貸借契約を締結する行為も，附属的商行為となり，商法の規定（たとえば連帯債務）が適用される[49]。

---

47)　判例・学説については，①営業自体をする必要はないが，営業の意思を，店舗の開設，開店広告等により外部に表白することを要するとする表白行為必要説（大判大14・2・10民集4巻56頁，大判大14・3・27新聞2407号18頁），②開業準備行為によって営業意思を主観的に実現すればよいとする営業意思主観的実現説（大判昭6・4・24民集10巻6号289頁，最判昭33・6・19民集12巻10号1575頁〔前掲石炭販売共同事業事件〕），③営業意思が客観的に認識可能であることを要するとする営業意思客観的認識可能説，④開業準備行為自体の性質（たとえば営業設備のある営業所の借受けや営業譲受契約など）から営業意思が客観的に認識しうる場合に限定する開業準備行為自体の性質による営業意思客観的認識可能説（営業資金の借入れは否定される），⑤営業意思が主観的に実現された時点，認識可能となった時点，さらに一般的に認識可能になった段階に分けて考える段階説ないし相対説がある。学説は③説と⑤説をとるものが多い。

48)　最判昭47・2・24民集26巻1号172頁は，映画館営業を開始する目的で映画館の買受けの際に支払うべき手付金および映画館経営の準備資金に必要な金銭の借入れの事案において，最判昭33・6・19民集12巻10号1575頁（前記石炭販売共同事業事件）の判旨を踏まえたうえで「その準備行為は，相手方はもとよりそれ以外の者にも客観的に開業準備行為と認められうるものであることを要する」と解し，たんに金銭を借り入れるごとき行為はその外形からはその行為がいかなる目的でなされるものであるかを知ることができないから，直ちにこれを開業準備行為であるとすることはできないけれども，取引の相手方が，この事情を知悉している場合には，開業準備行為としてこれに商行為性を認めるのが相当であると判示する。この昭和47年最高裁判決は，前記学説の④説に近い立場をとっていると考えられる。また学説の⑤説として読むことも可能である。

49)　大阪高判昭53・11・30判タ378号148頁（手形債務を改めて貸借の目的とする準消費貸借契約の締結）。

(2)　法人の場合

　法人（会社3条）である会社は，自己の名をもって商行為をすることを業とする固有の商人である（商4条1項，会社5条）。会社は商人資格を離れては存在せず，設立登記によって成立（会社49条・579条）すると同時に商人資格も取得する。また，会社は清算の終了によって消滅するが（会社476条・645条），同時に商人資格をも喪失する。このように解する限り，会社成立前に行われた開業準備行為は，いまだ商人資格を取得しない段階での行為であるから，附属的商行為とみるべきではないことになる（通説）[50]。これに対し，会社以外の法人については，商人資格が肯定される場合，その取得・喪失の時期は自然人の場合と同じように考えられる。

5　営業能力

(1)　自然人の営業能力

　すべての自然人は権利能力を有するから，年齢，性別などに関係なく商人資格を取得することができる。しかし，権利能力を有するからといって，自然人がすべて自らの営業活動によって，権利を取得し義務を負担することが可能であるというわけではない。そのためには行為能力が必要であり，これを営業能力と呼ぶ。営業能力の有無および範囲は行為能力に関する民法の一般原則による。商法は，営業能力の公示を中心として若干の特則を置く。

㋐　未成年者

　18歳未満の自然人が未成年者である（民4条）。法律行為を成立させるためには十分な意思能力が前提となるが，その能力が十分でない者を保護するため，民法は未成年者の行為能力を制限する（民5条1項）。行為能力が制限されているゆえに，未成年者の法律行為は法定代理人の同意がなければ取り消しうる（民5条2項）。しかし，次の①～③の場合において営業活動をすることができる。

①　法定代理人から営業許可を得た場合　　未成年者が法定代理人の許可を得て営業を営む場合，成年者と同一の行為能力を有するものとされる（民6条

---

50)　設立中の会社なる概念を前提として，設立中の会社成立時に商人資格の取得を認め，開業準備行為を附属的商行為と解する見解も有力である。

1項)。したがって，個々の営業行為についていちいち法定代理人の同意を
得る必要はない。なお，商法は取引の安全のため，この営業の許可を登記に
より公示することを要求する（商5条）。

　登記は，商業登記簿のなかの未成年者登記簿（商登6条2号・35条～39条）
になされる。未成年者がその営業に堪えることができない事由があるときは，
法定代理人はその営業許可を取り消し，またはこれを制限することができる
（民6条2項）。この場合の制限は，許可した数種の営業（商登35条1項2号）
のなかのいくつかを取り消すことを意味するのであって，ある種の営業につ
いて，取引の種類や取引の金額を制限することは許されないし，登記もでき
ない。

② 　未成年者が持分会社の無限責任社員となることを許された場合　　この場
合，未成年者は社員の資格に基づく行為に関しては，行為能力者とみなされ
る（会社584条）。

③ 　法定代理人が代わって営業を営む場合　　この場合，商人となるのは法定
代理人ではなく未成年者である。法定代理人のうち親権者は当然に代表する
ことができ（民824条・825条），登記も不要である。しかし，未成年後見人が
代表するときには（民859条）（後見監督人があるときは，その同意を要する〔民
864条〕），登記をすることを要する（商6条1項）。また後見人の代理権に加
えた制限は，善意の第三者に対抗できない（商6条2項）。

㈡　成年被後見人

　精神上の障害により事理を弁識する能力を欠く常況にある者は，後見開始の
審判により成年被後見人として，成年後見人が付される（民7条・民8条）。

　成年被後見人の法律行為は，日常生活に関する行為を除き，常に取り消すこ
とができるから（民9条），成年被後見人がみずから営業することはできず，
後見人が成年被後見人に代わって営業するしかない（後見監督人があるときは，
その同意を要する）（民859条・864条）。成年被後見人が商人となり，後見人登記
簿に登記して公示することを要する（商6条1項，商登6条3号・40条～42条）。
後見人の代理権に加えた制限は，善意の第三者に対抗できない（商6条2項）。
なお，任意後見契約の本人が委託した事務が営業の全部であるときは，任意後
見監督人選任後は，成年被後見人の場合と同様の取扱いが行われる（任意後見
2条1号2号4号・4条1項参照）。

(ウ)　被保佐人

精神上の障害により事理を弁識する能力が著しく不十分である者は，保佐開始の審判により被保佐人として，保佐人が付される（民11条・民12条）。

被保佐人は，民法13条1項各号に列挙される元本の利用，借財，不動産その他重要な財産に関する権利の得喪などの行為をするには保佐人の同意を得なければならず，それらの行為が保佐人の同意なく行われた場合は取り消すことができる（民13条4項・120条1項）。それ以外の行為は被保佐人がみずから行うことができるが，営業活動には同条該当行為が多く含まれうるから，それらについていちいち保佐人の同意を得ながら営業を営むことは事実上困難である。また，保佐人は同意しない被保佐人の行為を取り消すことができるが（民120条1項），従来保佐人は法定代理人ではなかったから，被保佐人に代わって営業することもできなかった。

しかし，それでは被保佐人は制限行為能力者のなかで最も不利な立場に置かれることになるから，これを補うためにいろいろな見解が主張されている[51]。支配人の選任が民法13条1項の列挙行為に該当すると考えるならば，保佐人の同意を得て支配人を選任し，自己に代わって営業を行わせるとする見解が妥当である。なお，平成11年民法改正により，家庭裁判所の審判により，保佐人に特定の法律行為についての代理権を付与することが可能になった（民876条の4第1項）。

(エ)　被補助人

精神上の障害により事理を弁識する能力が不十分である者は，補助開始の審判により，被補助人として補助人が付される（民15条・民16条）。

被補助人は，家庭裁判所の審判により，特定の法律行為（民法13条1項に規定する行為の一部に限る）をするにはその補助人の同意を得なければならないとされ（民17条1項），同意を得ない被補助人の行為は取り消すことができる（民17条4項）。また，家庭裁判所の審判により，補助人に特定の法律行為につ

---

51)　従来，①家庭裁判所の審判（民13条2項）と保佐人の同意を得てみずから営業を行うとする見解（営業の許可の場合の登記〔商5条〕）に関する規定がないという問題がある），②家庭裁判所の審判と保佐人の同意の下に支配人を選任し自己に代わって営業を行わせるとする見解（被保佐人の行為能力をさらに制限する民法13条2項の趣旨に反するという問題がある），③保佐人の同意を得て支配人を選任し，自己に代わって営業を行わせるとする見解（包括的同意を許さない民法13条の趣旨に反するという問題がある）が主張されていた。

いての代理権を付与することができる（民15条3項・876条の9第1項）。補助人
に同意権（民17条1項）が付与されている行為が被補助人の営業に関するもの
であるときは，被補助人は被保佐人と同様の地位に立つ。この場合にも，補助
人の同意を得て支配人を選任し，自己に代わって営業を行わせることができる
ものと解される。

(2) 法人の営業能力

(ア) 法人の能力

　法人は，法令の規定に従い，定款その他の基本約款で定められた目的の範囲
内において，権利を有し義務を負う能力（権利能力）を有する（民34条）。した
がって，法人は，その機関を通じてみずから行為をすることができる意味で行
為能力を有するとされているので，法人の営業能力を問題にする必要はない。

(イ) 会社の権利能力

　法人（会社3条）である会社の権利能力の範囲については，その性質による
制限（自然人のような生命・身体に関する権利義務などの帰属主体とはなりえない），
法令による制限（例えば，清算が開始された会社は清算の目的の範囲内に権利
能力が制限される），および定款所定の目的による制限（民34条）がある。法
人の権利能力が定款に記載された目的に限定されるという考え方は，英米法に
由来し「能力外法理」という。

　判例は，「会社は定款に定められた目的の範囲内において権利能力を有する
わけであるが，目的の範囲内の行為とは，定款に明示された目的自体に限局さ
れるものではなく，その目的を遂行するうえに直接または間接に必要な行為で
あれば，すべてこれに包含されるものと解するのを相当とする。そして必要な
りや否やは，当該行為が目的遂行上現実に必要であったかどうかをもってこれ
を決すべきではなく，行為の客観的な性質に即し，抽象的に判断されなければ
ならないのである」[52]と判示する。営利法人において，能力外法理は事実上廃
止された状況にある[53]。

---

52) 最大判昭45・6・24民集24巻6号625頁（前掲八幡製鉄所政治献金事件）。
53) ただし，判例は，営利法人と異なり，非営利法人の事例において能力外法理を堅持
　　している。最判平8・3・19民集50巻3号615頁。

⒟　法人格の否認の法理

　最高裁判所は，法人格がまったくの形骸にすぎない場合，またはそれが法律の適用を回避するために濫用されるが如き場合においては，法人格を認めることは，法人格なるものの本来の目的に照らして許すべからざるものというべきであり，法人格を否認すべきことが要請される場合を生じるのであると判示する[54]。これは，法人格の否認の法理といわれ，アメリカの判例法に倣って，わが国において学説・判例により取り入れられた考え方である。権利濫用の禁止（民1条3項）を根拠として，形骸事例または濫用事例において，当事者間の関係で法人格をないものとして紛争を処理する法理である。

　なお，実体法上は法人と構成員の人格の異別性を否認できるとしても，手続法上は，訴訟手続・強制執行手続の明確・安定の確保を理由として，一方の既判力・執行力などの判決の効力を他方へ拡張することは認められないとされている[55]。もっとも，第三者異議の訴えについては，その第三者異議の訴えの性格から，第三者異議の訴えに法人格否認の法理が適用されないとする理由はないことを明らかにしている[56]。

　[問題]

1　商人概念の営利性と会社の営利性との違いは何か。
2　次の行為は，商行為となることができるか。
　⑴　野菜の種を買って，野菜を育て，これを他人に売る行為
　⑵　他人より土を買って瓦を製造する行為
　⑶　高く転売する目的で，特許権を他人から有償で取得する行為
　⑷　自宅を改造してアパート業をする行為
　⑸　会社の使用人であった者がその退職金で金貸し業をする行為
　⑹　製造販売業を行う者が従業員の雇入契約をする行為
　⑺　農業協同組合が大工に事務所の建築を依頼する行為
3　次の場合に，商人となることができるか。
　⑴　実家のいくつかの家屋を賃貸することを業として始めた場合

---

54)　最判昭44・2・27民集23巻2号511頁。
55)　最判昭53・9・14判時906号88頁。
56)　最判平17・7・15民集59巻6号1742頁。

(2) 自己の所有する山からの粘土で焼き物の製造販売することを業とする場合

(3) 自己の所有する山林の杉や檜を切り出してきて，家具製品を製造し，自宅を改造した店舗で販売を業とする場合

(4) 営業の資格を要する場合に，他人を行政官庁への届出名義人として，実際には自分が飲食店業を営む場合

(5) 医者が病院を経営して患者を入院宿泊させる場合

(6) 未成年者が営業の許可を受けないで営業を行う場合

(7) 被保佐人が保佐人の同意をえて営業を営む場合

4　Y1・Y2およびY3は，大学卒業後，「パソコンショップF」という名称でF大学正門近くにおいてパソコン等の販売を業とすることを計画した。Y1らは，退職金を取得したことで資金に余裕があったX1に対して，上記の販売業の計画を説明して，X1から，土地購入資金として，令和4年2月に1,000万円を借りた。その後，同年5月に，Y1らはパソコンショップ経営のための土地を購入した。そして，同年8月に店舗の建設を開始した。同年11月，「パソコンショップF」という文字を印刷した看板を立て，開店のチラシを近隣地域に配付した。しかし，不測の事態が生じて，結局，前記のパソコンショップ経営を断念した。そして，廃業の広告をして，残務処理の過程で，Y1らは，知人の会社役員であるX2から500万円の金銭を借りた。Y1らは，返済期日を過ぎても，借入金の弁済をしなかった。そこで，X1およびX2は，それぞれY1〜Y3の負担した上記債務につき連帯責任を追及することができるか。

第3章

営業・事業

1 営業・事業の意義

3-1図解：営業・事業の意義

営業および事業の語は，商法・会社法上いろいろなところで用いられている。従来，商人および会社において，ともに営業の語が用いられていたが，平成17年商法改正で会社法が独立して成立したのを機会に，商法では営業，会社法では事業の用語が使われることになった（以下「営業・事業」とする）。これは，個人商人は複数の営業を有し営業ごとに複数の商号を有することが可能であるのに対し，会社は全体として一つの商号しか有することができないことを考慮し，また，他の法人法制との整合性をはかったためであるといわれる。

この営業・事業には主観的および客観的の二つの意味がある。主観的意義の営業・事業とは，商人・会社の行う営利を目的とした営業・事業活動のことである。商法・会社法の規定にみられる営業・事業の多くは主観的な意義の営業・事業をいう[1]。客観的意義の営業・事業とは，商人・会社が一定の企業目的のために有する総括的な財産の有機的組織体である営業・事業財産をいう[2]。もっとも，営業・事業活動は，組織体としての営業・事業なくしては不可能であり，営業・事業活動の成果は営業・事業上の財産を増減させ，これがまた営業・事業活動の基礎となるという意味において，主観的意義の営業・事業と客観的意義の営業・事業とは相互に密接な内的関連を有する。

1） 商5条・6条・14条・19条2項・20条・502条・512条，会社5条・9条・10条など。
2） 商15条〜18条の2，会社21条〜24条。

2 主観的意義の営業・事業

(1) 営業・事業の自由と制限

　日本国憲法22条1項では，何人も，公共の福祉に反しない限り，住居，移転および職業選択の自由を有する，と規定されている。営業・事業の自由は，この職業選択の自由に含まれる。しかし，それは絶対的な自由ではなく，公共の福祉という観点から，いろいろの制限がある。営業・事業の自由の制限には，大別して営業・事業を行うこと自体に関する制限と，営業・事業活動の態様に関する制限とがある。これらの制限に違反した場合の効果もそれぞれの場合に応じて異なる[3]。

(2) 営業・事業自体に関する制限

(ア) 一般公益上の理由による制限

　わいせつな文書・図画その他の物の頒布・販売・陳列（刑175条），あへん煙またはその吸食器具の輸入・製造・販売（刑136条・137条）は，その行為自体が禁止される。その他，公序良俗に反する行為，たとえば密輸や賭博開帳も営業・事業としてなすことができない。これらの行為は私法上無効であり，実際にその行為を業として行っても商人とはならない。

(イ) 国家財政その他の理由による営業・事業の禁止

　国または国の指定した者の独占事業とされるもの，たとえば，製造たばこ（たばこ事業法2条3号）の製造は，日本たばこ産業株式会社でなければ，製造してはならないとされ[4]，他の私人の経営による営業・事業として成立する余地がない。

(ウ) 免許または許可が必要な営業・事業

　営業・事業の公共性という見地から，営業・事業の開始について内閣総理大臣の免許が必要とされるもの[5]，また，一般公安，保健衛生，危険防止等の理由から，営業・事業の開始について主務大臣等の許可が必要なもの[6]　などが

---

　3)　なお，営業・事業の自由は，営業・事業の終了の自由も含むものと考えられる。しかし，いわゆる偽装解散すなわち労働組合の壊滅を意図した会社の解散については，不当労働行為として（労組7条），労働法上問題となる。

　4)　たばこ事業法3条・8条，日本たばこ産業株式会社法1条・2条・5条参照。

ある[7]。免許や許可を得ずに営業するときは，罰則の制裁はあるが，私法上の効力には関係なく有効であり，商人となることができる。

(エ)　身分上の理由による営業の制限

官紀粛正などの理由から公職にある者の営業・事業が制限されている[8]。その違反について制裁はあるが，私法上の効力には関係なく有効であり，商人となることができる。

(オ)　経済主体間の利益調整からの営業・事業の制限

商法・会社法は，営業譲渡人・事業譲渡会社（商16条，会社21条），支配人（商23条，会社12条），代理商（商28条，会社17条），持分会社の業務を執行する社員（会社594条）および株式会社の取締役（会社356条）に対して，一定の範囲で競業などを制限している。このような制限に違反しても，私法上の効力には関係なく有効であり，違反者は商人となることができる。

(3)　営業・事業の態様に関する制限

(ア)　不正競争の禁止

営業・事業活動の自由は，あらゆる自由競争を容認するわけではなく，不正な競争を許すものではないのである。たとえば，自分の営業・事業を他人の営業・事業と誤認混同させるために，他人の商号・商標などが使用される場合に，そのような不正な手段による競争を規制するため，商号に関しては商法・会社法に規定（商12条，会社8条）があるほか，一般的な規制として不正競争防止法があり，特許法・商標法などのいわゆる知的財産法にも規定がある。これらの規制の特色として，侵害行為について損害賠償請求のほか，侵害行為の差止

---

5)　たとえば，銀行業（銀行法4条），信託業（信託業法3条），保険業（保険業法3条）などがある。

6)　たとえば，国土交通大臣の許可を要するものとして，運送業（鉄道事業法3条，道路運送法4条，海上運送法3条，航空法100条），経済産業大臣の許可を要するものとして，電気事業（電気事業法3条），ガス事業（ガス事業法35条），都道府県公安委員会の許可を要するものとして，風俗営業（風俗営業等の規制及び業務の適正化等に関する法律3条），古物商営業（古物営業法3条），質屋営業（質屋営業法2条），都道府県知事の許可を要するものとして，浴場業（公衆浴場法2条），旅館業（旅館業法3条），飲食店営業（食品衛生法55条）などがある。

7)　なお，金融商品取引業は内閣総理大臣の登録を受けなければならず（金商29条），ガス事業は経済産業大臣の登録を受けなければならない（ガス事業法3条）。

8)　裁判所法52条3号，国家公務員法103条，地方公務員法38条。

めまたは予防の請求を被侵害者に認めている[9]。

(イ) 私的独占・不当な取引制限・不公正な取引方法の禁止

独占禁止法は，営業・事業における公正かつ自由な競争を確保し，一般消費者の利益を確保するとともに，国民経済の民主的で健全な発達を促進するために（独禁1条），事業者が単独にまたは他の事業者と結合し，もしくは通謀などによって他の事業者の事業活動を排除し，または支配することにより，一定の取引分野における競争を実質的に制限することを禁止し（私的独占の禁止〔独禁2条5項・3条〕），また契約・協定その他の方法で他の事業者と共同して，一定の取引分野の競争を実質的に制限をすることを禁止し（不当な取引制限〔独禁2条6項・3条〕），さらに公正な競争を阻害するおそれのある不公正な取引方法を禁止している（不公正な取引方法の禁止〔独禁2条9項・19条〕）。これらの制限に違反した場合，公正取引委員会により差止めその他の排除措置がとられる（独禁7条・20条）。

3 客観的意義の営業・事業

(1) 営業・事業の意義

客観的意義の営業・事業は，一定の営業・事業目的のために組織された有機的一体としての機能的財産で，積極財産と消極財産とからなる。積極財産は，物（土地・建物・器具・商品・原材料・現金などの動産および不動産）およびその他の権利（取引から生じた債権・営業に関連して取得した地上権・質権・抵当権などの物権，特許権・商標権などの知的財産権）のみならず，得意先・仕入先関係・営業上の秘訣（ノウ・ハウ）・名声・経営組織などの営業活動の沈殿物といえる財産的価値ある事実関係（老舗・のれん〔暖簾〕）もその構成要素となる。商法・会社法上，客観的営業・事業を意味あるものとしているのは，このような老舗・のれんと呼ばれる事実関係である。これが，営業・事業を有機的組織体として社会的活力あるものとして，各種の財産権の集合物以上の価値あるものとしている[10]。さらに，消極財産として，営業・事業活動に関して生じた債務そ

---

9) 商12条2項，会社8条2項，不正競争3条，特許100条，商標36条。
10) なお，会社計算規則では，会社の組織再編（合併・分割・事業の譲受け等）の際に，資産または負債として「のれん」を計上することができる（会社計算11条・74条3項3号リ・75条2項2号ヘ）。

の他の負債がある。なお，個人商人の財産の場合に，営業目的に関係ない個人
商人の使用財産は客観的意義の営業に含まれない。

(2)　営業・事業の特別財産性

　自然人である個人商人には別に私生活があり，営業財産以外に私用財産もあ
る。しかし，個人商人に対する営業上の債権者も営業外の私生活上の債権者も，
営業財産および私用財産のいずれからも平等に弁済を受けることができるので
あり，また，個人商人が破産した場合には，営業財産だけでなく私用財産も破
産財団に属する。この意味で，個人商人の営業は特別財産性がない。

　これに対し，会社には，私生活に相当するものがないから，会社の財産はす
べて事業上の財産である。すべての会社債権者に対して会社の全財産が引き当
てになっており，会社財産の特別財産性を問題にする実益はない。

　有機的一体としての営業・事業財産は，その上に1個の物権的権利を認め，
担保権の設定を認めるのが望ましいが，現行法上は公示の方法もないので，営
業・事業は，全体として物権の客体とはなることができないと解するのが通説
である。物権は，営業・事業財産を構成する個々の財産について認められるに
すぎない。この意味では，営業・事業の特別財産性はないということができる。
ただし，一部に企業担保法などでは特別財産性が認められる。なお，営業・事
業の譲渡・賃貸などの債権的関係においては一体として契約の目的とすること
ができ，この意味では特別財産性が認められる。

　営業・事業に対する不法行為（民709条）に関しても，侵害の対象としての
営業・事業を1個の権利としてみるのではなく，営業・事業を構成するそれぞ
れの権利や財産的価値のある事実関係の違法な侵害を問題にして，不法行為の
成否を考えれば足りると解するのが通説である。

4　営業所

3-2図解：営業所（本店・支店）

(1) 営業所の意義

　営業所とは，商人・会社の営業・事業活動の中心となる一定の場所をいう。営業所であるためには，内部的に指揮命令が発せられるだけでは足りなくて，外部的にも営業・事業活動の中心としてあらわれる場所でなければならない。したがって，工場や倉庫はたんなる事実行為がなされるにすぎなく，また停車場の売店は営業・事業上の主要な活動がなされるわけではないので，営業所と認められない。また，営業・事業活動の中心となる場所であることから，営業所と認められるためには，ある程度は固定的であり，必ずしも長期にわたる必要はないが一定の期間継続するものであることが必要である。

(2) 本店と支店

(ア) 意　義

　商人・会社が複数の営業所をもつ場合，全営業・事業を統括する営業所を本店（実質上の本店）といい，これに従属し指揮命令に服するが一定の範囲で独立性を有する従たる営業所を支店（実質上の支店）という。営業所であるためには，客観的・実質的に営業・事業活動の中心か否かによって判断され，商人・会社が付した名称（たとえば出張所など）にはよらない。したがって，本店や支店の組織活動の構成部分にすぎないような出張所や派出所などはそれ自体営業所とはいえない[11]。

(イ) 会社の本店

　会社については，会社の住所はその本店の所在地にあるものと定められ（会社4条），本店の所在地が定款の記載事項である（会社27条3号・576条1項3号）[12]。これにより定められる本店は，形式上の本店といわれる。形式上の本店と実質上の本店とが，異なる場合がありうる。

---

11)　生命保険相互会社の支社は，保険契約の募集と第1回の保険料の徴収の権限しかなく，商法上の支店ではないとする判例（最判昭37・5・1民集16巻5号1031頁〔後掲安田生命保険事件〕）がある。

12)　本条にいう「所在地」は，住所（民22条）であるから，最小独立行政区画（市町村または区）でなく，本店の所在場所（地番も含む）の意味と解される（会社法コンメ(1)128頁〔江頭憲治郎〕）。本店および支店の所在場所は，登記事項である（会社911条3項3号・912条3号・913条3号・914条3号）。なお，株式会社では，支店は取締役会で定められる（会社362条4項4号）。

(3)　形式上の本店と実質上の本店が異なる場合

　ある特定の場所が本店・支店（営業所）であるかどうかは，客観的・実質的に営業・事業活動の中心かどうかにより判断される（実質上の本店・支店）。しかし，形式的な営業所（定款で定めた住所や登記簿上の住所の本店・支店）と実質上の本店・支店とが異なる場合，いずれを本店・支店と考えるかが問題となりうる。そのいずれを本店・支店とするかは，当該法律効果を生じさせる規定の趣旨から個別的に判断されるものと考えられている[13]。

　会社の取引関係については，客観的に営業・事業活動の中心かどうか（実質的な基準）により判断されるべきである[14]。これに対し，たとえば，会社の組織に関する訴えは，被告となる会社の本店の所在地を管轄する地方裁判所の管轄に属するが（会社835条1項），この本店の所在地は形式上の本店の所在地と解されている[15]。

(4)　営業所に認められる効果

　営業所には，商行為によって生じた債務の履行場所（商516条），会社の登記（会社911〜932条）などの基準となる[16]。

問題

1　他人の貨物を有償で自動車を使用して運送する事業を行う者は，貨物自動車運

---

13)　これに対し，取引活動の中心である場所を問題とする場合（商法総則・会社法総則の問題）は客観的・実質的に判断し，会社組織上の中心である場所（本店）を問題とする場合は形式的（定款への記載）によって判断する見解も有力である。会社法コンメ(1)129頁（江頭憲治郎），逐条解説(1)101頁-102頁（森本滋），論点体系(1)33頁-34頁（遠山聡）。

14)　逐条解説(1)102頁（森本滋）。この場合に，東京高決昭53・4・21判時849号110頁は，会社の定めた本店（支店）が営業活動の中心としての実体を欠くのであれば，それは営業所とはならないが，支店として登記している場合（形式上の支店）は，その不実の登記（商旧14条）をした者は同支店が実体を有しないことをもって善意の第三者に対し，営業所としての支店ではないと主張できないと判示する。

15)　東京高決平11・3・24判タ1047号292頁。会社法コンメ(1)129頁（江頭憲治郎），逐条解説(1)102頁（森本滋），論点体系(1)34頁（遠山聡）。

16)　そのほか，裁判所の管轄（民訴4条4項・5条5号，破5条1項，民再4条，会社更生5条1項），登記所の管轄（商登1条の3），民事訴訟上の書類の送達場所（民訴103条）などの基準となる。

送事業の経営に必要な国土交通大臣の許可を受けていないときでも，商人・会社として運送契約に基づく運送賃請求権（商512条・573条）を有するか。

2　次のものは，商法・会社法上の営業所または本店・支店といえるか。

(1)　バスセンター内の販売店

(2)　博覧会場内にある会社の製品販売店

(3)　神社祭りの際の境内の夜店

(4)　原料の仕入や資材の購入を行う工場

3　Y株式会社は，定款に本店の所在地としてK市と定めて，その本店の所在地において設立の登記をしていたが，実際上，会社の管理・経営活動はすべてT市の営業所において行われていた。Y会社の取引先であるXは，どちらをY会社の本店と取り扱うべきであるか。

第4章

商　号

1　商号の意義

　商号とは，商人・会社が営業・事業上自己を表示するために用いる名称をいう（商11条1項，会社6条1項参照）。商号は，商人・会社の名称であって，営業・事業の名称ではないが，永年使用することにより，社会的・経済的に信用を集め，営業・事業そのものを表すように機能することがある。しかし，法律上は，商号による取引に基づいて権利・義務を取得・負担するのは商人・会社であって，組織体たる営業・事業ではない。

　①商号は，「商人・会社」の名称であるから，商人・会社でない者が，その営業・事業に際して用いる名称は商号ではない。したがって，たとえば，相互会社（保険業法20条）や各種の協同組合（生協3条1項，農協3条1項，中協6条1項など）などの名称は，商号ではない[1]。小商人も商号を採用できるが（商11条1項），その登記はできない（商7条・11条2項）。

　②商号は「名称」であるから，普通の個人の氏名と同じく，文字で表示することができ，しかも発音できるものでなければならない。図形・文様・記号は商標となることができても，商号となることができない。かつては外国文字による登記ができず，アルファベットを商号に使用することができなかったが，その後の改正で，商号を登記するにはローマ字その他の符号で法務大臣の指定するものを用いることができるようになった[2]。

　③商号は，商人・会社の営業・事業上の名称であるから，普通の個人が一般生活で用いる氏名や営業外の特定生活で用いる芸名・雅号などは商号ではない。また，営業・事業上用いられるものでも，商人・会社が自己の取り扱う商品ま

---

1)　会社法・商法の条文が準用される場合がある。たとえば，保険業法21条，中協6条3項参照。
2)　たとえば，2017・ABC株式会社（商登則50条，平成14年法務省告示第315条）。

たは役務（サービス）を指示するために用いる商標（商標2条1項）3）や，広告・看板・建物などに表示された，営業・事業そのものの同一性を表示するために用いる記号である営業標（不正競争2条1項1号）なども，商人の名称ではないから商号ではない。しかし，個人商人が営業上自己を表示するのに必ずしも商号を用いることを要するものではなく，氏名その他の名称を用いてもよいし，また，営業外で自己を表示するのに商号を用いることもできる。ただし，婚姻・養子縁組などの身分上の行為や，不動産登記・商業登記など，永続的な確定性が要求される場合は，氏名によることが要求される。また，会社は，商号以外の名称はないから，その全活動は商号で行う。

　なお，商人の商号については，商号は商人の営業上の名称であるから，商号の成立は営業の存在を前提とする。しかし，商号の保護規定の適用に関しては，営業の開始の必要はなく，営業の準備行為があれば足りる4）。また，商人が営業を廃止すれば商号も消滅するが，商号は必ずしも特定の営業に関する名称ではないから，営業を変更しても商号の変更は生じない。ただし，商号の登記は営業の種類が登記事項とされており当該営業についてのみすることができるから（商登28条2項2号），商号登記による法的保護は当該営業だけに関するものとなる。

2　商号の選定

(1)　商号選定に関する真実主義と自由主義

　商号は，法律的には営業主体・事業主体である商人・会社を表示するものであるが，社会的・経済的には営業・事業を表示し，その信用の標的となっている。したがって，商人・会社と取引関係に立つ一般公衆を保護するためには，商号による表示が実際の営業主体・事業主体および営業・事業の内容と一致させる必要がある。また，商号は，長期間継続して使用されることにより形成された得意先関係や営業・事業の信用と結び付き，顧客吸引力をもつに至り，とりわけ相続や営業・事業の譲渡により営業主体・事業主体が変更する場合には，従前の商号の続用が認められなければ，商号の経済的価値は損なわれてしまう。

3）　商品商標はトレードマーク（TM），役務商標はサービスマーク（SM）と呼ばれる。
4）　大判大11・12・8民集1巻714頁。

したがって，このような商号を使用する商人・会社の経済的利益を保護する必要が出てくる。

商号の選定については，上記のような一般公衆の保護と商人・会社の利益の保護という，双方からの要請を調整する必要があるが，この点に関して立法例は，商号真実（厳格）主義，商号自由主義および折衷主義の三つに分かれる[5]。わが国の商法上の商号制度は，明治になって外国法を継受したものである。わが国では，明治維新まで一般庶民に姓氏の使用が許されなかった関係で，商人は，自己と他人を区別するために屋号を用いてきたが，その屋号は営業の実態を必ずしも反映していなかった。そのような屋号を商号として保護する必要があることから，商法は，原則として商号自由主義を採用している。

(2) 商号選定の自由

商人（会社・外国会社を除く）は，その氏・氏名その他の名称をもって，その商号とすることができる（商11条1項）。会社の場合は，その名称を商号とすると規定するだけである（会社6条1項）。商号自由主義の下では，商人は，自己の氏・氏名に限らず，他人の氏名や営業の実際と一致しない名称を商号とすることもできる。しかしながら，たとえば，社会的に著名な個人や企業の名称，信用のある公的機関などの名称を商号として選択することを認めれば，取引社会に混乱をもたらす可能性がある。したがって，公衆の利益と商人・会社の利益とを調整するために，いくつかの例外が定められている。

(3) 商号選定の自由に対する例外

(ア) 会社の商号に関する制限

会社は，株式会社・合名会社・合資会社または合同会社の種類に従い，それぞれ，その商号中に株式会社・合名会社・合資会社または合同会社という文字を用いなければならない（会社6条2項）。また，会社は，その商号中に，他の

5）商号真実（厳格）主義は，商号が営業主体・事業主体，営業・事業の実際，地域などとの一致を厳格に要求し，営業・事業の実際を表示しない人工的商号や商号の譲渡・相続を認めないものである（フランス法系）。これに対し，商号自由主義は，これらの制約がなく商号の選定をまったく自由とするものである（英米法系）。折衷主義は，新商号の選定をするときは商号と営業主体・事業主体，営業・事業の実際などとの一致を要求するが，営業の相続，営業主体・事業主体の変更，営業・事業の譲渡や変更があっても，従前の商号の続用を認めるものである（ドイツ法系）。

種類の会社であると誤認されるおそれのある文字を用いてはならない（会社6条3項・978条1号〔100万円以下の過料〕）。これは，会社の種類により，社員の責任（有限・無限）や会社の組織（業務執行機関・代表機関など）が異なるから，会社と取引する一般公衆を保護する必要があるからである。

また，会社でない者は，その名称または商号中に，会社であると誤認されるおそれのある文字を用いてはならない（会社7条・978条2号〔100万円以下の過料〕）。たとえ会社の事業を譲り受けた場合でも許されない（商旧18条1項後段参照）。これは，個人企業が会社企業のような外観をとることにより一般公衆が誤認することを防止するためである。会社であると誤認されるおそれのある文字が禁止されるから，たとえば合名商会は合名会社と混同しやすく，許されない[6]。

さらに，会社のなかで，銀行・信託・保険などの事業を営む会社は，商号中にこれらの事業の文字を使用しなければならず[7]，これとは逆に，これらの事業を営まない者は，商号中にその事業であることを示す文字を使用してはならない[8]。これは，上記のような公益的事業の種類を商号のなかに反映させて公衆の誤認を防止するものである。なお，金融商品取引業者でない者は，金融商品取引業者という商号・名称またはこれと紛らわしい商号・名称を用いてはならない[9]。

その他，日本電信電話株式会社などの特殊会社には名称の独占が認められるほか（電電8条など），特殊の法人にはその特性を示す名称が定められ，その種の法人でない者はその名称の使用を禁止される場合が少なくない[10]。

(イ)　他の商人・会社と誤認させる名称等の使用の禁止

何人も，不正の目的をもって，他の商人・会社であると誤認されるおそれのある名称または商号を使用してはならない（商12条1項，会社8条1項）。これに違反した者は，100万円以下の過料に処せられる（商13条，会社978条3号）。

---

6)　大決明41・11・20民録14輯1194頁。
7)　銀行法6条1項，信託業法14条1項，保険業法7条1項（生命保険会社か損害保険会社かを示す文字）。
8)　銀行法6条2項・66条1号（100万円以下の過料），信託業法14条2項・97条3号（30万円以下の罰金），保険業法7条2項・335条1号（100万円以下の過料）。
9)　金商31条の3・205条の2の3第2号（30万円以下の罰金）。
10)　生協3条2項，農協3条2項など。なお，社団法人・財団法人について，一般法人6条・7条，公益法人9条3項4項参照。

これは，他の商人・会社の商号が無断で使用されることを防止するものである。これに違反する名称または商号の使用によって営業上の利益を侵害され，または侵害されるおそれがある商人・会社は，その営業上の利益を侵害する者または侵害するおそれがある者に対し，その侵害の停止（差止め）または予防を請求することができる（商12条2項，会社8条2項）。この商法12条・会社法8条の具体的内容については，別の箇所で検討する（商号専用権の事項を参照）。

3　商号の数

(1)　商号単一の原則

　商号単一の原則とは，1個の営業について1個の商号のみを有することが許されることをいう。明文の規定はないが，これを認めるのが通説である。同一の営業に数個の商号を認めると，誰と取引しているのかについて一般公衆を誤認させるし，また，他人の商号選定の自由を制約することになるからである。

(2)　個人商人の場合

　自然人である個人商人の場合，1個の商号で数種の営業を営むことができるが，営業ごとに異なる商号を用いることもできる[11]。しかし，この場合でも，商号単一の原則から，1個の営業については1個の商号しか使用できない。この点については，個人商人が同一の営業について数個の営業所を有する場合でも，各営業所の営業は同一営業の構成部分にすぎないから，営業所ごとに異なる商号を用いることができないと解される[12]。ただし，商号に営業所所在地の名称その他支店であることを示す文字を付加することは差し支えない（たとえばA商店F支店）。

(3)　会社の場合

　会社は，その名称を商号としなければならないことから（会社6条1項），会社の商号は自然人の氏名と同様，会社の全人格を表すものであり，かつ定款に

---

11)　商登28条2項1号2号・43条1項3号参照。
12)　通説。これに対し，商号単一の原則を認める大判大13・6・13民集3巻280頁は，営業所ごとに異なる商号を用いることができるとする。

記載されたすべての事業目的のために用いられるべきものであるから，複数の事業を経営する場合でも，1個の商号に限られる[13]。なお，会社が数個の支店を有する場合に，会社の商号に支店であることを示す文字を付加して使用することは許される。

4 商号の登記

(1) 商号の登記の意義と手続

　商号は，これを使用する商人・会社の経済的利益（得意先関係，営業・事業の信用の標的，顧客吸引力など）を有することから，他人による無断使用やこれによる商号の価値の低下を防止することは商人・会社の利益となる。また，商号による表示を実際の営業主体・事業主体および営業・事業の内容と一致させることは，商人・会社と取引関係に立つ一般公衆の利益となる。さらに，第三者が商号の選定をする場合に，その商号がすでに他人により使用されているときは，不正の目的あるいは不正競争とならないかどうかについて[14]，その第三者にとって利害関係がある。そこで，そのような商人・会社の利益と第三者の利益の調整をするものとして，商号を公示する制度である商号登記制度が採用されている。

　個人商人は，商号を登記するかどうかは自由である（商11条2項〔相対的登記事項〕）。これに対し，会社は，本店の所在地において設立登記することにより成立し（会社49条・579条），その設立登記の際に必ず商号の登記をしなければならない[15]。

　商号登記の手続については，商業登記法に規定されている（商登27条～34条）。個人商人の場合は，営業所ごとに商号登記簿に登記する（商登28条1項）。登記すべき事項は，商号，営業の種類，営業所および商号使用者の氏名・住所である（商登28条2項）。これに対し，会社の商号は，商号登記簿ではなく，それぞれの会社の登記簿にする（商登34条1項）。

---

13)　商登34条2項・44条2項参照。
14)　商12条，会社8条，不正競争2条1項1号2号・3条・4条。
15)　会社911条3項2号・912条2号・会社913条2号・会社914条2号（絶対的登記事項）。

⑵ 同一の所在場所における同一の商号の登記の禁止

商号の登記は，その商号が他人のすでに登記した商号と同一であり，かつ，その営業所（会社の場合は本店）の所在場所が，当該他人の商号の登記に係る営業所の所在場所と同一であるときは，することができない（商登27条）。これは，同一の所在場所に，同一の商号で営業・事業する商人・会社が複数存在することを認めるならば，たとえ営業・事業が異なっているとしても，誰の営業・事業かわからず混乱を生じるからである。

5 商号権

⑴ 商号権の意義と手続

4－1図解：商号権の意義

商号権とは，商人・会社がその使用する商号について有する権利をいう。商号権は，商号使用権と商号専用権からなる。商号使用権とは，他人に妨害されることなく自己の商号を使用する権利をいう。商号専用権とは，他人が自己の商号と同一または類似の商号を不正に使用する権利を排斥する権利をいう。

商号権の性質については，①人格権説，②財産権説，③人格権と財産権双方の性質をもつとする説などに分かれている。商号権は商人・会社が自己を表章する名称について有する権利であるから，個人の氏名権と同様の人格権的性質を有する[16]。同時に，商号は営業・事業において商人・会社の信用の標的として経済的価値を有し，譲渡も認められるから（商15条・17条1項，会社22条1項参照），商号権は財産的性質を有する。したがって，商号権は，人格権と財産権の二面性を有するものと解される（多数説）。

---

[16] 名誉毀損における原状回復義務を規定する民723条，他人の営業上の信用の侵害に対する信用回復の措置を規定する不正競争14条参照。

(2)　商号使用権

　商号使用権は，商号登記の有無にかかわりなく，商号を選定した者がその商号を事実上使用することによって生ずる。したがって，商号使用権を侵害し，商号の使用を違法に妨害する者は，不法行為による損害賠償責任を負うことになる（民709条）。また，他人の商号が登記されていても，商法・会社法上は不正の目的がない限り，商号使用権があり，この者からの使用差止めを請求されることはない（商12条，会社8条）。

　なお，不正競争防止法によれば，他人の商号に周知性・著名性があっても，自己の氏名を不正の目的（不正の利益を得る目的，他人に損害を加える目的その他の不正の目的）でなく商号として使用する者，他人の商号が周知・著名性を得る前から使用していた同一もしくは類似の商号を不正の目的でなく使用する者（その業務を承継した商号の譲受人を含む）には，商号使用権が認められる（不正競争19条1項2号～4号）。ただし，自己の氏名を商号とする者や周知となる前からの同一もしくは類似の商号を使用する者（その業務を承継した商号の譲受人を含む）に対し，不正の目的がなくとも，その者の行為によって営業上の利益を侵害されまたは侵害されるおそれがある者は，自己の商品・営業との混同を防ぐのに適当な表示を付すべきことを請求することができる（不正競争19条2項）。

(3)　商号専用権
㋐　商法・会社法上の規定の趣旨

　何人も，不正の目的をもって，他の商人・会社であると誤認されるおそれのある名称または商号を使用することは許されず（商12条1項，会社8条1項），これに違反する名称または商号の使用によって営業上の利益を侵害され，または侵害されるおそれがある商人・会社は，その営業上の利益を侵害する者または侵害するおそれがある者に対し，その侵害の停止（差止め）または予防を請求することができる（商12条2項，会社8条2項）。これは，商号専用権を規定するものであり，請求者の商号が登記されていることを要しない。また，侵害者の商号が登記されていても請求できる。

　商法12条・会社法8条は，商人でない他人の氏名を自己の商号として使用することも禁止した平成17年改正前商法（商旧21条参照）とは異なり，その趣旨を商人・会社の用いる商号の保護を目的とするものと整理し，保護の客体・差

止請求の主体を商人・会社に限定している。これは，商法・会社法が商人の営業・商行為その他商事（商1条1項）について規定し，また，会社の設立・組織・運営および管理（会社1条）について規定する法律であることを明確にしたため，保護の客体について，商人・会社を超えて広く一般公衆であると構成することが困難となったこと，および，商人以外の者の氏名・名称は，近時，人格権やパブリシティ権[17]の概念の確立によりその侵害に対する差止請求等による保護が可能となっていることなどの理由からである。

なお，未登記商号にも商号専用権を認める不正競争防止法では，不正競争の目的ではなく，商号の周知性・著名性が要件とされることから（不正競争2条1項1号2号），商法12条・会社法8条は，商号が周知性・著名性を欠く場合において商号専用権が認められることに意義がある。

(イ) 不正の目的

① 東京瓦斯事件（最判昭36・9・29民集15巻8号2256頁） X株式会社は，ガスの製造供給等を目的として設立された会社で，そのガス供給区域は関東一円に及び，その商号は広く世間に認識されていた。他方，電気工事請負業を目的とするY株式会社は，その本店を東京都中央区に置いていたが，X会社が本店を東京都港区から中央区の新社屋に移転する予定であることを知り，Y会社の商号をX会社と同一の商号（東京瓦斯株式会社）に変更し，その目的も石炭ガスの製造販売等に変更し，その旨の変更登記をした。その結果，X会社は本店の移転登記をすることができなくなったので（商旧19条〔同市町内における同一営業のための同一商号の登記の排斥〕参照），商法旧20条（不正の競争の目的での同一・類似の商号の排斥）に基づきY会社に対して商号の使用禁止および商号登記の抹消を請求した。

第1審は，不正競争防止法旧1条2号（現行不正競争2条1項1号）によりX会社の請求を認容したが，第2審は，商法旧21条（現行商12条，会社8条）を適用してX会社の請求を認めた。第2審は，Y会社は事実上石炭ガスの製造販売事業を営むに足りる能力も準備もなかったこと，他の者からX会社にその登記のことで困ることがあればY会社に話してあげてもよい旨の申入れがあったこと，Y会社の裏書のある手形が銀行に呈示され，銀行からX会社

---

17) パブリシティ権とは，有名人の氏名・肖像などが有している顧客吸引力に着目し，それらが営業的に利用される際の財産的価値についての権利をいう。

に対し問い合わせがあったことなどの事実から，Y会社はX会社を困惑させて不当な利益を収めようとする意図があったものと推測するほかない，と判示した。これに対し，Y会社は，不正競争の目的ないし不正の目的がないこと等を理由として上告した。最高裁は，次のように判示して，上告を棄却した。

「Y会社が『東京瓦斯株式会社』なる商号を使用することは不正の目的をもってX会社の営業と誤認させる商号の使用であり，Y会社はこれによって利益を害せられるおそれがある旨の原審の判断は，原判決挙示の証拠により肯認しうる原審認定の事実関係のもとにおいては，相当である」。

② **不正の目的の意義**　「不正の目的」とは，自己の営業・事業を，その名称または商号によって表示される他の商人・会社の営業・事業であるかのごとく一般人を誤認させる意図をいう[18]。不正の目的があるというためには，名称・商号を冒用する者の営業・事業が冒用される者の営業・事業と同種で

---

18)　最判昭36・9・29民集15巻8号2256頁（前掲東京瓦斯事件〔本件事案では，他人の本店移転登記を妨害し，不当の利益を収めようとする意味での「不正の目的」であったと考えられるから，商法旧21条〔会社8条，商12条〕の適用を疑問視し，民法1条の権利の濫用および信義誠実義務違反を利用すべきであったとする見解がある〕），東京地判平10・7・16判タ985号263頁，多数説。なお，「不正の目的」（商旧21条）は，「不正の競争の目的」（商旧20条1項）よりも広いが，後者は前者に含まれると解される（多数説）。逐条解説(1)123頁（大塚龍児）参照。

　また，近時の重要な裁判例として，知財高判平19・6・13判時2036号117頁は，「会社法8条……は，故意に信用のある他人の名称又は商号を自己の商号であるかのように使用して一般公衆を欺くというような反社会的な事象に対処すること等を目的として設けられたものであること，同条は，不正競争防止法2条1項1号のように他人の名称又は商号が『周知』であることを要件とせずに，営業上の損害を受けるおそれのある者に差止請求権を付与していること，後に名称又は商号の使用を行った者が，その名称又は商号の使用を禁止される不利益も少なくないこと等の事情に照らすならば，同条にいう『不正の目的』は，他の会社の営業と誤認させる目的，他の会社と不正に競争する目的，他の会社を害する目的など，特定の目的のみに限定されるものではないが，不正な活動を行う積極的な意思を有することを要するものと解するのが相当である。」と判示する。特定の目的に限定されないこと，および，不正な活動を行う積極的な意思を有する必要があることを明示している点が注目される。この裁判例と同じ方向性を有すると思われる事例として，東京地判平23・7・21裁判所ウェブサイト（平成22年（ワ）第46918号〔最判昭36・9・29民集15巻8号2256頁（前掲東京瓦斯事件）を参照しつつ，「会社法8条1項にいう『不正の目的』とは，不正な行為や状態を欲する意思を要し，具体的には，他の会社を害する目的や違法性のある目的，公序良俗に反する目的等をいうものと解される」と判示〕），知財高判平31・2・14裁判所ウェブサイト（平成30年（ネ）第10067号）参照。

あることを要しないと解される。ただし，同市区町村内において，同一の営業のために他人がすでに使用する商号と同一・類似の商号を使用する者は，不正の目的があると事実上推定される可能性は高いであろう[19]。

㈦　名称・商号の使用

名称または商号の「使用」とは，契約の締結・文書の署名などの法律行為に関する使用の場合のみならず，看板・広告・書信上の表示，商品になす表示などの事実上の使用も含まれる。不正の目的をもって使用する限り，その商号が登記されているか否かを問わない。

㈢　誤認されるおそれのある名称・商号

他の商人・会社の名称または商号について自己を表す名称・商号として使用するときは，他の商人・会社であると誤認されるおそれのある名称または商号の使用となるが，同一の商号でなくとも，商号が類似している場合も誤認されるおそれがある。商号の類似性は，発音・文字・観念上の類似によって判断されるが，判例は，商号全体についてのみ観察を要するのではなく，取引界の実情を参酌して，その主要部分が類似しているため商号の誤認混同を生ずるおそれがあるときにも，類似を認める[20]。

㈤　使用差止請求権

商法12条1項・会社8条1項に違反して名称・商号を使用する者に対して，その使用によって営業上の利益を侵害され，または侵害されるおそれがある商人・会社は，その使用の差止めを請求することができる（商12条2項，会社8条2項）。差止請求権については，現在の侵害行為の停止を求める「狭義の差止請求権」だけでなく，将来の侵害行為の禁止を求める「予防請求権」が認められる。使用差止めは，商号として法律行為において使用することのみならず，事実上使用する場合にも及ぶ[21]。

使用差止めには，不正の目的をもって使用される商号が登記されている場合

---

19)　商旧20条2項（同市町村で同一営業のため他人の登記商号を使用する者は不正の競争の目的の使用と推定する）および最判昭50・7・10集民115号261頁（マルベニ・まるべに事件）参照。

20)　判例は，たとえば，「日本ペイント製造合資会社」と「日本ペイント製造株式会社」（大判大7・1・26民録24輯161頁），「更科」と「更科信州家」（最判昭40・3・18判タ175号115頁），「摂津冷蔵株式会社」と「摂津冷蔵製氷株式会社」（最判昭44・11・13判時582号92頁），「マンパワー・ジャパン株式会社」と「日本ウーマン・パワー株式会社」（最判昭58・10・7民集37巻8号1082頁）を類似商号としている。

にその商号登記の抹消をすることも含まれる（通説・判例）[22]。

また，差止請求は，現実の侵害だけでなく，侵害の予防として，営業上の利益を侵害するおそれがある者に対しても請求することができる（予防請求権〔商12条2項，会社8条2項〕）。たとえば，商人・会社と同一の商号を用い同種の営業を同一地域で行い，その営業上の施設および活動と混同を生じさせるものではないけれども，今後当該行為をなすことが推認でき，これによりそのような混同を生じさせるおそれがあり，かつ営業上の利益を害されるおそれがある場合には，営業上の利益を侵害するおそれがある者に対して，同一または類似の商号使用の差止めを請求することができる[23]。

なお，商法12条2項・会社法8条2項は，損害賠償について規定をしていない。これは，商号専用権として他人の商号使用を排斥する権利に特化したためであるが，商号権者は，その商号の侵害が不法行為の要件を満たす限り，当然，一般不法行為に基づく損害賠償請求をすることも認められる（民709条）[24]。

(カ) **不正競争防止法による保護**

① **日本ウーマン・パワー事件**（最判昭58・10・7民集37巻8号1082頁）　X株式会社は，事務処理請負業の創始者であって当該業務分野において世界最大の企業であるアメリカ合衆国のマンパワー・インコーポレイテッドの子会社として，昭和41年に設立された株式会社であり，その商号である「マンパワー・ジャパン株式会社」およびその通称である「マンパワー」という名称を用いて事務処理請負業を営んでいた。Y株式会社は，昭和51年に設立された株式会社であり，その商号である「日本ウーマン・パワー株式会社」の名称を用いてX会社と同じ事務処理請負業を営んでいた。X会社の商号および

---

21)　大判昭10・4・26民集14巻707頁は，別の商号を有している者が，同市内で同種品の製造販売に従事している他人の商号を商品袋に表示使用する場合に，その使用の禁止を認める。

22)　大判大7・1・26民録24輯161頁。会社の商号登記を抹消すると会社の商号がなくなってしまうことになることから，会社に対して商号の登記抹消請求は許されないという説もあるが，現在の実務ではその抹消は認められ，抹消された会社（たとえばA株式会社）は，その同一性を表すために，抹消前商号という文字を旧商号の前に付ける扱い（抹消前商号A株式会社）がなされている。

23)　金沢地小松支判昭48・10・30判時734号91頁。

24)　ただし，商法・会社法には，損害額の推定規定を定める不正競争防止法5条のような規定がないことから，損害額の算定が困難であるという問題がある。なお，損害額の認定に関する民訴248条がある。

その通称である「マンパワー」という名称は，遅くともY会社が設立された昭和51年頃にはすでに本店のある東京都をはじめとし，札幌市，横浜市，名古屋市，大阪市，神戸市，福岡市などX会社の支店のある地域およびその近傍地域においてX会社の営業活動たることを示す表示として広く認識されていた。X会社は，X会社とY会社とを同一営業主体であると間違えたY会社の顧客から電話を受けたことがあるほか，X会社の顧客から「新しく女子部ができたのか」とか「Y会社はX会社の子会社か」等の質問や問い合わせを受けたことがあった。X会社は，平成5年改正前の不正競争防止法1条1項2号（現行不正競争2条1項1号・3条）に基づき，Y会社の「日本ウーマン・パワー株式会社」という商号の使用の差止めを求めて，訴えを提起した。

　第1審・第2審ともにX会社の請求を認容したので，Y会社は，原判決には判決に影響を及ぼすことが明らかとなる法令の解釈の誤りおよび事実認定の経験則違反などがあるという理由で，上告した。最高裁は，次のように判示して，上告を棄却した。

　「ある営業表示が不正競争防止法1条1項2号にいう他人の営業表示と類似のものか否かを判断するに当たっては，取引の実情のもとにおいて，取引者，需要者が，両者の外観，称呼，又は観念に基づく印象，記憶，連想等から両者を全体的に類似のものとして受け取るおそれがあるか否かを基準として判断するのを相当とする。」，「右事実関係によれば，X会社の商号の要部は周知のものとなっていたその通称の『マンパワー』という部分であるのに対し，Y会社の商号の要部は『ウーマン・パワー』という部分であるというべきところ，両者は，『マン』と『ウーマン』の部分で相違しているが，現在の日本における英語の普及度からすれば，『マン』という英語は人をも意味し，『ウーマン』を包摂する語として知られており，また，『パワー』という英語は，物理的な力のほか人の能力，知力を意味する語として知られているといって差し支えないこと，X会社とY会社とはいずれも本店を東京都内に置いて前記事務処理請負業を営んでおり，右各事業は人の能力，知力を活用するものであって，両者の需要者層も共通していることを考慮すると，両者の需要者層においては，右『マンパワー』と『ウーマン・パワー』は，いずれも人の能力，知力を連想させ，観念において類似のものとして受け取られるおそれがあるものというべきであるうえ，X会社の商号の『ジャパン』の部分及びY会社の商号の『日本』の部分はいずれも観念において同一であ

るから，前記需要者層においては，X会社の商号及びその通称である『マンパワー』という名称とY会社の商号とは全体として類似しているものと受け取られるおそれがあるものということができる。以上によれば，X会社の商号及びその通称である『マンパワー』という名称とY会社の商号とが類似しているとした原審の認定判断は正当として是認することができる。……不正競争防止法1条1項2号にいう『混同ヲ生ゼシムル行為』は，他人の周知の営業表示と同一又は類似のものを使用する者が同人と右他人とを同一営業主体として誤信させる行為のみならず，両者間にいわゆる親会社，子会社の関係や系列関係などの緊密な営業上の関係が存するものと誤信させる行為をも包含するものと解するのが相当である。

　これを本件についてみると，前記事実関係によれば，Y会社は，X会社の周知の営業表示と類似のものを使用して，Y会社とX会社とを同一営業主体として誤信させる行為ないし両者間に緊密な営業上の関係が存するものと誤信させる行為をしたものであって，結局，Y会社は，X会社の営業活動と混同を生ぜしむる行為をしたものということができ，これと同旨の原審の認定判断は正当として是認することができる。」

②　**不正競争防止法**　　不正競争防止法は，他人の商品等表示（人の業務に係る氏名・商号・商標・標章・商品の容器もしくは包装その他の商品または営業を表示するものをいう）として需要者の間に広く認識されているものと同一もしくは類似の商品等表示を使用等して，他人の商品または営業と混同を生じさせる行為（不正競争2条1項1号）や，自己の商品等表示として他人の著名な商品等表示と同一もしくは類似のものを使用等する行為（不正競争2条1項2号）などを「不正競争」として防止している。これによって，営業上の利益を侵害され，または侵害されるおそれがある者は，その営業上の利益を侵害する者または侵害するおそれがある者に対し，その侵害の停止または予防を請求することができ（狭義の差止請求権・予防請求権〔不正競争3条1項〕），また，侵害の行為を組成した物の廃棄，侵害の行為に供した設備の除却その他の侵害の停止または予防に必要な行為を請求することができる（廃棄・除去請求権〔不正競争3条2項〕）。差止請求には，侵害者に不正競争の目的があることは要しない。また，故意または過失により不正競争を行って他人の営業上の利益を侵害した者は，これによって生じた損害を賠償する責めに任ずる（不正競争4条）。損害の額の推定（不正競争5条），信用回復措置

（不正競争14条）についての規定がある[25]。

　不正競争防止法は，商号の保護のみを対象としていないが，商号が「需要者の間に広く認識」されていれば，すなわち周知性があれば（全国的でなく，一地方において広く知られていれば足りると解される），登記の有無を問わず，商号専用権が認められる（不正競争2条1項1号・3条）。また，全国的に知られているような「著名」商号権者は，商品・営業の混同を生じさせる行為がなくとも，著名商号の有する顧客吸引力へのただ乗り，顧客吸引力の希釈化・汚染を防止するために，商号専用権が認められる（不正競争2条1項2号・3条）。

6　商号の譲渡・相続

(1)　商号の譲渡

　商号は，営業・事業において商人・会社の信用の標的として財産的価値を有するから，譲渡の対象となることができる。しかし，商人の商号は，営業とともにする場合または営業を廃止する場合に限り，譲渡することができる（商15条1項）。これは，商号は，社会経済的には営業の名称として機能しているから，商人が営業を廃止せず，商号のみを営業から切り離して譲渡することを認めると，商号の背後にある商人について一般公衆を誤認させる危険が大きいからである。

　会社の場合については，そのような規整はない[26]。会社がその商号の譲渡をする場合は，定款変更の手続をとり，従前の商号を新商号に変更しておくことが必要となる（会社909条・915条，商登34条）。

　商人間の商号の譲渡は，当事者間の意思表示（民176条）によって効力を生ずるが，登記をしなければ第三者に対抗することができない（商15条2項）[27]。これは，不動産に関する物権の対抗要件としての登記（民177条）と同様に，商号の二重譲渡のような場合を処理する規定である。商号譲渡の登記がなければ，悪意の第三者に対しても譲渡の効力を対抗することができない[28]。

---

25)　罰則として，不正競争21条2項1号2号・22条1項3号。
26)　なお，譲渡会社の商号を使用した譲受会社の責任等（会社22条），会社と商人との間での事業の譲渡または譲受け（会社24条）に関する規定はある。
27)　会社の場合は，1つの商号しかなく，登記事項である（会社911条3項2号等）。

(2) 商号の相続

　自然人である商人の商号は，相続の対象となることが認められる。商業登記法は，商号が相続されることを前提として，登記した商号の相続がある場合，相続人が，申請書に相続を証する書面を添付して，商号の相続による変更の登記を申請しなければならないことを規定する（商登30条3項）。なお，商号の相続の登記は，相続による商号の移転について，商号の譲渡の場合のように第三者に対抗するための要件ではない。

7　商号の廃止・変更

(1)　未登記商号

　商人は，その営業に関し商号を選定・使用することによって，商号権を取得するが，その営業を廃止した場合，商号権は消滅する。また，その商号の使用を廃止しまたは変更する場合も，その商号権を失う。しかし，営業の種類の変更については，商号は商人の名称であるから，商号権を当然に消滅させるものではなく，新たな営業について存続するものと解される。

(2)　登記商号

　登記した商号を廃止または変更したときは，商号の登記をした商人・会社は遅滞なく廃止または変更の登記をしなければならない[29]。商人の場合は，商号・営業の種類・営業所・商号使用者の氏名および住所の登記事項（商登28条2項）のいずれかに変更があったとき，変更の登記を要する（商登29条2項・34条2項）[30]。

---

28)　ただし，商号譲渡の登記がなくとも，商号を譲り受けた者が，不正な侵害者に対して損害賠償請求（民709条）・差止請求（商12条2項，不正競争2条1項1号・3条）をすることができる。

29)　商10条，会社909条・915条1項，商登29条2項・34条2項。

30)　商号の登記をした者が，①登記した商号を廃止したときにその商号の廃止の登記，②商号の登記をした者が正当な事由なく2年間その商号を使用しないときにその商号の廃止の登記，③登記した商号を変更したときにその商号の変更の登記，または，④商号の登記に係る営業所を移転したときにその営業所の移転の登記をしない場合において，その商号の登記に係る営業所（会社にあっては本店）の所在場所において同一の商号を使用しようとする者は，登記所に対し，その商号の登記の抹消を申請することができる（商登33条1項）。商号の登記の抹消の申請があった場合に，登記官は異議催告の手続を経て登記を職権抹消する（商登33条3項4項・135条〜137条）。

8 名板貸

(1) 意 義

4-2図解：名板貸

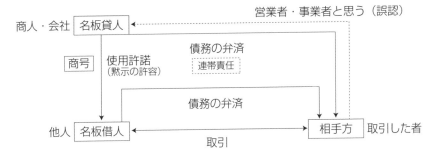

自己の商号を使用して営業または事業を行うことを他人に許諾した商人・会社は，当該商人・会社が当該事業を行うものと誤認して当該他人と取引をした者に対し，当該他人と連帯して，当該取引によって生じた債務を弁済する責任を負う（商14条，会社9条）。商人・会社（名板貸人）が自己の商号を使用して営業または事業を行うことを他人（名板借人）に許諾することを名板貸という。これは，名板借人が名板貸人の有する信用・名声・営業免許・会員資格などを利用して自己の営業または事業を有利に行うことを目的とするものである。

名板貸は，もともと取引所の取引員がその営業名義を取引員でない者に賃貸するところに発生した商慣習を起源とするものであるが，それが一般化されて，自己の名義を貸して他人に営業をさせる場合を広く名板貸と呼ぶようになった。しかし，このような場合に，名板借人と取引する第三者は，営業主体を名板貸人と誤認して不測の損害を受けるおそれがある。そのため，名板貸人の責任が判例上古くから認められていたが[31]，昭和13年改正商法の際に名板貸人の責任に関する明文の規定が設けられた。平成17年改正商法・会社法は，同法の趣旨（商1条1項，会社1条）に鑑み，商号の使用許諾の場合だけが問題となり，責任を負う主体について商人・会社と規定されている（商14条，会社9条）[32]。

商法14条・会社法9条は，外観を信頼して取引した第三者を保護して，取引

---

31) 大判昭4・5・3民集8巻447頁など。

の安全を図ることを目的とする外観法理または禁反言の法理のあらわれの一つである。

(2) 名板貸人の責任の発生要件

(ア) 使用許諾の対象

① **スーパーマーケット忠実屋事件**（最判平7・11・30民集49巻9号2972頁）

Xが，Y株式会社の経営するスーパーマーケットの屋上においてテナントとしてペットショップを経営するZ（補助参加人）から，手乗りインコ2羽を購入して飼育していたところ，そのインコがオウム病クラミジアを保有していたため，Xら家族がオウム病性肺炎にかかり，Xの妻が死亡した。そこで，XがY会社に対し，商法旧23条（現行商14条，会社9条）等に基づき損害賠償を請求した。第1審は，Zの営業がYの営業に組み込まれ，その一部のような外観を呈しているとして，商法旧23条の類推適用によってY会社の責任を肯定した。第2審は，次のように判示して，商法旧23条の類推適用を否定し，Xの請求を棄却した。「営業主体の識別のために基本的にして重要な事項であるテナントの店名表示，本件店舗の館内表示，Y会社とテナント店の従業員の外観上の識別，代金支払方法の独自性，領収書の発行名義の明記，包装紙等の区別などについて，Y会社は，Zの店の前に，他のテナント店と同様にテナント名を記載したつり看板を設け，館内表示板には，直営売場とテナント名とを区別して表示し，また，Zにおいても，Y会社の制服や名札を着用することなく，独自に代金の支払を受けて自己の店名を表示した領収書を発行し，包装紙や代済みテープもY会社のものとは異なるものを使用していたことを総合勘案すれば，Y会社の直営売場とテナント店との営業主体の識別のための措置は一応講じられていたということができるから，Zの営業について，Y会社が自己の商号使用を許諾したのと同視できる程度の外観を作出したものと認めるに足りない」と判示した。これに対し，Xは，上告した。最高裁は，次のように判示して，原判決を破棄し，原審に差し戻した。

「Zの売場では，Y会社直営の売場と異なり，独自のレジが設けられて対面販売方式が採られていたが，Zの取扱商品であるペットは，その性質上，

---

32) 平成17年改正商法・会社法以前においては，商号のほか，氏・氏名の使用を許諾した者も名板貸人の責任を負うものと規定されていた（商旧23条）。

スーパーマーケット販売方式になじまないものであって，仮にY会社がそれを販売するにしても，対面販売の方式が採られてもしかるべきものといえるから，このことから買物客が営業主体を外観上区別することができるとはいえない。」，「Zの従業員はY会社の制服等を着用していなかったが，営業主体が同一の売場であっても，その売場で取り扱う商品の種類や性質によっては，他の売場の従業員と同一の制服等を着用していないことは，世上ままあり得ることであって，このことも買物客にとって営業主体を外観上区別するに足りるものとはいえない。」，「Zの発行するレシートにはZの名称が記載されていたが，レシート上の名称は，目立ちにくい上，買物客も大きな注意を払わないのが一般であって，営業主体を区別する外観としての意味はほとんどない。」，「ZはY会社と異なる包装紙や代済みテープを使用していたが，これらは買物客にとってはY会社の包装紙等と比較して初めて判明する事柄であって，両者の営業を外観上区別するに足りるものとはいい難い。」，「Zの売場の天井からはテナント名を書いた看板がつり下げられており，また，本件店舗内数箇所に設けられた館内表示板には，テナント名も記載され，Y会社の販売する商品は黒文字で，テナント名は青文字で表示されていたが，天井からの看板は，横約40センチメートル，縦約30センチメートルという大きさからして，比較的目立ちにくいものといえるし，館内表示板は，テナント名のみを色で区別して記載しているにすぎないから，買物客に対し営業主体の区別を外観上明らかにしているものとまではいい得ない。」，「これら事実は，これを個々的にみても，また総合してみても，買物客にとって，Zの売場の営業主体がY会社でないことを外観上認識するに足りる事実ということはできない。」，「以上によれば，本件においては，一般の買物客がZの経営するペットショップの営業主体はY会社であると誤認するのもやむを得ないような外観が存在したというべきである。そして，Y会社は……本件店舗の外部にY会社の商標を表示し，Zとの間において……出店及び店舗使用に関する契約を締結することなどにより，右外観を作出し，又はその作出に関与していたのであるから，Y会社は，商法23条（現行商14条，会社9条）の類推適用により，買物客とZとの取引に関して名板貸人と同様の責任を負わなければならない。」

② **使用許諾の対象**　使用許諾の対象は，自己の商号と規定されている。したがって，平成17年改正商法・会社法以前において氏・氏名の使用を許諾し

た者も名板貸人としての責任を負う旨の規定がなされていた場合（商旧23条）とは異なり，商人・会社以外の者が，商号以外の氏・氏名等の許諾をしたときは，商法14条・会社法9条の適用は認められないことになる[33]。

　しかし，外観を信頼して取引した第三者の保護という観点から，以前に自己の氏を冠した商号で営業をしたことのある者が廃業した後，その氏を冠した類似の商号を使用して営業をなすことを許諾した場合[34]や，従来一定の商号をもって営業を営んでいた者が廃業後に，その者の商号であった名称を使用して営業をなすことを許諾した場合[35]にも，商法14条・会社法9条が類推適用されると解すべきである（商537条，会社588条・589条・613条参照）。

　また，名板貸人の商号をそのまま使用する場合だけでなく，若干の付加語を加えたり，簡略化したりして使用を許諾する場合にも，名板貸人の責任が認められる。実際上，名板貸人がその商号に支店・出張所など自己の営業・事業の一部であることを示す名称を付加して使用を許諾することが少なくない[36]。なお，スーパーマーケットがその屋上にテナントを出店させていたが，商号使用の許諾をしていない場合において，一般の買物客がテナントの経営主体はスーパーマーケットであると誤認するのもやむをえないような外観が存在するときは，その外観を作出しまたはその作出に関与したスーパーマーケットに商法旧23条を類推適用し，テナントと買物客との取引に関して名板貸人と同様の責任を認める判例[37]がある。

(イ)　商号使用の許諾

　商号使用の許諾は，必ずしも明示であることを要せず，黙示であってもよい。

---

33)　商法14条・会社法9条がその適用を商人・会社に限定する趣旨から，特段の事情のない限り，同条の類推適用も認められないとする見解がある。会社法コンメ(1)145-146頁（行澤一人）。この場合には，表見代理などの民法の一般原則（民109条以下・715条），表見支配人（商24条，会社13条），表見代表取締役（会社354条），表見代表執行役（会社421条）などに関する規定によることになる。

34)　最判昭34・6・11民集13巻6号692頁参照。

35)　最判昭43・6・13民集22巻6号1171頁（後掲現金屋事件）参照。

36)　最判昭33・2・21民集12巻2号282頁，東京地判昭27・3・10下民集3巻3号335頁。

37)　最判平7・11・30民集49巻9号2972頁（前掲スーパーマーケット忠実屋事件）。このような類推適用を認めることについて，学説上議論が多いが，消費者保護の観点などから厳格な責任を認めたものと考える見解も主張されている。逐条解説(1)136頁-138頁（大塚龍児）。近時の裁判例として，大阪高判平28・10・18金判1512号8頁（ホテル内でテナントとして営業しているマッサージ店が行った施術の過誤に基づく債務不履行責任・不法行為責任について，ホテル運営会社に会社法9条の類推適用を認めた事例）参照。

たんに，他人が自己の商号を無断で使用していることを知りながら放置していたというだけでは，黙示の許諾とはならない。名板貸人が従来同じ営業・事業を営んでいたとか，自己の土地・建物を使用させているとかなどの付加的事情が存在していて，第三者による誤認の可能性との関連において，阻止しないで放置することが社会通念上妥当でない状況での不作為が，黙示の許諾と認められる[38]。

　なお，名板貸人の責任の根拠は名板貸人の作出した外観を第三者が信頼するところにあるのであるから，名板貸人が責任を免れるためには，たんに許諾の撤回をするだけでは足りず，名義貸与者が作出した外観がその基本部分において排除されなければならない[39]。

㋒　営業・事業を行うことの許諾

①　精華住設機器事件（最判昭55・7・15判時982号144頁）　　Yは，訴外A燃料株式会社の代表取締役Bから，「精華住設機器Y」の名称で商売をしたいので氏名の使用を認めてほしい旨依頼され，Yはこれを許諾した。Bは，その後，前記名称を使用して新規の店舗を開店することはしなかったが，C銀行D支店との間に「精華住設機器　Y」の名義で当座勘定契約を結んで同名義の預金口座を開設し，その口座を利用して，Yに了解を得ることなく，Bの経営するA会社の営業に関連してY名義で約束手形を振り出していた。Yは，前記当座勘定による取引の事実を知りながら，当座預金残高が不足になった際，Bの指示を受けてBから現金を受領し自ら同支店に行って入金手続をしたりして，これを黙認していた。X株式会社の代表者Eは，Bから同人の裏書にかかる「精華住設機器　Y」振出名義の約束手形の割引を依頼された際，支払場所である前記C銀行D支店に振出人の信用状態を照会したところ，振出人Yは同支店と取引があり手形はいつも決済されているとの回答を得たので，安心して以後3回にわたって手形の割引に応じたが，これらの手形はいずれも決済された。本件手形も，Bが自己の経営するA会社の営業に関連して前記当座預金口座を利用し，振出人「精華住設機器　Y」，受取人Bとして振り出され，BからX会社に白地式裏書によって譲渡されたものである。X会社は，

---

38)　最判昭43・6・13民集22巻6号1171頁（後掲現金屋事件），最判昭42・2・9判時
　　483号60頁参照。
39)　東京地判平7・4・28判時1559号135頁。

前記3回の割引の際と同様に,「精華住設機器　Y」が振り出した手形と信じ,Bの割引依頼に応じてこれを割り引いて取得したものである。X会社は,Yに手形金の支払いを求めたところ,Yが振出しの事実を否認したので,X会社はYに対し商法旧23条（現行商14条,会社9条）の名板貸しの責任を主張した。

　第1審は,X会社が本件手形の振出人をYと誤認していないとして,請求を棄却した。第2審は,商法旧23条を類推適用してX会社の請求を認容した。そこで,Yは,原判決は商法旧23条の解釈適用を誤り判決に影響を及ぼすことが明らかな法令の違背があるとして,上告した。最高裁は,次のように判示して,上告を棄却した。

　「Bに『精華住設機器』を冠した自己の名称を使用して営業を営むことを許諾したYが,右の名称使用を許諾した営業の範囲内と認められるガス配管工事やプロパンガスその他の燃料の販売を業務内容とするA会社の営業のためにY名義で振り出された本件手形につき,Bが右の名称を使用して営業を営むことがなかったにも拘らず,これまでにその名称でC銀行D支店との間で開設した当座勘定取引口座を利用した前記振出名義の約束手形が無事決済されてきた状況を確かめたうえでその裏書譲渡を受けたX会社に対し,商法23条（現行商14条,会社9条）の規定の類推適用により,手形金の支払義務があるものとした原審の判断は,正当として是認することができる。」

②　営業・事業を行うことの許諾　　商法14条・会社法9条は,その適用範囲について,自己の商号を使用して,営業または事業を行うための商号使用許諾に限定する趣旨を明らかにしている[40]。したがって,被許諾者の名板借人は,営業または事業をなす者として,商人または会社でなければならないことになる[41]。

　ところで,許諾された営業・事業以外で商号が使用された場合に,名板貸人の責任は生じるのかについて,判例は,営業について名板貸が行われた以

---

[40]　商法旧23条の名板貸について,最判昭42・6・6判時487号56頁も自己の商号を使用して営業または事業を行うことについてなされなければならないと判示していた。なお,最判昭32・1・31民集11巻1号161頁は,薬局開設の登録申請について開設者として自己の名義使用を許諾した者は,その段階で薬局営業上の名義使用を許諾したものと認められると判示する。

[41]　会社法コンメ(1)146頁（行澤一人）。

上，その営業に関連して手形行為がなされたときは，名板貸人は手形上の債務につき責任を負うものと判示した[42]。また，自己の名称を営業に使用することを許諾したところ，許諾された者が営業上は使用しなかったが手形取引に使用したときも，許諾者は名板貸の責任を負うと判示する[43]。しかし，手形行為についてのみ自己の商号を許諾した場合，たんに手形行為をすることは営業に含まれないのみならず，手形の本質からいって，名板貸人と名板借人が連帯して手形上の義務を負うこともありえないとして，商法旧23条（商14条・会社9条）の適用を否定した[44]。

(エ)　営業・事業の同種性

① 現金屋事件（最判昭43・6・13民集22巻6号1171頁）　Yは借家を店舗とし「現金屋」の商号のもとに訴外Aを使用人とし電気器具商を経営していたが，経営不振のためこれを廃業し，他所に引越した。Aは，同店舗で同一商号のもとに自ら食料店を経営するようになった。食料品の卸売りを営むX株式会社は，取引の相手方は「現金屋」ことYと信じて，Aに対し食料品を継続販売した。X会社は，その未払代金について，Yに対し支払いを求めて訴えを提起し，予備的請求として，Yが現金屋Yの名を使用して食料品の販売営業をなすことを許諾したことから，X会社がYを営業主と誤認して取引したのは当然であり，Yも本件残代金につき支払いの義務があると主張した。

　第1審は，X会社の請求を棄却した。第2審は，YはAがYの従前の商号およびYの氏名を使用することを少なくとも暗黙に許諾していたものであると推認することが相当であるとして，商法旧23条（現行商14条，会社9条）によるYの責任を認めた。そこで，Yは，Yがすでに廃業しているから「現金屋」という商号は消滅していること，Aが使用したという「現金屋」の商号は電気器具販売とは類似もしない食料品販売であって外観上まったく別の営業であって，Yの使用した「現金屋」の商号とAが使用した「現金屋」の商号は別異のものであり，少なくともこれを使用したものと解されないことなどの理由で，上告した。最高裁は，次のように判示して，上告を棄却した。

42)　最判昭42・2・9判時483号60頁。
43)　最判昭55・7・15判時982号144頁（前掲精華住設機器事件）。
44)　最判昭42・6・6判時487号56頁。この場合に，学説は，一般の表見法理によるべきであるとする説と，商法14条・会社法9条を類推適用すべきであるとする説などが対立している。逐条解説(1)133頁-134頁（大塚龍児）。

　「商号は，法律上は特定の営業につき特定の商人を表わす名称であり，社会的には当該営業の同一性を表示し，その信用の標的となる機能をいとなむものである。商法23条（現行商14条，会社9条）は，このような事実に基づいて，自己の商号を使用して営業をなすことを他人に許諾した者は，自己を営業主と誤認して取引した者に対し，同条所定の責任を負うべきものとしているのである。したがって，現に一定の商号をもって営業を営んでいるか，または，従来一定の商号をもって営業を営んでいた者が，その商号を使用して営業を営むことを他人に許諾した場合に右の責任を負うのは，特段の事情のないかぎり，商号使用の許諾を受けた者の営業がその許諾をした者の営業と同種の営業であることを要するものと解するのが相当である。」，「原審の確定したところによれば，Ｙは，その営んでいた電気器具商をやめるに際し，従前店舗に掲げていた『現金屋』という看板をそのままにするとともに，Ｙ名義のゴム印，印鑑，小切手帳等を店舗においたままにしておき，訴外Ａが『現金屋』の商号で食料品店を経営することおよびその後経営していたことを了知していたこと，Ａは，本件売買取引の当時，右ゴム印および印鑑を用いてＹ名義でＸ会社にあてて約束手形を振出していたこと，Ｙは，自己の営業当時，売上金を『現金屋』およびＹ名義で銀行に普通預金にし，その預金の出し入れについてＹ名義の前記印鑑を使用していたが，訴外Ａが食料品店を始めるに当たって，Ａに対して自己の右預金口座を利用することを承諾し，Ａもこれを利用して預金の出し入れをしていたこと，ＡはＹの営業当時の使用人であり，かつＹの営業当時の店舗を使用した関係にあったというのである。このような事実関係のもとにおいては，訴外Ａが，Ｙの廃業後に，Ｙの商号および氏名を使用してＹの従前の営業とは別種の営業を始めたとしても，Ａと取引をしたＸ会社……がその取引をもってＹとの取引と誤認するおそれが十分あったものというべきであり，したがって，Ｙの営業と訴外Ａの営業とが業種を異にするにかかわらず，なおＹにおいてＡの右取引につき商法23条（現行商14条，会社9条）所定の責任を負うべき特段の事情がある場合に当たるものと解するのが相当である。」

② **異なる営業・事業についての責任**　　名板貸人が自己の営業・事業とは異なる種類の営業・事業のために商号を使用することを名板借人に許諾した場合に名板貸の責任を負うかについて，判例は，商法旧23条（商14条，会社9条）の適用が認められるためには，特段の事情がない限り，名板借人の営

業・事業と名板貸人の営業・事業と同種であることを要すると解する[45]。しかし，一つの商号の下に複数の営業・事業を行うことができる商人・会社が名板貸人である限り，そのような限定を付すべき合理的理由はなく，また，近時の営業・事業が流動的・多角的であることからみて，営業・事業の同種性を要しないと解し，営業・事業の同種性の有無は，相手方の誤認・重過失を判断する際に考慮されるべき事由にとどまると解すべきである（多数説）[46]。

(オ) 取引の相手方・取引の種類等の制限

取引の相手方・取引の種類等に制限を付して商号の使用を許諾したのに，名板借人がその制限を越えて取引した場合にも，名板貸の責任を負うかについて，判例は，自己の商号を使用して営業をなすことを許諾した者はその者の営業の範囲内の行為についてのみ商法旧23条（商14条，会社9条）の責任を負うものと解する[47]。

(3) 相手方の誤認

取引の相手方が，名板貸人を営業主体ないし取引主体と誤認して，名板借人と取引したことを要する。相手方が名板貸の事実を知っていたときは，名板貸人の責任は生じない。誤認につき相手方の過失が認められる場合にも，名板貸人の責任が発生するかについて，判例は，重大な過失は悪意と同様に取り扱うべきであって，誤認につき重大な過失があるときは名板貸人は責任を負わないとする[48]。なお，相手方の悪意・重大な過失の立証責任は，名板貸人が負う[49]。

---

45) 最判昭43・6・13民集22巻6号1171頁（前掲現金屋事件）（ただし，本件では特段の事情があるとして商法旧23条〔商14条・会社9条〕の適用を認めている）。

46) 会社法コンメ(1)153頁-154頁（行澤一人），逐条解説(1)131頁（大塚龍児）。

47) 最判昭36・12・5民集15巻11号2652頁（ミシンの販売を営むことを許諾したのに，勝手に電気器具の販売をも営み，電気器具の取引をした事案につき，この取引は名板貸人の営業の範囲内の行為に属せず，したがって，本件取引について責を負うものではないと判示する）。学説では，黙示の許諾が認められない限り，名板貸人の責任を負わないとする見解と，許諾に際しての営業・事業種目の限定は内部的な問題であるとして，名板貸人の責任を肯定する見解がある（逐条解説(1)134頁〔大塚龍児〕）。

48) 最判昭41・1・27民集20巻1号111頁（重過失免責説）。学説の多数も賛成するが，他に，民法の表見代理（民109条）と同じく軽過失があっても保護されないとする説（軽過失免責説），これとは反対に，過失の有無を問わず善意であれば足りるとする説（軽過失・重過失不問説）がある。会社法コンメ(1)154頁（行澤一人），逐条解説(1)138頁-140頁（大塚龍児）。

49) 最判昭43・6・13民集22巻6号1171頁（前掲現金屋事件）

(4) 名板貸人の責任

(ア) 連帯責任

　名板貸人は，名板借人と相手方との間の取引によって生じた債務につき，名板借人と連帯して責任を負う。これは，不真正連帯債務であり，名板貸人が相手方に弁済責任を履行すると，名板借人は自己の債務を免れるから，名板貸人は名板借人に対して不当利得（民703条）による求償を求めることができる。

(イ) 取引によって生じた債務

① **大宝商事事件**（最判昭52・12・23民集31巻7号1570頁）　　訴外Aは，Y株式会社からその名義（商号）を使用することの許諾を受け，Y会社の商号である大宝商事株式会社の出張所名義で事務所を開設し，同出張所長の肩書を用いて営業を行っていた。Aが営業活動を行うなかで，Aの使用人の運転する普通乗用自動車にXらが衝突され，Xらは入院治療を要する肋骨骨折の傷害を負うなどの損害を被った。この交通事故による損害賠償債務について，Xらは，AからY会社出張所長である旨を告げられ，Y会社の住所・電話番号を付記した前記肩書つきの名刺を受領したこと等からAをY会社の出張所長と信じ，Aとの間で，背後に本社としてのY会社の存在を前提とし，同出張所を相手方として，同出張所がXらに対し医療費・慰藉料等を支払う旨の本件示談契約を締結した。しかし，Aは前記示談金を完済しなかったので，Xらは，Y会社に対し，その支払いを請求した。

　第1審・第2審ともに，本件示談契約について商法旧23条（現行商14条，会社9条）の規定を適用して，Xの請求を認めた。そこで，Y会社は，商法旧23条の取引はそれ自体営業行為である取引をいうのであって交通事故のような不法行為に関する示談契約まで含むものではないことなどを理由として，上告した。最高裁は，次のように判示して，原判決を破棄し，第1審判決を取り消した。

　「商法23条（現行商14条，会社9条）の規定の趣旨は，第三者が名義貸与者を真実の営業主であると誤認して名義貸与を受けた者との間で取引をした場合に，名義貸与者が営業主であるとの外観を信頼した第三者の受けるべき不測の損害を防止するため，第三者を保護し取引の安全を期するということにあるというべきであるから，同条にいう『其ノ取引ニ因リテ生ジタル債務』とは，第三者において右の外観を信じて取引関係に入ったため，名義貸与を受けた者がその取引をしたことによって負担することとなった債務を指称す

るものと解するのが相当である。それ故，名義貸与を受けた者が交通事故その他の事実行為たる不法行為に起因して負担するに至った損害賠償債務は，右交通事故その他の不法行為が名義貸与者と同種の営業活動を行うにつき惹起されたものであっても右にいう債務にあたらないのはもとより，かようにしてすでに負担するに至った本来同条の規定の適用のない債務について，名義貸与を受けた者と被害者との間で，単にその支払金額と支払方法を定めるにすぎない示談契約が締結された場合に，右契約の締結にあたり，被害者が名義貸与者をもって営業主すなわち損害賠償債務の終局的な負担者であると誤認した事実があったとしても，右契約に基づいて支払うべきものとされた損害賠償債務をもって，前記法条にいう『其ノ取引ニ因リテ生ジタル債務』にあたると解するのは相当でないというべきである。」

② 　**取引によって生じた債務**　　取引によって生じた債務には，取引によって直接生じた債務のほか，これと実質的に同一である債務，たとえば，名板借人の債務不履行による損害賠償債務，契約解除による原状回復義務，売買契約の合意解除による手付金返還債務[50]も含まれる。

　名板借人の不法行為による損害賠償債務については，たとえば交通事故のような純然たる事実行為としての不法行為による責任（民709条・715条）は，取引によるものではなく，名板貸人の営業・事業であるとの誤認もないから，禁反言・外観法理の発現である商法14条・会社法9条の適用はない。この場合には，名板貸人が名板借人の不法行為につき使用者責任（民715条）を負うかどうかによって解決されることになる[51]。また，交通事故のような不法行為に基づく損害賠償債務が商法旧23条（商14条，会社9条）の債務にあたらない以上，その損害賠償債務についての示談契約に基づく債務も同様に同条の債務にあたらない[52]。

　しかしながら，取引行為の外形をもつ不法行為による損害賠償債務，たとえば名板借人の詐欺的取引により損害が発生した場合，取引主体の誤認があって，その損害と誤認との間に因果関係があれば，商法14条・会社法9条の適用が認められるものと解される[53]。

---

50)　最判昭30・9・9民集9巻10号1247頁。
51)　最判昭41・6・10民集20巻5号1029頁。
52)　最判昭52・12・23民集31巻7号1570頁（前掲大宝商事事件）。
53)　最判昭58・1・25判時1072号144頁。

㈡　名板貸による責任と他の表見制度との交錯

　商法14条・会社法9条の適用が認められない場合でも，一般の表見代理（民109条・110条・112条）や表見支配人（商24条，会社13条）・表見代表取締役（会社354条）・表見代表執行役（会社421条）などに関する規定の適用が問題となる。ただし，具体的な事案で，名板貸人が営業主体ないし取引主体であるという外観と，名板借人が代理権ないし代表権を有するという外観とが併存しうる場合，商法14条・会社法9条の適用と表見代理などの規定の適用とが競合することが認められるか，いずれかの規定が優先適用されるべきであるかが問題となる。

　理論的には，取引の相手方が営業主体の同一性を誤認した場合が名板貸責任の問題であり，代理権または代表権の存在を誤信した場合が表見代理等の問題であると区別することが可能である。取引の相手方が営業主体の誤認だけでなく，代理権または代表権についても誤認しているとき，商法14条・会社法9条と表見代理等の規定との適用が競合し，相手方はいずれの適用も主張できると解される。表見代理等の規定の適用の場合，本人の責任の追及のみしか認められない（通説）ということであれば，本人が履行・賠償の力をもっていないとき，名板貸人と名板借人との連帯責任が認められる商法14条・会社法9条のほうが取引の相手方の保護に厚いということができる（もっとも，名板貸人は表見責任を負うだけで，第三者に対してなんらの権利も取得しない）。

　したがって，実際の事案で，名板貸による責任と他の表見制度とが交錯する場合には，取引の相手方を保護する観点から，まず商法14条・会社法9条を適用し，同条の要件を充たさないものについては表見代理などの制度の適用が考えられる[54]。

問題

1　商号について，次の問に答えなさい。
⑴　A相互保険会社という名称で保険事業を営む場合，この名称は商号となるか。
⑵　商人が営業を変更する場合，商号の消滅または変更は生じるか。
⑶　商人が複数の商号を利用できる場合は，どのような場合か。

---

[54]　浦和地判平11・8・6判時1696号155頁（取締役でも専務取締役でもない外部の者が専務取締役という名刺の使用を許諾していた事例で，表見代表取締役の規定ではなく，商法旧23条〔商14条，会社9条〕を適用すべきとする）参照。

2　個人商人であるAが，F市で「玄界灘料理本家」という既登記の商号で日本料理業を営んでいるが，K市に進出することを考えた。Aは，K市で営業を開始していなかったが，とりあえず「玄界灘料理本家」の商号をK市で登記した。ところで，K市では，Bが，Aによる商号登記の以前から，「玄界灘料理本家」という未登記の商号で，日本料理業を営んでいた。

　⑴　Bは，「玄界灘料理本家」という未登記の商号をK市において登記することができるか。また，Bは，その登記の申請の際にAによる商号の登記を知ったので，そのAによる登記の抹消を請求したいと考えた。この登記抹消請求は認められるか。

　⑵　AがK市でも営業を開始すると同時に商号の登記を行っていた場合，Aは，登記を先にしているから，商号権は自分にあると主張して，商号未登記のBによる商号の使用の禁止を求めることができるか。

3　個人商人Yは，「Y電気器具販売店」という商号で，従業員Aを使って電気器具の販売をしていたが，これを廃業した。そこで，Aは，同店舗で同一商号のもとで衣料販売店を経営した。Xは，取引の相手方はYであると信じて，Aに対して衣料品を販売したが，その代金が未払いとなった。

　⑴　Xは，Aによる商号の使用を許諾していたYに対し，本件代金支払いについて名板貸の責任を追及することができるか。

　⑵　内部的にAに対してYの商号の使用を差止める請求をしていた場合に，Yは，名板貸の責任を免れることはできないか。

　⑶　YがAに対して，Yの商号を，銀行の当座預金取引および手形行為にのみ，使用することを許諾した場合，Y名義で約束手形が振り出され，この手形を裏書きで取得したXは，Yに対して，商法14条により手形金の支払いを請求することができるか。

4　Aは，Y株式会社からその商号の使用を許され，同出張所名義で事務所を開設，同所長の肩書きで営業中，Aの従業員Bが業務中に交通事故を起こし，Xに損害を与えた。Aは，賠償金につきXと示談契約を結んだが，この際に，Aが自分はY会社出張所長だと告げ，その旨の名刺を示しており，また，事務所にもY会社出張所の看板があったので，XはAをY会社出張所長と信じた。しかし，Aは，上記金員を完済しなかった。

　⑴　Xは，Y会社に対して，名板貸の規定に基づき，その支払いの請求をすることは認められるか。

　⑵　AがY会社出張所長名を使い，取引先のXに対して，本当は自己に取り込む心算であるのにY会社が買い取って使用するかの如く偽り，X所有の商品の買い受けを申込み，それと誤信したXが当該部品を納入したため，Xは当該商品代金の

損害を被った。そこで，Xは，Y会社の業務中の取込詐欺であるとして，Y会社に対して名板貸の責任を追及できるか。

5　株式会社Y百貨店内で，同百貨店に一定の使用料を払ってAが弁当販売店を営んでいた。Aから弁当を買って食べたXは，その弁当が原因で食中毒を起こして，長期間仕事を休んで入院する事態になった。そこで，Xは名板貸の規定に基づきY百貨店に損害賠償を請求した。Xの請求は，認められるか。

第5章

商業帳簿

1 商業帳簿制度の目的と法規制

⑴ 商業帳簿制度の目的と法規制

5-1図解：商業帳簿制度の目的（企業をめぐる利害関係人）

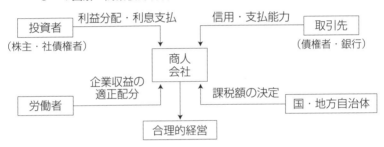

㋐ 目 的

　商人・会社が合理的に企業経営を行っていくためには，帳簿を作成し，営業・事業上の財産の状況および損益の状況を明確に把握することが必要となる。そのような帳簿の作成・整備は，本来，商人・会社自身の合理的経営のためのものにすぎないということができる。

　しかし，その帳簿は，取引先である債権者が商人・会社の信用や支払能力をはかるためにも必要である。また，訴訟となった場合にも，商人・会社の取引について有力な証拠資料となる。さらに，会社などの共同企業形態の場合，出資者にとって剰余金の配当や残余財産分配の計算の基礎資料となるものである。このほか，帳簿は，労働者にとっては，企業収益に対する分配利益と支払賃金の適正配分の判断のための資料となる。また，租税負担の公平の見地から，国・地方自治体にとっては課税額の決定のための重要な資料となる。

　以上のような理由から，帳簿の作成を商人・会社の自由に委ねるわけにはいかず，法的に規制する必要性がある。

(イ) 法規制

5－2図解：商人の商業帳簿

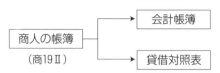

① **商人の場合**　商法総則は，商人一般に対し商業帳簿（会計帳簿および貸借対照表）の作成・保存などの義務を定め（商19条），商法施行規則に会計帳簿および貸借対照表についての規定が設けられている（商則4条～8条）。

5－3図解：株式会社の帳簿

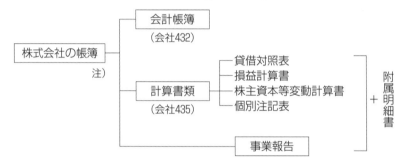

注）その他：連結計算書類（会社444），財務諸表（貸借対照表，損益計算書，株主資本等変動計算書，キャッシュ・フロー計算書および附属明細表〔金商193，財務規1〕）。

② **会社の場合**　会社法および会社計算規則は，個人商人の場合よりもさらに厳格に規制をしている。会社の形態により法規制の相違がみられるが，株式会社が最も厳格に法規制されている。株式会社は，計算書類（貸借対照表・損益計算書・株主資本等変動計算書および個別注記表）および事業報告，ならびにこれらの附属明細書の作成・保存等の義務[1]がある。なお，一定の大会社には，連結計算書類として，連結貸借対照表・連結損益計算書・連結株主

---

1)　会社435条・442条・443条，会社則116条以下，会社計算59条1項。これに対し，合名会社および合資会社では，計算書類として，貸借対照表のほか，任意に作成するものと定めた場合における損益計算書・社員資本等変動計算書または個別注記表の作成・保存等の義務（会社617条～619条，会社計算71条1項1号）がある。合同会社は，計算書類として，貸借対照表・損益計算書・社員資本等変動計算書および個別注記表の作成・保存等の義務（会社617条～619条，会社計算71条1項2号）がある。

資本等変動計算書および連結注記表の作成義務がある[2]。

⑵　商法・会社法と会計慣行との関係
㋐　日本債券信用銀行事件（大阪高判平16・5・25判時1863号115頁）

　長期信用銀行であったA銀行は，平成10年12月13日，金融機能再生のための緊急措置に関する法律（いわゆる金融再生法）に基づき，特別公的管理開始決定を受け，A銀行の株式はその対価1株当たり0円と決定され，その全株式を預金保険機構が取得した。Xらは，平成9年8月4日から平成10年3月2日までの間にA銀行株式を取得した者であるが，A銀行の第64期有価証券報告書（平成8年4月1日から平成9年3月31日）に，貸出金につき貸倒引当金の過小計上，A銀行保有の株式の評価損の不計上の2点に虚偽記載があったことにより，A銀行株式の取得価格相当の損害を被ったとして，A銀行の元頭取Yらに対し旧証券取引法（現行金融商品取引法）違反による損害賠償を求めた。第1審は，前記第64期報告書に虚偽記載があるとは認められないとして，Xらの請求を棄却したため，Xらが控訴した。大阪高裁は，原判決を引用しつつ，次のように述べ控訴を棄却した。

　「Xらは，（平成10年改正前法人税）基本通達9-6-4による償却の要件を備えている債権については，基本通達9-6-4の定める金額によって償却（引当金を計上）することが義務であり，その金額の貸倒引当金を計上しないこと（債権償却特別勘定に繰り入れないこと）が，有価証券報告書に虚偽の記載をすることになる旨主張している。

　その趣旨は，基本通達自体によって，債権償却勘定への繰入れが義務付けられるというものではなく，基本通達の要件を満たす債権については，その定める金額の全額について償却をすることが，公正な会計慣行に合致する会計基準であるから，これによる義務があるというものと解される。

　商法285条ノ4第2項（現行会社計算5条4項参照）は，金銭債権の評価につ

---

2)　会社444条1項3号，会社計算61条。さらに，金融商品取引法が適用される会社については，一般投資家への開示を目的として，財務諸表規則（「財務諸表等の用語，様式及び作成方法に関する規則」）に基づき財務諸表として貸借対照表・損益計算書・株主資本等変動計算書・キャッシュ・フロー計算書および附属明細書（金商193条，財務規1条），連結財務諸表規則（「連結財務諸表等の用語，様式及び作成方法に関する規則」）に基づき連結財務諸表（連結財務規1条）が作成される。

いては『取リ立ツルコト能ハザル見込額』を控除することを要するとし，企業
会計原則も売掛金等の債権の貸借対照表価額は，債権金額又は取得価額から正
常な貸倒見込額を控除したものとするとしているところ，これらの見込額は公
正な会計慣行（一般に公正妥当と認められる企業会計の基準）によって判断され
ることになる。そして，その公正な会計慣行に合致する会計基準は，一般的に
複数存在することもあり得るのであって，Xらの主張する会計基準が，唯一絶
対のものであることを認めるに足りる証拠はなく，基本通達9-6-4の要件を
満たす債権については，全額を償却することが義務であるとまではいえない。」

(イ)　一般に公正妥当と認められる会計慣行

　商業帳簿や計算書類について，商法・会社法ならびに商法施行規則・会社計
算規則などにより詳細かつ網羅的に規定することは，実際上困難であるだけで
なく，本来，商人・会社の自由に委ねられる帳簿作成に関する会計技術の進展
に鑑みると適当とはいえない。そこで，商法・会社法では，商人・会社の会計
は，一般に公正妥当と認められる会計（企業会計）の慣行に従うものとする旨
規定されている（商19条1項，会社431条・614条）。そして，商法施行規則・会
社計算規則は，これらの規則における用語の解釈および規定の適用に関しては，
一般に公正妥当と認められる会計（企業会計）の基準その他の会計（企業会計）
の慣行を斟酌しなければならないと規定する（商則4条2項，会社計算3条）。
商法・会社法などの明文の規定や趣旨に反しない限り，会計実務を尊重するこ
とによって，法律と会計実務との調和を図ったものである。

　「一般に公正妥当と認められる」とは，商業帳簿・計算書類作成の目的から，
商人・会社の営業・事業上の財産および損益の状況を明らかにするのに適して
いるかどうかで判断される。企業会計審議会が定めた企業会計原則は，企業会
計の実務のなかに慣習として発達したもののなかから一般に公正妥当と認めら
れたところを要約したものであり，公正な会計慣行の一つである。しかし，こ
れに限られるわけではなく，公正な会計慣行は複数存在することもありうるし，
また，ある会計基準が唯一絶対なものでない限り，その基準に従った会計処理
を義務づけられるものではない[3]。平成13年には民間団体である企業会計基準
委員会が設立され，新しい会計基準の設定と公表が行われている。なお，企業

3）　大阪高判平16・5・25判時1863号115頁（前掲日本債券信用銀行事件），東京地判平
　17・5・19判時1900号3頁。

会計原則等に含まれてない慣行，またはまだ慣行とはなっていない会計処理方法であっても，それが公正と考えられるときは，それに従うべきものと解される。「従うものとする」・「斟酌しなければならない」とは，旧商法32条2項の「斟酌スベシ」と同じく，商業帳簿・計算書類の作成に関する規定の解釈の指針とすることであって，公正な会計慣行が存在するときは，特別の事情がない限りその会計慣行に従わなければならないことを意味する。なお，企業会計原則に従っている限り，その商業帳簿・計算書類の作成は一応適法なものと推定され，作成者は免責されうるものと解される。

2 商業帳簿の意義と作成

5－4図解：商業帳簿組織

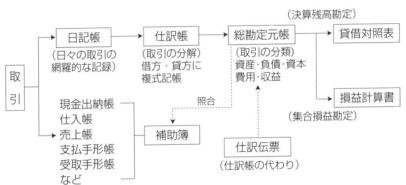

(1) 商業帳簿の意義

　商業帳簿とは，商人が営業のために使用する財産について，適時にかつ正確に作成しなければならない帳簿であり，会計帳簿と貸借対照表からなる（商19条2項）。商人の営業のために使用する財産を明らかにするものであっても，商人が任意に作成するものは，商業帳簿ではない。商業帳簿には法律上一定の効果（保存義務・提出義務など）を伴うため，みだりにその範囲を拡大すべきではないからである。小商人が作成する帳簿は商業帳簿ではない（商7条）。また，商人が商法上の義務として作成する帳簿であっても，仲立人日記帳（商547条），倉庫証券控帳（商602条）などのように，商人の営業上の財産および損益の状

況を明らかにする目的・性質を有しないものは商業帳簿ではない。また，任意
に作成される会計上の書類，たとえば，判取帳，得意先氏名録などは，商人の
営業に関するものではあるが，納品書・領収書などと同じく，取引の存在の事
実を証明する書類，すなわち証憑(しょうひょう)にすぎないから，商業帳簿ではない。

　商業帳簿は，適時に作成しなければならないから，たとえば，1年に1回納
税申告時にまとめて記帳・記録することは認められない。また，正確な商業帳
簿を作成しなければならないから，商法および商法施行規則ならびに一般に公
正妥当と認められる会計の慣行に従って（商19条1項，会社431条），財産・取
引の状況を忠実に示さなければならない。

　商業帳簿は，書面または電磁的記録をもって作成および保存することができ
る（商則4条3項，会社計算4条2項）。帳簿の形式・装幀・記載方法などに関
しては，原則として商人の自由に委ねられ，帳簿の体裁は，綴込式，ルーズ・
リーフ式，あるいはカード式の帳簿を問わない。電磁的記録とは，電子的方式，
磁気的方式その他，人の知覚によっては認識することができない方式で作られ
る記録であって，電子計算機による情報処理の用に供されるもので磁気ディス
クその他これに準ずる方法により一定の情報を確実に記録しておくことができ
る物をもって調製するファイルに情報を記録したものをいう[4]。

(2)　会計帳簿

㋐　意　義

　商人の営業上の財産およびその価額ならびに取引その他営業上の財産に影響
を及ぼすべき事項を，継続的，組織的に記録する帳簿である[5]。取引以外で財
産に影響を及ぼすべき事項は，たとえば天災，事故による資産の滅失，毀損，
不法行為による債務負担などをいう。簿記会計では，これらを含めて取引と
いっている。簿記には，簿記上の取引を原因と結果の二つの面に分けて，借方，
貸方とし同時に記録していく方法で，収支の記録だけでなく損益の計算までを
行えるように工夫された複式簿記と，家計簿のように金銭の収入・支出など特
定の事項について一面的にのみ記録する単式簿記があるが，今日では，複式簿

---

　4)　商則2条4号・9条，商539条1項2号，会社26条2項，会社則224条，会社計算2
　　条2項4号。
　5)　商19条2項括弧書，商則5条，会社432条1項・615条1項，会社計算4条。

記が広く用いられている。

(イ)　種　類

　会計帳簿としては，複式簿記において，主要簿である日記帳・仕訳帳（両者の機能を有する伝票の利用が現在多い）および総勘定元帳（元帳と略される）と，各種の補助簿である。日記帳は，商人の日々の取引その他営業上の財産に影響を及ぼすべき事実（簿記会計上は取引とよぶ）（商旧33条１項２号参照）を，発生順に網羅的に記録するもので，複式簿記では仕訳帳における仕訳の基礎となる資料を集積する。仕訳帳は，日記帳に記載された会計上の事実を資産・負債・純資産の増加・減少，費用・収益の発生・取消について，借方（左欄）と貸方（右欄）に分けて複式記帳する帳簿である6)。総勘定元帳は，企業規模に応じて資産・負債・資本（純資産）・費用および収益について適当な数の細分化した勘定を設定し（会社計算74条〜77条・88条参照），仕訳帳に基づいて，その勘定口座ごとに分類転記した帳簿である7)。勘定口座の借方合計金額と貸方合計金額とは一致する（貸借平均の原則）。

　補助簿は，特定の取引または勘定について，その明細を記録し主要簿における記録の不足を補う帳簿をいい，総勘定元帳の記録との照合を行うため特定の取引の明細を発生順に記入する補助記入帳（現金出納帳，当座預金出納帳，仕入帳，売上帳，支払手形記入帳，受取手形記入帳など）と，特定の勘定の明細を口

---

6)　仕訳は，取引を簿記の５要素に分解して，資産の増加，負債の減少，資本の減少，
　　費用の発生は借方（左欄）に記入し，資産の減少，負債の増加，資本の増加，収益の発
　　生は貸方（右欄）に記入する。たとえば簡単な例を示すと，以下のようになる。
　①A会社の資金調達：株主から1,000万円の出資，銀行から500万円の借入れ。
　　（仕訳）（借方）　現金　1,500　　　（貸方）資本金　1,000
　　　　　　　　　　　　　　　　　　　　　　　　借入金　　500
　②1,000万円商品仕入れ，現金で支払った。
　　（仕訳）（借方）　商品　1,000　　　（貸方）現　金　1,000
　③商品600万円分を700万円で販売りした。
　　（仕訳）（借方）　売　掛　金　700　　（貸方）売　上　　700（収益）
　　　　　　　　　　売上原価　600　　　　　　商　品　　600　　　（単位：万円）
7)　上記注6)の仕訳の例を総勘定元帳に転記すれば以下のようになる。

現金		売掛金		商品		借入金		資本金		売上	
1,500	1,000	700		1,000	600		500		1,000		700

売上原価		合計試算表	
600		3,800	3,800

（単位：万円）

座別に記入する補助元帳（商品有高帳，売掛金元帳，買掛金元帳，固定資産台帳，営業費内訳帳，給与台帳など）に分けられる。

　ある帳簿書類が会計帳簿に属するか否かは，その名称いかんによるのではなく，それが公正妥当な帳簿組織に組み込まれ，仕訳または照合という点で総勘定元帳と記録上の関連性を有しているか否かによって実質的に決められる。任意に作成される会計上の書類であっても，たとえば，判取帳，得意先氏名録などは，商人の営業に関するものであるが，納品書や領収書などと同じく，取引の存在の事実を証明する書類，すなわち証憑にすぎないから会計帳簿ではない。

　総勘定元帳の各勘定口座のなかで，資産，負債，資本（純資産）に属する勘定残高を集めたものを決算残高勘定といい，これを基礎として貸借対照表が作成される8)。そして，総勘定元帳における費用，収益に属する各勘定を集めたものを集合損益勘定といい，これを基礎に損益計算書が作成される。なお，単式簿記では，おおむね，帳簿組織が簡単で記帳の内容も単純であることから，決算を行うためには，企業の所有するすべての資産および負債について実地に調査を行い，その結果を一覧表の形にまとめた財産目録を作成することが必要となり，それを要約する形で貸借対照表が作成される。この財産目録は，財産の実在を証明する重要な書類であっても，会計帳簿とはいえない。

---

8)　上記注7）の合計試算表の貸借差額を集計した残高試算表に基づいて，以下のように，貸借対照表・損益計算書を作成することになる。

残高試算表				貸借対照表			
資産		負債		資産		負債	
現　金	500		500	現　金	500		500
売掛金	700	資本		売掛金	700	資本	
商品	400		1,000	商　品	400		1,000
		収益				（純利益）	100
費　用			700	損益計算書			
	600			費用		収益	
2,200		2,200			600		700
（貸借平均の原則）				（純利益）	100		
							（万円）

5－5図解：貸借対照表

貸　借　対　照　表

（令和4年3月31日現在）　　　　　　　　　　（単位：百万円）

科　　　目	金　　額	科　　　目	金　　額
（資産の部）		（負債の部）	
流動資産	＊＊＊＊＊＊	**流動負債**	＊＊＊＊＊＊＊
現金及び預金	＊＊＊	支払手形	＊＊＊
受　取　手　形	＊＊＊	買掛金	＊＊＊
売　　掛　　金	＊＊＊	短期借入金	＊＊＊
商　　　　　品	＊＊＊	・・・・・・	＊＊＊＊
原材料・仕掛品	＊＊＊	・・・・・・	＊＊＊
・・・・・	＊＊＊	・・・・・・	＊＊＊
その他	＊＊＊	その他	＊＊＊
貸倒引当金	△ ＊＊＊＊＊	**固定負債**	
固定資産	＊＊＊＊＊＊＊	社債	＊＊＊
有形固定資産	＊＊＊＊＊	長期借入金	＊＊＊
建　　　　物	＊＊	退職給付引当金	＊＊＊＊
構　　築　　物	＊＊＊	・・・・・	＊＊＊
機　械　装　置	＊＊	・・・・・	＊＊＊＊
車　両　運　搬　具	＊＊	その他	＊＊＊
工　具　器　具　備　品	＊＊＊	負債合計	＊＊＊＊＊＊＊＊
土　　　　　地	＊＊＊	（純資産の部）	
・・・・・	＊＊＊	**株主資本**	＊＊＊＊＊＊＊
その他	＊＊	資本金	＊＊＊＊＊
無形固定資産	＊＊＊＊＊＊	資本剰余金	
工業所有権	＊＊＊＊	資本準備金	＊＊＊
ソフトウェア	＊＊＊	その他資本剰余金	＊＊＊
・・・・・	＊＊＊	利益剰余金	＊＊＊＊
その他	＊＊＊	利益準備金	＊＊＊
投資その他の資産	＊＊＊＊＊＊	その他利益剰余金	＊＊＊
投資有価証券	＊＊＊	任意積立金	＊＊
関係会社株式	＊＊＊	繰越利益剰余金	＊＊
長　期　貸　付　金	＊＊＊	自己株式	△ ＊＊＊
繰延税金資産	＊＊	**評価・換算差額等**	＊＊＊
そ　の　他	＊＊	その他有価証券評価差額金	＊＊＊
貸　倒　引　当　金	△ ＊＊	繰延ヘッジ損益	＊＊＊
繰延資産	＊＊	土地再評価差額金	＊＊＊
社債発行費	＊＊	**新株予約権**	＊＊
		純資産合計	＊＊＊＊＊＊＊＊
資産合計	＊＊＊＊＊＊＊＊＊＊	負債及び純資産合計	＊＊＊＊＊＊＊＊＊＊

5－6図解：損益計算書

損 益 計 算 書

（自令和3年4月1日　至令和4年3月31日）

（単位：百万円）

科　　目	金　額	
売上高		***
売上原価		***
売上総利益		***
販売費及び一般管理費		**
営業利益		***
営業外収益		
受取利息	***	
受取配当金	***	
その他	***	***
営業外費用		
支払利息	***	
その他	***	***
経常利益		***
特別利益		
固定資産売却益	***	
その他	***	***
特別損失		***
固定資産売却損	***	
減損損失	***	
その他	***	***
税引前当期純利益		***
法人税，住民税及事業税	***	
法人税等調整額	***	***
当期純利益		***

(3) 貸借対照表

(ｱ) 意 義

　貸借対照表は，一定の時点（決算日）における商人の財産状態を明らかにする一覧表であり，すべての資産，負債および純資産を記載する帳簿である（商則8条，会社計算73条）。貸借対照表の負債および純資産の部は企業の資金調達の源泉を，資産の部はその資金の具体的な運用形態を表示するものである。貸借対照表は，一定の時点の財産の静態（ストック）を示す点で，財産目録と同じであるが，財産目録は個別の財産ごとに記載するものであるのに対し，貸借対照表は財産の構成状態を示す摘要表で，財産を種類別に一括してその合計額

を記載すれば足りるなどの点で相違がある。

(イ)　作成の時期・種類

会社以外の商人は，開業時の会計帳簿に基づき，その開業時における貸借対照表（開業貸借対照表）を作成しなければならない（商則7条1項）。また，商人は，各営業年度にかかる会計帳簿に基づき，当該年度にかかる貸借対照表を作成しなければならない（同条2項）。各営業年度の貸借対照表の作成にかかる期間は，当該営業年度の前営業年度の末日の翌日から当該営業年度の末日までの期間であり，この場合において，当該期間は，営業年度の末日を変更する場合を除き，1年を超えることはできない（同条3項）。

会社の場合は，開業の時に開業貸借対照表（会社435条1項・617条1項，会社計算58条・70条），決算期に年度貸借対照表（期末貸借対照表）（会社435条2項・617条2項）を作ることを要する。また，株式会社では，年度末に限らず，臨時決算日における貸借対照表等の臨時計算書類を作成することができる（会社441条，会社計算60条）。これらを通常貸借対照表といい，会計帳簿に基づいて作成しなければならないとされる（会社計算58条・59条3項・60条2項）。これを誘導法という[9]。また，会社の清算（会社492条1項・658条1項・669条1項）・民事再生（民再124条2項）・会社更生（会更83条3項）・破産（破153条2項）などの特別の目的で作成するものを非常貸借対照表という。

(ウ)　区分と作成の様式

貸借対照表は，資産，負債，純資産の部に区分して表示しなければならない（商則8条1項，会社計算73条1項）。これらの部は適当な項目に細分することができるが，この場合において，当該各項目については，資産，負債または純資産を示す適当な名称を付さなければならない（商則8条2項，会社計算73条2項）。これについては会社計算規則で詳細に規定されており，資産の部は，①流動資産・②固定資産・③繰延資産，負債の部は，①流動負債・②固定負債，純資産の部はたとえば株式会社について①株主資本・②評価・換算差額等・③新株予約権という項目に区分して，各項目は適当な項目に細分しなければならないとする（会社計算74条-76条）。

貸借対照表の作成については，特別の法令により記載方法が規定されていな

---

9)　なお，昭和49年商法改正前までは，財産目録に基づき作成される方法がとられていた（財産目録法または棚卸法という）。

い限り，一般に公正妥当と認められる会計慣行に従って作成されれば足りる（商19条１項，会社431条・614条，商則４条２項，会社計算３条）。企業会計原則では，貸借対照表の内容が真実であり（真実性の原則〔会計原則第１・１〕），また，その記載が整然かつ明瞭であり（明瞭性の原則〔会計原則第１・４〕），さらに，同一の会計処理の方法が毎期継続して適用されること（継続性の原則〔会計原則第１・５〕）などが要請されている。貸借対照表の様式については勘定式と報告式があるが，会社法の貸借対照表は，資産の部を左側（借方）に，負債および純資産の部を右側（貸方）に対照させて記載する勘定式が一般的である（5-5図解参照）。貸借対照表にかかる事項の金額は，１円単位，1,000円単位，または100万円単位をもって表示する（商則６条１項，会社計算57条１項）。また，日本語で表示するのを原則とする（商則６条２項，会社計算57条２項）。

3 財産の評価

(1) 財産評価の基準

　会計帳簿には，各種財産にその価額を付して記載（または記録）しなければならないが，ことに積極財産である資産の価額が過大に評価される場合，一般公衆の信用を誤らせるだけでなく，真実の利益がないのに出資者に利益の分配を許す結果となる（いわゆる蛸配当）。これに対し，過小な評価（あるいは固定資産の過大償却）がなされると，企業の資産状態がゆがめられ，また利益が過小評価されて出資者の利益が害されるおそれがある[10]。したがって，いかなる評価基準で定めるかは重要な問題であるが，これについては，原価主義（原価基準），時価主義（時価基準）および低価主義（低価基準）がある。

　①原価主義は，資産の取得原価（取得価額・製造価額）を基準とする。これは，見積もり・予測という不確定な要素がなく価額が明瞭であるという長所があり，わが国における会計処理の原則的な評価方法である。しかし，インフレが進行したときなど，帳簿作成基準時における時価と大幅な差額が生ずることがある。

　②時価主義は，資産の評価時の時価，市場価額（処分価額または再調達価額）を基準とする。これは，企業の資産状態を適正に表示するという点で長所がある。しかし，その評価が評価担当者の主観に左右されやすく，また営業活動に

10）　過小評価の場合，利益の一部が隠されて，いわゆる秘密剰余金が生じる。

よる成果ではなくインフレによる評価益（取得原価との差額）を計上するという欠点がある。

③低価主義は，原価と時価とのいずれか低い価額を基準とする。すなわち，資産の時価が取得原価を上回っている限り，資産は取得原価で評価されるが，時価が取得原価より低くなると，時価まで評価額が引き下げられる。これは，評価基準の一貫性を欠くが，評価益は計上されず，評価損のみの計上を認めるため，健全な会計処理が行われることになり，企業会計原則でも棚卸資産について低価主義が採用されている（会計原則第3・5A）。

(2)　資産の評価

(ア)　原　則

商人・会社の会計帳簿の計上すべき資産については，商法施行規則・会社計算規則または商法・会社法以外の法令に別段の定めがある場合を除き，その取得額を付さなければならない（商則5条1項本文，会社計算5条1項）。したがって，流動資産，固定資産の区別なく原則として原価主義をとっている。ただし，取得価額を付すことが適切でない資産については，営業年度（事業年度）の末日（この末日以外の日において評価すべき場合にあっては，その日）における時価または適正な価格を付すことができることから（商則5条1項但書，会社計算5条6項），原価主義または時価主義の選択が許されることになる。会社計算規則では，時価主義が認められる資産として，①事業年度の末日における時価がその時の取得原価より低い資産，②市場価格のある資産（子会社および関連会社の株式ならびに満期保有目的の債券を除く），③これらの資産のほか，事業年度の末日においてその時の時価または適正な価格を付すことが適当な資産，という三つを規定している（会社計算5条6項）。これにより，市場性のある金融商品としての債権・社債・株式について時価評価が可能となる。

(イ)　減価償却

償却すべき資産については，営業年度（事業年度）の末日において，相当の償却をしなければならない（商則5条2項，会社計算5条2項）。減価償却とは，土地以外の有形固定資産（たとえば建物・機械装置・車両運搬具など）には耐用期間があり，当該資産の耐用期間にわたって，資産の取得額を各営業年度（事業年度）に配分計算し，これを費用として計上することである。その計上される費用を減価償却費という。有形固定資産には原価を付し，毎年1回一定の時

期（会社は毎決算期）に相当の償却を行う。相当の償却とは，資産の種類に応じて，一定の方法（定額法・定率法・生産高比例法など）によって，計画的・規則的に償却（取得原価から当期の資産減少相当分を減額させるとともに，同額を減価償却費として計上）することをいう。

(ウ) 時価を強制する特則

営業年度（事業年度）の末日における時価がその時の取得原価より著しく低い資産（当該資産の時価がその時の取得原価まで回復すると認められるものを除く）については，営業年度（事業年度）の末日における時価を付さなければならない（商則5条3項1号，会社計算5条3項1号）。これは，控えめな評価をして健全な会計処理を求めるいわゆる保守主義の原則（会計原則第1・6）の要請である。また，営業年度（事業年度）の末日において予測することができない減損が生じた資産または減損損失を認識すべき資産については，その時の取得原価から相当の減額をした額を付さなければならない（商則5条3項2号，会社計算5条3項2号）。予測することができない減損とは，たとえば定期的に減価償却に組み込むことができない予想外の減損のことで，災害・事故などの物理的減損と，新製品・新技術の出現に伴う陳腐化，営業政策や法令の変更に起因する不適応などによる機能的減損がある。

(エ) 債　権

取立不能のおそれのある債権については，営業年度（事業年度）の末日においてその時に取り立てることができないと見込まれる額を控除しなければならない（商則5条4項，会社計算5条4項）。なお，会社では，債権については，その取得価額が債権金額と異なる場合その他相当の理由がある場合には，適正な価格を付すことができる（会社計算5条5項）。

(3) 負債の評価

商人・会社の会計帳簿に計上すべき負債については，商法施行規則・会社計算規則または商法・会社以外の法令に別段の定めがある場合を除き，債務額を付さなければならない（商則5条5項，会社計算6条1項）。ただし，債務額を付すことが適切でない負債については，時価または適正な価格を付すことができる（商則5条5項但書，会社計算6条2項）。なお，会社計算規則では，①退職給付引当金・返品調整引当金のほか将来の費用または損失の発生に備えて，その合理的な見積額のうち当該事業年度の負担に属する金額を費用または損失

として繰り入れることにより計上すべき引当金（株主に対して役務を提供する場合において計上すべき引当金を含む）（会社計算6条2項1号・75条2項1号ニ2号ハ），②払込みを受けた金額が債務額と異なる社債（会社計算6条2項2号），③これらの負債のほか，事業年度の末日においてその時の時価または適正な価格を付すことが適当な負債（会社計算6条2項3号）については，事業年度の末日においてその時の時価または適正な価格を付すことができるとされる（会社計算6条2項）。

(4)　のれんの計上

　商人は，のれん（暖簾）を有償で譲り受けた場合に限り，資産または負債として計上することができる（商則5条6項）。会社は，吸収型再編，新設型再編または事業の譲受けをする場合において，適正な額ののれんを資産または負債として計上することができる（会社計算11条。なお，同74条3項3号リ・75条2項2号ヘ）。

4　商業帳簿の保存・提出義務

(1)　商業帳簿の保存義務

　商人・会社は，帳簿閉鎖の時（決算の締切の時点，その帳簿の使用を廃止した時）から10年間，その商業帳簿（会社では会計帳簿）およびその営業・事業に関する重要な資料を保存しなければならない（商19条3項，会社432条2項・615条2項）。重要な資料かどうかの基準は，後日紛争を生じた際の証拠として重要かどうかによって判断される。その営業・事業に関する重要書類には，その営業に関して受け取りまたは交付した契約書，受領書，領収証，各種伝票またはその控えなどが含まれる（保存期間の起算点はそれらの資料の受領・交付の時と解される）。この保存義務は，上記の期間が経過するまでは，商人資格の消滅後も継続し，また，個人商人の死亡の場合（相続人が保存義務を承継する）または会社解散による消滅の場合（会社508条11項・672条1項〔清算人による帳簿資料の保存〕）にも，保存義務は継続する。会社では，計算書類を作成した時から10年間，これを（株式会社では当該計算書類およびその附属明細書を）保存しなければならない（会社435条4項・617条4項）。

　なお，商人は商業帳簿を電磁的記録の形で作成・保存することができ（商則

4条3項），会社も会計帳簿・計算書類および附属明細書を，電磁的記録をもって作成・保存することができる（会社433条1項2号・435条3項4項・617条3項4項，会社計算4条2項）。電磁的記録とは，電子的方法，磁気的方式その他人の知覚によっては認識することができない方式によって作られる記録であって，電子計算機による情報処理の用に供されるもので，法務省令で定められたものをいう（商539条1項2号，会社26条2項）。この法務省令で定めるものは，磁気ディスクその他これに準ずる方法により，一定の情報を確実に記録しておくことができる物をもって調製するファイルに情報を記録したものとする（商則9条1項，会社則224条）[11]。

(2) 商業帳簿の提出義務

(ア) 提出義務

裁判所は，申立てにより職権で，訴訟の当事者に対し，商業帳簿（会社では会計帳簿）の全部または一部の提出を命じることができる（商19条4項，会社434条・616条）。この帳簿は，営業・事業上の重要な証拠書類となるからである。文書所持人が文書の提出義務を負う場合について，民事訴訟法に一般的に規定されているが，その特則として，商法・会社法は訴訟当事者の有する帳簿について拒否できる場合にあたるか否かを問わず当然に提出義務を課し（民訴220条対照），かつ当事者の申立てによらずに職権をもって提出を命じることができることとしている（民訴219条対照）。訴訟が商事に関するものであるか否かを問わず，商業帳簿の提出義務は認められる。

① **提出命令の対象** 　対象となるのは，商法・会社法において作成義務のある商業帳簿（商19条4項）・会計帳簿（会社434条・616条）のみであって，これに関連する資料は含まれない（会社433条と対比）[12]。

② **提出義務者** 　提出義務者は，提出を命じられる者の立場も考慮する必要

---

11) 商業帳簿の作成・保存義務の違反に対する制裁は，会社の場合（会社976条7号8号〔過料〕）は別として，個人商人に対する制裁は認められていない（ただし，破270条〔帳簿の隠滅・偽造・変造〕等により刑罰が科される場合がある）。

12) 東京高決昭54・2・15下民集30巻1-4号24頁は，商法旧35条（現行商19条4項，会社434条・616条）にいう商業帳簿は商人が商法上の義務として作成したものをいい，他の法令上の義務として作成されたものは，これに該当しないと解して，証券会社が旧証券取引法および大蔵省令に基いて作成した有価証券売買日記帳・有価証券勘定元帳は，本条の商業帳簿でないとする。

があることから，帳簿保存の義務を有する所持人であると解する見解（書証一般に関する提出義務に服する場合を除く）と，商業帳簿の提出義務が認められるのは，商人資格の有無とは関係なく商業帳簿たることに基づくものであるから，現に所持する者は提出義務があると解する見解が対立している。訴訟の当事者が現に会計帳簿を所持している限り，その者が会計帳簿の保存義務者でなくても，提出義務を負うと解するのが妥当である[13]。

（イ）　**商業帳簿の証拠力**

商業帳簿は，営業に関し重要な証拠資料となる[14]。したがって，前記のように裁判所による提出命令の規定がなされている（商19条4項，会社434条・616条）。しかし，商業帳簿について，特別な証拠力は法定されていないので，その証拠力は一般原則に従って，裁判所の自由心証による[15]。裁判所の帳簿提出命令に従わないときは，民事訴訟法の一般原則に従って，裁判所は当該帳簿の記載に関する相手方の主張を真実と認めることができる（民訴224条1項・225条〔過料の制裁〕）。

問題

1　商業帳簿，計算書類，財務諸表との間には，どのような区別があるか。
2　損益計算書，事業報告，株主名簿，取締役会議事録，仲立人日記帳は，商業帳簿と認められるか。
3　公正妥当な会計慣行は，複数存在することがありうるか。
4　財産評価の三つの考え方を述べたうえで，商法・会社法における資産の評価についてどのような立場をとっているのか説明しなさい。
5　商業帳簿の証拠力が問題とされるのは，どのような場合であるか。また，その証拠力は，原則として認められるか。
6　商人資格を失ったときでも，裁判において，その商業帳簿の提出義務はあるか。

---

13)　東京高決昭54・1・17下民集32巻9～12号1369頁は，会社の商業帳簿の所持人である代表取締役などが訴訟当事者である場合は，商法旧35条（商19条4項，会社434条・616条）によりその帳簿の提出義務を負うと判示する。会社法コンメ(10)148頁-150頁（中島弘雅），論点体系(3)681頁（小松岳志）。
14)　たとえば，商人AとBとの間で，売掛代金の弁済を請求される事案において，その金額が問題となる場合。
15)　大判昭17・9・8新聞4799号10頁。

第6章

企業の補助者

1 企業の補助者

(1) 総 説

6-1図解：企業の補助者

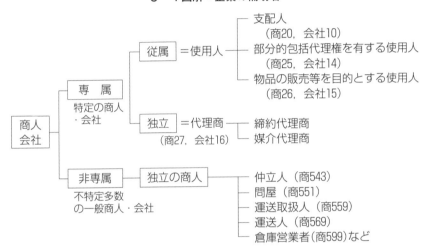

　企業の規模を拡大して，広範囲に活発に営業・事業を展開するためには，企業主体である商人・会社は，必然的に，多数の補助者を利用しなければならなくなる。このように商人・会社の営業・事業活動を補助する者は，一般に，①特定の商人・会社に従属しかつその企業組織の内部で指揮命令のもとで活動する補助者と，②その補助自体を自らの営業・事業とする独立の商人・会社として，他の商人・会社の企業組織の外部にあってこれを補助する者とに分類される。

　従属的な企業内部の補助者には商業使用人（会社の場合は使用人という。以下「使用人」とする）があり，外部の補助者には代理商・仲立人・問屋・運送取扱人・運送人・倉庫営業者などがある。外部の補助者のうち，代理商以外の補助

者が不特定多数の商人・会社のためにその営業・事業活動を補助するのに対し（商行為・海商編に規定），代理商は特定の商人・会社のために専属的に補助する点で，使用人と類似することから，商法総則編・会社法総則編に規定がある。

　商人・会社と使用人との間の法律関係は，雇用契約・労働契約上の問題と，使用人が商人・会社に代わって対外的な取引をするという代理権上の問題とに分けることができる。前者は，民法の雇用の規定および労働法の領域に属するのに対し，後者については民法の一般的な代理規定によることになる。しかし，民法の規定する代理制度は，迅速かつ継続的な商取引の場合には必ずしも十分とはいえないことから，商取引の安全のために，特別の法規制をする必要がある。そこで，商法総則・会社法総則は，使用人制度に関する規定を設けている。

(2)　使用人の意義

　使用人という用語は，社会通念上，雇用契約により労務に服する者を意味するといってよいであろう（一般的には従業員といわれる）。商法総則（第1編第6章の表題）では「商業使用人」，会社法総則（第1編第3章の表題）では「使用人」という用語が使用されているが，対外的な代理権に関してほとんど同一内容の規定がされている。

　平成17年改正前商法では，商業使用人とは，雇用契約によって特定の商人に従属し，その指揮命令のもとで営業の対外的業務を補助する者であり，また，対外的業務につき代理権を有する者でなければならないと解されていた[1]。対外的代理権を持たない商業使用人（たとえば金銭出納・簿記などを担当する者）については，代理権の有無を問わず使用人とする説もあるが，通説の立場では，商法総則上の商業使用人に含まれないことになる。他方，会社法では，社外取

---

1)　従来の通説。これに対し，商法は使用人が営業上の代理権を有するかどうかを規定しているため，商人と使用人との間に雇用契約の存在は必ずしも必要でないとする見解が主張されていた。もっとも，従来の通説の立場からも，家族・友人などのように雇用契約がなくても善意の第三者を保護するため使用人の規定を類推適用すべきであると解されるから，結論に差異がない。逐条解説(1)149頁（大塚龍児），論点体系(1)55頁-56頁（石田清彦）。
　　なお，近時の裁判例である札幌地判平30・9・28労判1188号5頁は，「会社その他の商人の使用人とは，その商人に従属し，その者に使用されて労務を提供する者と解するのが相当であり，これに該当するか否かは，当該商人との間の契約の形式にかかわらず，実質的にみて，当該商人から使用されて労務を提供しているといえるか否かによって判断すべきである」と判示する。

締役等の要件の規定（会社2条15号16号・333条3項1号・335条2項等）において使われる「使用人」の用語は，必ずしも代理権を有する者に限られるというわけではないので，会社法において統一的にその用語を解するのであれば代理権を有しない者も含まれるとする見解もある[2]。

　したがって，商法の「商業使用人」の意味と会社法の「使用人」の意味を包括的に理解するならば，使用人とは，商人・会社の指揮命令に服し，商人・会社と使用人との間に雇用関係（あるいは委任関係）にある者をいうと解される。そのような使用人が代理権を有する場合，商法総則では商業使用人とされ，会社法総則では使用人の有する代理権の側面が対象とされると考えるのが妥当である。独立の商人・会社として補助を与える代理商や，不特定多数の商人・会社に補助を与える仲立人・問屋なども使用人とはならない。

(3)　会社の業務執行機関

6-2図解：会社の業務執行機関と使用人との関係

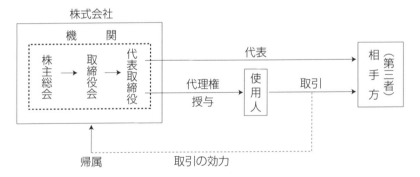

　会社の機関とは，一定の地位にある自然人の意思決定または行為が会社の意思決定・行為として認められる会社組織上の地位を有する者をいう。法人（会社3条）である会社は，自然人のように意思・手足をもたないため，上記のような自然人の意思決定・行為を会社の意思決定・行為として取り扱う必要があるからである。

　会社の機関については（本書第2章2(2)参照），たとえば合名会社では，社員が原則として会社の業務執行にあたる機関（自己機関）を構成する（機関の観

---

2)　会社法コンメ(1)156頁（高橋美加）。

念が少し不明瞭）。これに対し，株式会社の場合は，通常，多数の出資者（株主）から構成されるため，出資者でありまた実質的所有者である株主全員が迅速かつ適時な判断を要する会社の業務執行を担当することは実際上不可能であるので，株主により構成される株主総会（会社の最高意思決定機関）とは別に，彼らから選任された第三者（取締役）がもっぱら会社の業務執行（経営）を担当する機関（第三者機関）とされている（社員〔株主〕資格と機関資格が一般的に分離して機関の観念が明瞭）。したがって，会社の業務執行機関である代表社員（会社599条），代表取締役（会社349条），代表執行役（会社420条）などは，使用人ではなく，会社の機関として会社の事業のために使用人等の補助者を利用するものである。

2 支配人

(1) 支配人の意義

　支配人は，商人・会社に代わってその営業・事業に関する一切の裁判上または裁判外の行為をする権限を有する使用人をいう（商21条1項，会社11条1項）。このような営業・事業に関する包括的な代理権を与えられた者が，支配人と解される[3]。この包括的代理権は「支配権」と呼ばれる。これは，そのような包括的な代理権の授与を可能とすることにより，商人・会社は個々の取引ごとに代理権の授与行為をする必要がなく，また，取引の相手方も支配人の代理権の有無・範囲をいちいち調査する必要がなく取引の円滑・確実に資するからである。そのような支配権を有する限り，名称（支店長・営業所長・マネージャーなど）のいかんを問わず，たとえ支配人・支店長などという名称がつけられていても，商人・会社から上記のような支配権を与えられていない場合には，その者は支配人ではないことになる[4]。

　3）　通説的見解である。仙台高秋田支判昭59・11・21判タ550号257頁，名古屋地判平21・1・13判タ1310号163頁（控訴審の名古屋高判平21・6・15判タ1310号157頁は原審の判示を支持する）。

⑵　支配人の選任・終任

㈐　選　任

　支配人は，営業主体・事業主体である商人・会社にとって重要であるから，商人・会社またはその代理人が選任する（商20条，会社10条）。支配人は，とくに授権されていない限り，他の支配人を選任することができない[5]。支配人の選任は，支配権の授与行為を伴う雇用契約である。支配権の授与行為は，雇用契約と同時になされることを要せず，通常は，すでに雇用関係にあるものに支配権が与えられる。

　会社の支配人選任には，内部的に厳格な手続が要求され，取締役会を設置しない株式会社では取締役の過半数による決定（会社348条3項1号），取締役会設置会社では取締役会の決議による決定（会社362条4項3号），持分会社では社員の過半数による決定（会社591条2項）が必要である。なお，監査等委員会設置会社・指名委員会等設置会社の場合，監査等委員会設置会社では取締役（会社399条の13第5項），指名委員会等設置会社では執行役（会社416条4項・418条1号）に，支配人その他の重要な使用人の選任・解任の決定を取締役・執行役に委任することができ，この場合には当該取締役・執行役の決定が必要となる。このような会社の内部の手続を経て，会社の代表者（代表取締役・代表執行役・取締役〔他に代表取締役がいない場合〕・代表社員）が支配人を選任することになる[6]。

　支配人は自然人でなければならないと解されているが，行為能力者である必

4）　これに対し，近時，そのように定義すると，包括的代理権を制限されることにより支配人でないことになり，支配人の代理権の制限を善意の第三者に対抗できないとする規定（商21条3項，会社11条3項）が適用されなくなってしまって，取引の安全を害することなどの理由から，支配人とは本店・支店の営業・事業の主任者として選任された使用人をいうとする説も有力である。これによれば，取引金額の一定額以下に制限されている支店長も，営業・事業の主任者として選任されていれば支配人となる。学説の対立について，会社法コンメ⑴159頁-160頁（高橋美加），逐条解説⑴147頁-148頁（大塚龍児），論点体系⑴58頁（石田清彦）。

5）　商21条2項，会社11条2項の反対解釈。また，代理人が支配人の登記を申請するには，代理権を証する書面が必要である（商登18条）。

6）　そのような会社の内部手続に反した（取締役会決議等がない場合）代表者による支配人選任については，無効になるとする説があるが，代表者の権限の内部的な制限にすぎず，その選任行為そのものは有効であると解される（近時の多数説）。学説の対立について，会社法コンメ⑴157頁（高橋美加），逐条解説⑴148頁（大塚龍児），論点体系⑴56頁（石田清彦）参照。

要はない（民102条）。ただし，株式会社の監査役は，会社または子会社の支配人を兼ねることができない（会社335条2項）。監査等委員会設置会社・指名委員会等設置会社でない会社の取締役が支配人を兼任（使用人兼務取締役）することは認められるが（実際上多い），監査等委員会設置会社の監査等委員である取締役および指名委員会等設置会社の取締役は当該各委員会設置会社の支配人を兼ねることができない（会社331条3項4項）[7]。これらの監査役・監査等委員などは，業務執行・代表機関を監査・監督すべき地位にあるからである。さらに，取締役・執行役と共同して計算書類等を作成すべき会計参与（会社374条1項6項）も，計算書類等の公正を保つため，会社または子会社の支配人その他の使用人を兼ねることができない（会社333条3項1号）。なお，支配人が他の会社の役員（独禁2条3項）を兼任するについて，独占禁止法による制限もある（独禁13条）。

(イ) 終 任

支配人は，雇用関係の終了（民626条〜628条・631条）または代理権の消滅（民111条・651条〜655条）によりその地位を失う。支配人の代理権の消滅については，支配人の死亡・破産手続開始の決定・後見開始の開始（民111条1項2号），商人・会社または支配人からの解除（民111条2項・651条），商人・会社の破産手続開始の決定（民111条1項2号・653条2号）が代理権の消滅原因となるが，営業主体（本人）の死亡は，代理権の消滅原因（民111条1項1号・653条1号）とする民法とは異なり，代理権の消滅原因とはならず（商506条），その相続人の支配人となる。

支配人は，商人・会社の営業・事業の存在を前提とするから，営業・事業の廃止および会社の解散も支配人の終任事由となる[8]。

---

7) さらに，監査等委員会設置会社の監査等委員である取締役および指名委員会等設置会社の監査委員である取締役は当該各委員会設置会社の子会社の支配人を兼ねることもできない（会社331条3項・400条4項）。

8) 営業・事業の譲渡の場合については，終任事由となるとする説と，終任事由とはならないとする説に分かれる。明示・黙示の同意がなくても，営業・事業の譲受人の支配人となり，支配人がそれを望まないときは解除（民628条・651条1項）できると解するほうが，支配人のためだけでなく，企業維持の観点からも妥当である（なお，労働契約・雇入れの継続を認める，会社分割に伴う労働契約の承継等に関する法律4条・5条，船員法43条参照）。学説について，会社法コンメ(1)158頁（髙橋美加），逐条解説(1)150頁（大塚龍児）参照。

㋒　登　記

　支配人の選任および支配人の代理権の消滅は，商人・会社がその登記をしなければならない（絶対的登記事項）（商22条，会社918条）。会社の場合，支店の所在地における登記事項が限定されており（会社930条2項），本店だけでなく支店の支配人の登記も，その本店の所在地で各会社登記簿に登記される（会社918条，商登44条2項）。会社以外の商人は，支配人を置いた営業所で支配人登記簿に登記される（商登43条1項・6条4号）。ただし，小商人は，支配人の選任はできるが，商号登記の規定は適用されないので，支配人の登記もできない（商7条）。なお，登記しない限り，支配人の選任・終任の事実を善意の第三者に対抗できない（商9条1項，会社908条1項）。

3　支配人の代理権（支配権）

(1)　支配権の範囲

6-3図解：支配人その他の使用人の権限

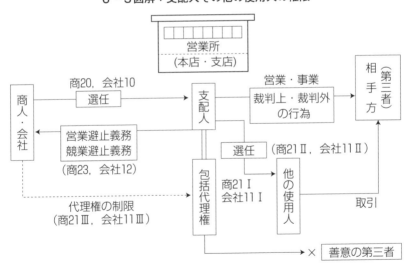

㋐　築上信用金庫事件（最判昭54・5・1判時931号112頁）

　Aは，Y信用金庫S支店の支店長在職中である昭和43年10月28日，その個人的な負債の返済資金を捻出するため，Y信用金庫の顧客用の当座小切手用紙を使用して，持参人払式自己宛先日付小切手2通を振り出し，同日，事情を知っ

ているBに交付した。Bはこれを貸金業者X株式会社に交付し，X会社は，この小切手を担保にBに550万円を貸し付けた。X会社は，同年11月この小切手をY信用金庫S支店に支払呈示したが，支払いを拒絶されたので，X会社は，Y信用金庫に対し，Aが表見支配人（商法旧42条1項〔現行商24条，会社13条〕）にあたると主張して，小切手金の支払いを請求した。

原審は，自己宛小切手の振出しは信用金庫の業務に附随する業務としてY信用金庫の行う業務にあたるが，Y信用金庫は，本件小切手を支店長に対し，顧客からあらかじめ資金の預入れがあった場合にのみ自己宛小切手を振り出す権限を付与していたところ，Aは，何人からも資金の預入れがないのに本件小切手を振り出したこと，信用金庫その他の金融機関がその正当な義務の執行として先日付で自己宛小切手を振り出すことは到底ありえないことの事実を認定したうえ，金融機関の支配人であっても，資金の預入れがない場合に，しかも先日付で，自己宛小切手を振り出す権限はまったくこれを有しないものというべきであるという理由で，X会社の表見支配人の主張を排斥した。そこで，Xが上告した。最高裁は，次のように判示して，原判決を破棄し，本件を原審に差し戻した。

「信用金庫法40条2項の準用する商法42条1項（現行商24条，会社13条），38条1項（現行商21条1項，会社11条1項）によれば，信用金庫の支店の営業の主任者たることを示すべき名称を附した使用人はその営業に関する行為をする権限を有するものとみなされるところ，右の営業に関する行為は，営業の目的たる行為のほか，営業のため必要な行為を含むものであり，かつ，営業に関する行為にあたるかどうかは，当該行為につき，その行為の性質・種類等を勘案し，客観的・抽象的に観察して決すべきものである，と解するのが相当である（最高裁昭和30年（オ）第159号同32年3月5日第3小法廷判決・民集11巻3号395頁参照）。これを本件についてみると，原判決の前記認定によれば，自己宛小切手の振出しは信用金庫法53条1項に定める信用金庫の業務に附随する業務としてYの行う業務にあたるというのであるから，Aによる本件小切手の振出しは，これを客観的・抽象的に観察するときは，Yの営業に関する行為であってYのS支店長であったAが有するものとみなされる権限に属するものであるといわなければならない。前記のように，Aがなんぴとからも資金の預入れがないにもかかわらず，しかも先日付で，本件小切手を振り出したことは，それが，Yの支店長として職務上遵守すべきことを要請されている内部的な禁止事項に違

反し又は正当な業務の執行の在り方に反することとなる点において同人に職務
上の義務違反を生じさせるものであり，同時に同人の権限濫用の意図を推測さ
せる資料となりうるものであるとしても，Yの営業に関する行為とみるべきか
どうかが前に述べたとおり当該行為を客観的・抽象的に観察して決すべきもの
である以上，右振出しがYの営業に関する行為としてAの権限の範囲内のもの
であるとすることを妨げるものではないというべきである。もっとも，原判決
は，更に，最初に本件小切手の交付を受けたBにおいてAが専ら自己の利益を
図る目的で本件小切手を振出したものであることを知っていたとの事実をも認
定しているのであるが，このようなAの背任的意図についての知情が民法93条
但書の類推適用（平成29年改正民法の下では107条の直接適用）により右Bに対す
る関係においてYをして本件小切手についての責めを免れさせることがありう
ること（最高裁昭和42年（オ）第602号同44年４月３日第１小法廷判決・民集23巻４
号737頁参照）は格別，右知情とAが商法42条１項によって有するものとみなさ
れる代理権そのものの欠如についての同条２項の定める悪意とは，それぞれ対
象とするところを異にする問題である。そして，以上に説示したところによれ
ば，Yは，Bから本件小切手の交付を受けたXに対する関係では，小切手法22
条但書により，XがBの右知情につき悪意の取得者であることを主張立証した
場合にはじめて本件小切手上の責任を免れることができることとなる筋合いで
ある（前記第１小法廷判決参照）。」

㈣　支配権の範囲

　支配人は，商人・会社に代わってその営業・事業に関する一切の裁判上また
は裁判外の行為をする権限を有する（商21条１項，会社11条１項）。支配人の代
理権は商人・会社の営業・事業に関するものであるから，支配権の範囲は，営
業・事業によって画される。ここにいう営業・事業とは，商号および営業所に
より特定された営業・事業をいう（商登43条１項３号４号・44条２項２号）。す
なわち，個人商人が数個の商号を使用して数種の営業を行っている場合は，そ
のなかの１個の商号のもとでの営業に限定され，この営業について数個の営業
所を有するときは，そのなかの一個の営業所の営業に支配権が限定される（商
登43条１項３号４号）。ただし，数個の営業所について支配権を有する支配人
（いわゆる総支配人）を選任することは差し支えない。会社の場合は，会社が数
種の事業を行うときでもその商号は１個しかありえないから（会社６条１項），
会社の支配人はその置かれた営業所の全事業について支配権がある（商登44条

2項2号)。

「裁判上の行為」とは，訴訟行為を意味し，支配人は，自らいずれの審級でも訴訟代理人となることができるが（民訴54条1項本文），弁護士を商人・会社の訴訟代理人として選任することもできる。

また，「裁判外の行為」とは，営業・事業に関する私法上の適法な行為であり，法律行為であれ，準法律行為[9]であれ，営業・事業に関する一切の行為をすることができる。したがって，営業・事業に関する行為には，営業・事業の目的である行為のほか，営業・事業を遂行するために必要な行為[10]も含まれる。営業・事業に関する行為は，具体的な営業・事業を前提とするから，営業・事業自体の廃止，営業・事業の譲渡，営業・事業の変更について代理権がない。支配人は，商人・会社の営業・事業のために当然，他の使用人を選任・解任することができるが（商21条2項，会社11条2項），支配人の選任・解任は，商人・会社にとってとくに重要であるから，とくに授権されない限り，他の支配人を選任・解任できない[11]。

商人・会社の営業・事業の範囲に関する行為であるかどうかは，当該行為の性質・種類・取引の数量等を勘案して，客観的・抽象的に観察して決めるべきである[12]。支配人が自己のためにした行為かどうか，という主観的事情によって決定することはできない。したがって，支配人が自己の利益のために行為をした場合でも，それが客観的にみて営業・事業に関する行為であると判断される限り，相手方が支配人の背信的意図を知り，または知りうべきであった場合のほかは，その支配人の行為は商人・会社に対して効力を生じる[13]。

(2) 代理権の制限

支配人の代理権の範囲は，法により画一的・包括的に定められていることか

---

9) 準法律行為は，法律効果の発生を目的としない意思の通知（たとえば催告権〔民20条〕）・観念の通知（たとえば債権譲渡の通知〔民467条〕など）である。

10) 資金の借入れ・事務所の賃借・従業員の雇用のほか，決算手段としての，手形の振出し・裏書等の手形行為や小切手振出しも含まれる（最判昭54・5・1判時931号112頁〔前掲築上信用金庫事件〕，最判昭59・3・29判時1135号125頁等）。

11) 商21条2項，会社11条2項の反対解釈。また，商登18条参照。

12) 最判昭32・3・5民集11巻3号395頁（銀行の支店長が不良貸付けの回収を目的として支店名義で靴下5千ダースを買い受ける売買契約は，明らかにその営業に関しない権限外の行為であると判示する），最判昭54・5・1判時931号112頁（前掲築上信用金庫事件）。

ら，支配人の代理権に加えた制限は，善意の第三者に対抗することができない（商21条3項，会社11条3項）。その代理権の範囲の制限は登記事項でなく，登記することもできない（商登24条2号）。善意の第三者との間では支配人に代理権があったものとして効力を生じるが，相手方が悪意の場合は，商人・会社はその支配人の制限違反行為の効果を否定することができる。実際には，取引の内容・種類・場所・金額・相手方などに関して支配人の代理権を制限することがありうる[14]。このような内部的制限に違反したときは，支配人の解任事由や支配人の商人・会社に対する損害賠償責任の問題が生じる。また，支配人の代理権の縮小だけでなく，支配人の代理権の法定の範囲を拡張することも認められないと解されている。ただし，法定の代理権に加えてさらに特別の代理権限を支配人に授与することは妨げない。

4　支配人の義務

(1)　雇用契約等による一般的義務

　支配人は，商人・会社に対し，雇用契約により，労務給付義務・誠実義務など（民623条以下）を負う。また，支配人の支配権は委任による代理権であるため，委託事務処理義務（民643条），善管注意義務（民644条），委任事務処理の状況・経過および結果を報告する義務（民645条），受け取った金銭その他の物の引渡義務（民646条）などが適用される。ただし，支配人は，商人・会社との間の強度の信頼関係に基づき，広範な代理権をもって営業・事業に関与する者であり，これは支配人が営業・事業の機密に通じていることでもある。そこ

---

13)　心裡留保規定（民法93条1項但書）の類推適用説（最判昭42・4・20民集21巻3号697頁）。これに対し，支配人に背信的意図があったとしても代理行為として有効であるが，悪意の相手方が権利を主張することは権利の濫用ないし信義則違反で許されないとする説も有力である。学説について，逐条解説(1)158頁（大塚龍児）参照。
　　なお，平成29年改正民法は，代理権の濫用に関する規定を新設した（民法107条）。今後，支配人が代理権を濫用する場合には，同規定が直接適用されるが，相手方の主観的要件は，心裡留保規定を類推適用する場合と同様である。もっとも，同規定は，相手方がその目的を知り，または知ることができたときの効果を，無権代理とみなすものとしている（心裡留保規定は同様の場合の効果を無効と定めている点と異なる）。そのため，無権代理の追認や無権代理人の責任に関する規定（民113条〜116条，117条）が適用されることになる。

14)　平成17年商法改正前の共同支配人制度（商旧39条）のように，複数の支配人の共同代理ないし共同支配も，内部的制限となり，善意の第三者に対抗することができない。

で，法は，特別の規制として，支配人に営業避止義務・競業避止義務を課している。

(2)　営業避止義務

　支配人は，商人・会社の許可を受けなければ，自ら営業を行うこと，他の商人・会社・外国会社の使用人となること，他の会社の取締役・執行役または業務を執行する社員となることができない（商23条１項１号３号４号，会社12条１項１号３号４号）。これは，包括的な代理権を与えられた支配人は全力を尽くして商人・会社のために重要な職務を行うことが期待されているので，その兼業による精力分散を防止する趣旨である。

(3)　競業避止義務

　支配人は，商人・会社の許可を受けなければ，自己または第三者のために，その商人・会社の営業・事業の部類に属する取引をすることができない（商23条１項２号，会社12条１項２号）。これは，商人・会社との間に強度の信頼関係があり，また，営業・事業の機密に通じている支配人が競業行為を行えば，商人・会社の利益が大きく損なわれるので，背任的な営業・事業の機密を利用した競業を禁止する趣旨から設けられた義務である。

　「自己または第三者」とは，「自己または第三者の名をもって」（名義説）か，「自己または第三者の計算において」（計算説）かについて対立があるが，後者の意味，すなわち自己または第三者の経済的利益の帰属が基準となるものと解される（多数説）[15]。「営業・事業の部類に属する取引」とは，商人・会社の営業・事業（開業の準備に着手している営業・事業も含む）と同種または類似の商品・サービスを対象とする取引で，市場において取引先が競合し，商人・会社との間に利益衝突を生ずる可能性のある取引をいう。

(4)　義務違反の効果

　支配人の営業・競業避止義務は，支配人の服務時間内に限らず，服務時間外にも及ぶ。この支配人の義務は，商人・会社の利益を保護するための規定にす

---

15)　学説について，会社法コンメ(1)169頁（北村雅史），逐条解説(1)163頁（大塚龍児）参照。

ぎないから，商人・会社が支配人に営業・事業をすることを許諾（黙示の許諾も含む）すれば，商法・会社法上は，とくに問題を生じない[16]。しかし，商人・会社の許諾なしに，これらの義務に違反する行為を行った場合には，その行為自体は有効であると解されるが[17]，支配人の解任事由となり，また，支配人は商人・会社に対し損害賠償責任を負う。

　商人・会社に生じた損害については，その多くは義務違反がなければ得られるはずの利益を失ったというものであり，その立証はきわめて困難である。そこで，商人・会社を保護するために，支配人が競業避止義務に違反して取引をしたときは，支配人または第三者が得た利益の額は，商人・会社に生じた損害の額と推定される（商23条2項，会社12条2項）。

5　表見支配人

(1)　表見支配人の意義

6-4図解：表見支配人の権限

ある者が支配人であるかどうかは，その者が商人・会社から特定の営業所の営業・事業に関する包括的な代理権（支配権）を与えられているかどうかによって決まり，たとえば支店長・営業所長など支配人らしい名称を付されていても，支配権を与えられていない限り，法律上は支配人とはいえない。しかし，

---

16)　なお，独占禁止法上の兼任禁止規定がある（独禁13条）。
17)　商23条2項および会社12条2項は，義務違反の取引行為が有効であることを前提とするものと解される。

そのような名称を付された者は，その支店・営業所における取引について全般的な代理権を有するものと一般に考えられるのが普通であり，それを信頼した取引の相手方を保護する必要がある。このような場合，民法の表見代理の規定（民109条・110条・112条）は善意の第三者の無過失を要するので，これによる保護では不十分である。

　そこで，商法・会社法は，営業所または本店・支店の営業・事業の主任者であることを示す名称を付した使用人は，当該営業所または本店・支店の営業・事業に関し一切の裁判外の行為をする権限を有するものとみなす（商24条本文，会社13条本文）。このような使用人を表見支配人という。取引の安全を保護する見地から，外観法理ないし禁反言の法理を取り入れたものである。なお，小商人は，支配人を選任することができるけれども，その登記をすることができないが（商7条・22条），表見支配人の規定（商24条）は適用される。

(2)　表見支配人の権限

　表見支配人は，その営業所または本店・支店の営業・事業に関し一切の裁判外の行為をする権限を有するものとみなされる（商24条本文，会社13条本文）。裁判上の行為が除かれているのは，支配権があると信頼して取引した相手方を保護する必要性と比べて，裁判上の行為は外観保護の必要性は低いからである。営業・事業の範囲に関する行為については，本章3(1)(イ)参照。

(3)　営業所の意義

(ア)　安田生命保険事件（最判昭37・5・1民集16巻5号1031頁）

　Y生命保険会社の大阪中央支社長Aは，同支社長名義で約束手形1通を振り出した。この手形を所持するXが，Y会社に対し手形金の支払いを求めた。AはY会社に代って手形を振り出す権限を与えられていなかったが，同支社長A名義で訴外M銀行U支店との間に当座預金勘定の取引契約をし，手形や小切手を振り出していた事実はあった。しかし，これは，同支社長Aが個人的目的のため，Y会社の承認を得ることなく，同支社長名義を冒用してなしたものであった。第1審は，商法旧42条（現行商24条，会社13条）は営業所が支店の実体を有すると否とを問わないとして，Xの請求を認容した。第2審は，支店が営業所たる実体を備えてないとして，Xの請求を棄却した。そこで，Xは上告した。最高裁は，次のように判示して，Xの上告を棄却した。

　「商法42条（現行商24条，会社13条）にいう『本店又ハ支店』とは商法上の営業所としての実質を備えているもののみを指称すると解するのを相当とするから，右のような実質を欠き，ただ単に名称・設備などの点から営業所らしい外観を呈するにすぎない場所の使用人に対し支配人類似の名称を付したからといって，同条の適用があるものと解することはできない。保険業法42条（現行保険業21条1項）により商法42条が準用される相互会社の場合も，叙上と事理を異にするものではないといわなければならない。原審が確定したところによれば，Y会社は，保険契約の締結，保険料の徴収ならびに保険事故ある場合の保険金の支払をその基本的業務内容とするものであるが，同会社大阪中央支社は，新規保険契約の募集と第1回保険料徴収の取次がその業務のすべてであって，Y会社の基本的事業行為たる保険業務を独立してなす権限を有していないというのであり，右事実関係のもとにおいては，大阪中央支社は，Y会社の主たる事務所と離れて一定の範囲において対外的に独自の事業活動をなすべき組織を有する従たる事務所たる実質を備えていないものであるから，商法42条の支店に準ずるものではなく，したがって，同支社長Aも同条にいわゆる支店の営業の主任者に準ずるものでないと解すべきであり，これと同趣旨に出た原判決は結局正当である。」

(イ)　営業所の意義

　商法24条の規定する営業所および会社法13条の規定する本店または支店は，営業所としての実質を備えていなければならない[18]。ここでいう営業所の実質とは，商人・会社の営業活動の中心となる場所で，本店あるいは主たる営業所と離れて一定の範囲において対外的に独自の営業・事業活動をなすべき組織の実質を備えているものをいう。営業所としての実質を欠き，たんに名称・設備などの点から営業所らしい外観を示すにすぎない場所の使用人には表見支配人の規定は適用されないと解される[19]。

---

18)　通説・判例（最判昭37・5・1民集16巻5号1031頁〔前掲安田生命保険事件〕）。
19)　これに対し，本店または支店が営業所としての実質を有するかどうかを調査・判断することは必ずしも容易ではないことから，たとえ営業所としての実質がなくても，外観上営業所と認められる場所の使用人にも表見支配人の規定を適用すべきであると解する反対説もある。学説の対立については，会社法コンメ(1)176頁（高橋美加），逐条解説(1)168頁-171頁（大塚龍児）参照。

(4) 営業・事業の主任者であることを示す名称

いかなる名称が営業・事業の主任者であることを示す名称に該当するかどうかは，取引社会での一般的認識によることになる。支配人以外に，代表例として，支店長・本店営業部長があげられる。そのほかに支社長・営業所長・出張所長[20]）などがある。これに対し，支店次長[21]・支店長代理[22]・支店庶務係長[23]などは，本店・支店において他に上席者がいることを示しているので，主任者であることを示す名称とはいえない。

(5) 相手方の善意・悪意と保護される相手方の範囲

(ア) 相手方の善意・悪意

表見支配人の規定は，相手方が悪意であったときは適用されない（商24条但書，会社13条但書）。悪意とは，支配人らしい外観を有する者が支配人でないという事実を知っていることをいう。悪意の有無は，取引の時を基準として判断される[24]。相手方が善意であれば，この者に過失があっても，商人・会社は責任を免れることができない。無過失は要件とされていないが，重過失は悪意と同様に取り扱われるべきである[25]。

(イ) 保護される相手方の範囲

表見支配人の行為について，善意者として保護される相手方は，当該取引の直接の相手方に限られるのか，それとも，さらにその相手方と取引をした者も含まれるのか。最高裁判例は，当該取引の直接の相手方に限られるとし，手形行為の場合，直接の相手方は手形上の記載によって形式的に判断されるべきものではなく，実質的な取引の相手方をいうものと解する[26]。表見支配人制度における外観への信頼の保護とその商人・会社の責任との衡量から，判例のように直接の相手方に限るべきものと考えられる。このような考えによれば，会社の支配人でない者との取引の際に，その直接の相手方が悪意であって表見支配人の規定によって保護されない場合に，その相手方からの承継取得者は，たと

20) 最判昭37・9・13民集16巻9号1905頁，最判昭39・3・10民集18巻3号485頁。
21) 名古屋高判昭34・9・18判時209号25頁。
22) 最判昭29・6・22民集8巻6号1170頁。
23) 最判昭30・7・15民集9巻9号1069頁。
24) 最判昭33・5・20民集12巻7号1042頁。
25) 通説。また，表見代表取締役について最判昭52・10・14民集31巻6号825頁参照。
26) 最判昭59・3・29判時1135号125頁，通説。会社法コンメ(1)177頁（高橋美加）。

え当該会社の支配人でないことについて善意であっても，直接取引をした者で
ないために表見支配人の規定により保護されないことになる[27]。

6　その他の使用人

⑴　ある種類または特定の事項の委任を受けた使用人

6－5図解：ある種類または特定の事項の委任を受けた使用人

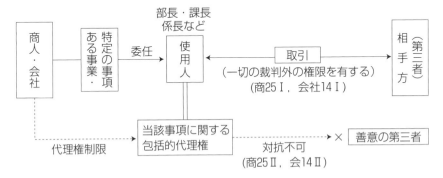

㋐　ロッテ物産事件（最判平2・2・22集民159号169頁・商事法務1209号49頁）

　X株式会社のシャツユニフォーム資材部カジュアル課長であるAと，Y株式
会社の物資部繊維課洋装品係長であるBとの間で，コール天スラックスおよび
長袖ハイネックを代金総額5,025万円でX会社からY会社に売り渡す旨の売買
契約が締結された。X会社は，Y会社B係長の指示に従い，売買契約の履行と
して前記商品の大部分を訴外C株式会社に引き渡した。X会社は，引き渡した
物品の限度で前記売買契約代金4,851万円の支払いを，Y会社に請求した。これ
に対し，Y会社は，B係長は洋装の衣料品につき取引の勧誘および契約条件の
交渉という事実行為に関する権限のみを有していたにすぎず，売買契約を締結
する代理権がなかったこと，また，X会社A課長においてBがY会社を代理する
意思がなく個人として取引する意思であることを知っていたかまたはこれを容
易に知ることができたことを，主張した。

---

27)　なお，手形行為について民法の表見代理の規定を適用する第三者は，輾転流通する
　　手形の特性を考慮して，直接の相手方以外の第三取得者も含めて保護するのが多数説で
　　ある（この場合，直接の相手方が悪意でも善意の第三取得者は保護される）。逐条解説
　　⑴157頁-158頁（大塚龍児）。

　第1審は，X会社の請求を認容した。第2審は，Y会社の控訴を棄却した。これに対し，Y会社は，商法旧43条1項（現行商25条1項，会社14条1項）の使用人は法律行為に関する代理権を与えられていることが必要であることなどを理由として，上告した。最高裁は，次のように判示して，Y会社の上告を棄却した。

　「商法43条1項（現行商25条1項，会社14条1項）は，番頭，手代その他営業に関するある種類又は特定の事項の委任を受けた使用人は，その事項に関し一切の裁判外の行為をなす権限を有すると規定しているところ，右規定の沿革，文言等に照らすと，その趣旨は，反復的・集団的取引であることを特質とする商取引において，番頭，手代等営業主からその営業に関するある種類又は特定の事項（例えば，販売，購入，貸付，出納等）を処理するため選任された者について，取引の都度その代理権限の有無及び範囲を調査確認しなければならないとすると，取引の円滑確実と安全が害される虞れがあることから，右のような使用人については，客観的にみて受任事項の範囲内に属するものと認められる一切の裁判外の行為をなす権限すなわち包括的代理権を有するものとすることにより，これと取引する第三者が，代理権の有無及び当該行為が代理権の範囲内に属するかどうかを一々調査することなく，安んじて取引を行うことができるようにするにあるものと解される。したがって，右条項による代理権限を主張する者は，当該使用人が営業主からその営業に関するある種類又は特定の事項の処理を委任された者であること及び当該行為が客観的にみて右事項の範囲内に属することを主張・立証しなければならないが，右事項につき代理権を授与されたことまでを主張・立証することを要しないというべきである。そして，右趣旨に鑑みると，同条2項（現行商25条2項，会社14条2項），38条3項（現行商21条3項，会社11条3項）にいう『善意ノ第三者』には，代理権に加えられた制限を知らなかったことにつき過失のある第三者は含まれるが，重大な過失のある第三者は含まれないと解するのが相当である。」，「原審は，右と同旨の見解に立ち，Bが，Y会社の物資部繊維課洋装品係長として，その担当業務である洋装衣料品の売買取引に関する業務を処理していた事実を認定して，同人は商法43条1項所定の使用人に当たるものとし，かつ，その代理権に加えられた制限を知らなかったことにつきX会社の代理人であるAに重大な過失があったとは認められないとして，X会社の請求を認容しているのであって，右認定判断は原判決挙示の証拠関係に照らして首肯するに足り，原判決に所論の違法

はない。」

(イ)　ある種類または特定の事項の委任を受けた使用人

　商人・会社の営業・事業の全般に及ぶ権限を有する支配人のほかに，その営業・事業に関するある種類または特定の事項の委任を受けた使用人がある（商25条，会社14条）。反復継続される個々の取引（たとえば商品の仕入れ・販売など）ごとに代理権を授与するのではなくて，特定の種類または事項に関する包括的代理権を使用人に認める趣旨である（多数説）。商人・会社にとって便宜的であるだけでなく，これにより取引の相手方も個々の取引ごとに代理権の存在を確認する必要がなく，安心して取引に入ることができることになる[28]。

　最高裁判例では，商法旧43条1項（現行商25条1項，会社14条1項）の商業使用人の要件として，事実行為の委任でも足りるとした原審判決と同旨の見解に立つとしながら，他方では，取引の相手方が委任事項に関する代理権授与についてまでを主張・立証することを要しないと判示している[29]。

　商法25条・会社法14条の使用人は，現在の企業では，部長・課長・係長などの名称を付された者がこれにあたる。これらの使用人は，たとえば仕入れ・販売・貸付けなど商人・会社から委任を受けたある種類または特定の事項に関し，一切の裁判外の行為をする権限を有する（商25条1項，会社14条1項）。その代理権は包括的であって，代理権に加えた制限は，善意の第三者に対抗することができない（商25条2項，会社14条2項）。ただし，善意の第三者には，過失のある第三者は含まれるが，重大な過失のある第三者は含まれない[30]。商人・会社のほか，支配人もまたある種類または特定の事項の委任を受けた使用人を選任・解任することができる（商21条2項，会社11条2項）[31]。

---

28)　これに対し，このような使用人には，対外的に法律行為を行う代理権が授与されていることは必要ではなく，取引の勧誘，契約条件の交渉事務など，事実行為の委任（準委任）で足りるとする説もある。学説について逐条解説(1)176頁-177頁（大塚龍児）。

29)　この判旨について，事実行為の準委任（たとえば取引勧誘行為のみの委任）であっても，取引締結の代理権が擬制される趣旨とみる見解と，事実行為の委任の証明があれば，会社等営業主の側で当該使用人の代理権の不存在の立証責任を負わせるもの（立証責任の転換）とみる見解に分かれている。会社法コンメ(1)180頁（高橋美加），逐条解説(1)177頁（大塚龍児）。

30)　最判平2・2・22集民159号169頁・商事法務1209号49頁（前掲ロッテ物産事件）。

(2)　物品の販売等を目的とする店舗の使用人

(ア)　山岡内燃機事件（福岡高判昭25・3・20下民集1巻3号371頁）

　Aは，ディーゼル機関その他の発動機等の販売を業とするY株式会社のF支店の使用人であるが，同支店に雇われてから日が浅く，正式の社員でもなく，販売係主任Bの下で見習として事務を執り，その執務にあたってはBもしくは同人不在の際は支店長または次長の指図を受けなければならず，独立して客と売買契約をする権限などまったくなかった。Xは，Y会社F支店の販売係Aを介しY会社との間に，ヤンマーディーゼル一台の買受契約をし，代金をAに支払ったと主張して，Y会社に対し同買受け物件の引渡しを求めて訴えを提起した。その際，Xは，仮にAにY会社のため本件物件を販売する本来の権限がなかったものとしても，商法旧44条（現行商26条，会社15条）の規定によりY会社はAの行為につき責任を負うべきであると主張した。第1審がXの請求を認容しなかったので，Xが控訴した。福岡高裁は，次のように判示して，Xの控訴を棄却した。

　「商法第44条（現行商26条，会社15条）……は物品販売店の性格と該所における取引の実情に鑑がみ，営業主の意思により右販売店内において公衆と直接取引をする衝に立っている者に，販売に関する権限があるものとみなし，以って物品販売店における取引の必要にこたえたものであって，本条の適用を受けるがためには，その店舗に在る物品の現実の販売であり，従って販売契約はその店舗内において行われなければならないのである。ところが，当審証人Aの証言及び原審並びに当審におけるX本人尋問の結果によれば，当時本件物件の現品はY会社F支店にはなくて，XよりAに対する買注文であり，しかも右買注文はY会社F支店内で為されたのではなくて，そことは全く関係のない一喫茶店内でひそかに行われたものであることが明白であるから，商法第44条の規定により，AにY会社のため本件物件を販売する権限があるとして，Y会社の責任

---

31)　そのような使用人については，表見支配人のような規定がないことから，たとえば，販売部長という名称を信頼して取引した相手方は民法の表見代理の規定などにより保護されることになる。競業避止義務を課す明文の規定もないが，雇用契約上の付随的義務としての労務者の誠実義務により，同様の競業避止義務を負うものと解される。ある種類または特定の事項の委任を受けた使用人にも，商法・会社法上の表見支配人および競業避止義務の規定を類推適用すべきであるとする説もある。会社法コンメ(1)172頁-173頁（北村雅史），逐条解説(1)164頁-165頁・180頁-181頁（大塚龍児），論点体系(1)65頁（石田清彦）。

を問わんとするX代理人の右主張もまた到底採用するに由がない。」

(イ)　物品の販売等を目的とする店舗の使用人

　支配人，ある種類または特定の事項の委任を受けた使用人以外の使用人が，その商人・会社の代理人として取引を行うためには，実際に代理権が与えられていることが必要である。しかし，物品の販売等を目的とする店舗の使用人は，その物品の販売について代理権を有するものと一般公衆が信じるのが普通である。

　そこで，商法・会社法は，取引安全の保護のため，物品の販売・賃貸その他これらに類する行為を目的とする店舗の使用人は，その店舗内にある物品の販売等をする権限を有するものとみなしている（商26条，会社15条）。ただし，取引の相手方がその使用人に代理権がないことを知っていたとき（悪意であったとき），この規定は適用されない（商26条但書，会社15条但書）。このような代理権の擬制は，店舗内にある現実の物品の販売等に限られるから，販売等の契約の締結もその店舗内で行われなければならない[32]。また，店舗における取引でも，物品でないものに関する取引には適用されない。

(3)　外務員

　証券会社では，営業所以外の場所で営業行為を行うために外務員が用いられている。金融商品取引法では，金融商品取引業者（金商29条以下）および登録金融機関（金商33条以下）の外務員（金商64条）は，その所属する金融商品取引業者等に代わって，有価証券の売買その他の取引（同条1項各号）行為に関し，相手方が悪意であった場合を除き，一切の裁判外の行為を行う権限を有するものとみなされている（金商64条の3）。また，商品取引所の会員である商品先物取引業者（商取190条以下）の外務員（商取200条）は，その所属する商品先物取引業者に代わって，商品市場における取引等の受託または委託の勧誘に関し，相手方が悪意であったときを除き，一切の裁判外の行為を行う権限を有するものとみなされる（商取202条）。これらの規定は，商法26条および会社法15条と同趣旨の規定である。

　保険外務員は，保険会社に雇用され，または委託を受けて，保険会社のために保険契約の締結の勧誘などに従事する者である。生命保険においては保険外

---

[32]　福岡高判昭25・3・20下民集1巻3号371頁（前掲山岡内燃機事件）。

142

交員・保険勧誘員の名称がつけられているが，これらの者は，生命保険会社のために保険契約の締結の代理・媒介を行う生命保険募集人（保険業法2条19号）とは異なり，保険契約の締結などにつき当然に保険会社を代理する権限を有しておらず，保険会社の使者にすぎないと解されている。

[問題]

1　商人の支配人の代理権の範囲について，次の問に答えなさい。
(1)　個人商人Aは，その営業所に支配人Bを選任していたが，その代理しうる取引の種類・場所・金額・相手方などにつき制限を設けていた。ところが，Bはその制限に違反してCと取引をした。この取引について，Aは責任を負うか。
(2)　上記(1)の例で，Aの雇用した使用人Dによって損害を被る場合に備えて，支配人Bは，Dの身元保証人Eとの間で，Dの損害賠償責任についての身元保証契約を締結した。その後，DがAの資金を持ち逃げしたので，Aは，Eに対して，身元保証人として責任を追及した。Eは，本件身元保証契約は，営業に関する支配人の権限の範囲に属しておらず，無効であると主張した。AのEに対する責任追及は認められるか。
(3)　電気器具の販売業を営むA株式会社の支配人Bが，営業不振のうえ債権回収も十分にすることができなかったため，FからTシャツを大量に仕入れ，その転売による利益で，その穴埋めをしようとした。Fは，Tシャツ代金をA会社に対して請求することができるか。
(4)　上記(3)の例で，Bが競馬に熱中して多額の借金を負ったので，その返済に充てるために，BはA会社支配人として金融業者Gから借金をした。Gは，A会社に対してその返還を請求することができるか。

2　電気製品を販売するA株式会社のF支店という看板を立てたA会社の営業所らしい外観のある建物で，支店長と称するBが，Cから事務用品を購入した。Cが，A会社にその代金支払いを求めたところ，A会社は，当該F支店は本店から離れて独自の営業活動を決定し，対外的に取引をすることができる地位にはなく，また，Bは支配人としての代理権を与えられていなかったとして，支払いを拒んだ。A会社の主張は認められるか。

3　株式会社A銀行のF支店長代理Bが，A銀行名義の自己宛小切手を振り出した。その小切手を取得したCが，A銀行に小切手金支払いを求めた。A銀行は，Bに会社法上の支配人の権限を与えていないことを理由に，支払いを拒否した。Cは，Bが表見支配人であるとして，A銀行が責任を負うと主張した。Cの主張は認められる

か。

4 家具製造販売業を営むA株式会社の営業部主任Bが，家具の販売だけでなく，家具製造資材の購入や輸入家具の仕入れなどを担当していた。

(1) Bが，家具輸入業者Cとヨーロッパのアンティーク家具の売買契約を締結した。ところが，A会社は，本件売買契約について，部長を経て最終的に社長の決裁を必要とするので，Bは独自に契約する権限はなく，Cに対して契約は無効であると主張した。A会社の主張は認められるか。

(2) Bが家具の仕入れおよび支払いについての代理権を与えられている場合に，仕入代金の支払いのため，手形を振り出した場合に，その手形所持人Cが，A会社に手形の支払いを請求してきた。A会社は，その支払いを拒否できるか。

(3) Bが家具の販売をする権限を与えられて，Dに家具を販売したが，Dは，その代金の支払いを長い間しなかった。Bが請求したところ，Dが返済に困っていたので，Bは，Dの代金支払債務を免除した。Bの債務免除の代理権は認められるか。

(4) Bが，A会社の許諾なく同様の家具販売店を経営する場合，Bは競業避止義務違反とはならいないか。Bがレストランを経営する場合はどうか。

(5) BはA会社の主任の名称を与えられているが，実際には仕入れ・販売の代理権を有しない場合，輸入業者EはBと家具の売買契約をしたとき，A会社に対して代金の支払いを請求することはできるか。

(6) 上記の例で，A会社のF支店の店員G（代理権が与えられていない）が客のHと店内になかったイタリア家具について長時間話をし疲れたので，同F支店の隣の喫茶店でコーヒーを飲みながらカタログで家具の売買契約をした。Hは，A会社に対して注文した家具の引渡請求を認められるか。

第**7**章

代理商と特約店・フランチャイズ

1 総 説

　現代では，商品やサービスの流通において，商人・会社の使用人ではなくて，特定の商人・会社の商品・サービスの販売を補助する役割を担う者として，代理店という名称のものが利用されていることが多い。この代理店という用語は，①締約・媒介代理商，②特約店，③問屋などを含む，広い意味で使われている。本章では，便宜的に，①の代理商，②の特約店および特約店の特殊形態であるフランチャイズをまとめて，取り上げることにする（③の問屋は商法第2編商行為第6章で取り上げられる）。そのほか，チェーンストアは，中央本部と2以上の店舗からなる一企業体（大手のスーパーマーケットの大部分）であり，各店舗は，本部に基本的に所有され，経営について本部の強い統制を受け，各店舗は商法・会社法上の営業所にはあたらない。これらの事業形態は，共同仕入れ・広告などによるコスト削減による廉価販売などの長所がある一方，多店舗所有による固定資産経費・管理費がかさむなどの短所もある。

2 代理商の意義と機能

(1) 代理商の意義と機能

7－1図解：締約代理商と媒介代理商

（締約代理商）

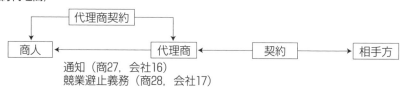

通知（商27，会社16）
競業避止義務（商28，会社17）

（媒介代理商）

通知（商27，会社16）
競業避止義務（商28，会社17）

(ア) 代理商の意義

　代理商とは，一定の商人・会社（本人という）のために，その平常の営業・事業の部類に属する取引の代理または媒介をする者で，その商人・会社の使用人でないものをいう（商27条括弧書，会社16条括弧書）。

　①代理商は，本人の企業組織の外部から補助する者で，代理（商502条12号）または媒介（商502条11号）を引き受けることを業とする独立の商人である。

　②代理商は，不特定多数の者を補助する取次商（問屋など）や仲立人とは異なり，一定の商人・会社のために，その営業・事業を補助する者である。しかし，1人または1社に限らず，同時に複数の特定の商人・会社の代理商となることができる。ただし，複数の場合に競業避止義務（商28条1項，会社17条1項）の問題が生じる。本人が商人・会社でないときの代理商は，商法・会社法上の代理商ではなく，民事代理商と呼ばれている（保険業法21条1項参照）。

　③「平常」というのは，代理商と本人との間に継続的な関係があることを意味する。

　④「営業・事業の部類に属する取引」とは，本人の営業・事業の目的たる取引をいうが，特約によって付随的取引を含めてもよい。

⑤「取引の代理」とは，本人の代理人として第三者と契約を締結することをいい，「取引の媒介」とは，本人と第三者との間で契約が成立するように仲介・斡旋・勧誘などの事務を行うことをいう。取引の代理をする者を「締約代理商」，媒介をする者を「媒介代理商」という。両者を兼ねることもできる。

代理商か使用人かは，実際上，その区別が困難なことが多い。代理店という名称が付されているだけでは商法・会社法上の代理商であるということができず[1]，自己の商号・営業所を有するか，自ら営業費を負担するか，報酬が手数料か定額の俸給か，などを総合して決するしかない。

7-2図解：代理店の用語

注）①②③などを含む広い意味で使われる。
　　その他，フランチャイズ，チェーンストア等。

㈑　代理商の機能・利点

商人・会社が営業・事業活動を地域的に拡大する場合に，本人にとって代理商の利用は，使用人と比較して，①取引ごとに一定の手数料を支払えばよいことから人件費・支店設置等のための経費を削減できること，②現地の事情に通じた代理商の知識経験の利用，③直接に業務を監督する必要がなく使用者責任（民715条）を負わなくてもよいこと，④新規の営業・事業に伴う危険の軽減，⑤営業・事業の縮小が簡単なことなどの利点がある。

代理商は，商品販売の場合に利用されるが，代理商の典型は損害保険代理店（保険業法2条21項）である。そのほか，海運代理店（海運2条9項），航空運送代理店（航空133条1項），旅行業者代理業者（旅行2条2項）などがある。ただし，代理店という名称は，その法的形態は多様であり，代理店の名をつけた者が必ずしも商法・会社法上の代理商とは限らない[2]。

1）　大判昭15・3・12新聞4556号7頁。
2）　大判昭15・3・12新聞4556号7頁。

⑵ 代理商の権利義務

㋐ 商人・会社と代理商との関係

　商人・会社と代理商との関係は，代理商契約で定められる。この契約は，締約代理商の場合は委任（取引の代理という法律行為の委託を受ける〔民643条〕），媒介代理商の場合は準委任（取引の媒介という法律行為でない事務の委託を受ける〔民656条〕）である。したがって，代理商は，民法・商法の委任に関する一般規定により，善管注意義務（民644条）を負い，また報酬請求権（商512条），費用前払・償還請求権（民649条・650条）などを有する。さらに，商法・会社法は，商人・会社と代理商との間の継続的信頼関係を考慮して，次のような特別の規定を設けている。

① **通知義務**　　代理商は，取引の代理または媒介をしたときは，遅滞なく，本人（商人・会社）に対してその旨の通知を発しなければならない（商27条，会社16条）。これは，民法上，受任者は委任者の請求があるときにいつでも報告しなければならないとするにすぎないこと（民645条・656条）に対する特則である。通知義務を怠ったため商人・会社に損害が発生したときは，損害賠償責任を負う[3]。

② **競業避止義務**　　代理商は，本人（商人・会社）の許可を受けなければ，①自己または第三者のために本人の営業・事業の部類に属する取引をすることができず，②本人の営業・事業と同種の事業を行う会社の取締役・執行役または業務を執行する社員となることができない（商28条1項2号，会社17条1項2号）。これは，代理商が本人の営業・事業に関して知りえた知識を利用して，本人の利益を害することを防止するためである。代理商は独立の商人であるから，支配人の場合（商23条，会社12条）と比べて，その義務の範囲が競業行為に限られている。この義務に違反しても，その行為は有効であるが，本人に対して損害賠償責任を負い，また代理商が自己または第三者のために本人の営業・事業の部類に属する取引をした場合（前記①）には，支配人の場合と同様，当該行為によって代理商または第三者が得た利益の額は，

3）　なお，大判昭10・5・27民集14巻949頁は，保険会社の代理店主が会社を代理して保険契約をしたことの通知を怠ったことにより，同会社において再保険に付する機会を逸したために，実損害を被ったとしても，当該損害は特殊の事情によって生じたものであるので，特約がない限り，上記代理店主の保証人はこれについての賠償責任はない旨を判示する。

本人に生じた損害の額と推定される（商28条2項，会社17条2項）。

③　**留置権**　　代理商は，当事者が別段の意思表示をしない限り，取引の代理または媒介をしたことによって生じた債権（たとえば，報酬請求権・立替金償還請求権）の弁済期が到来しているときは，その弁済を受けるまでは，本人（商人・会社）のために当該代理商が占有する物または有価証券を留置することができる（商31条，会社20条）。これは，代理商は本人とは継続的な関係を有していることから，民事留置権（民295条）とは異なる特別の留置権を認めたものである。代理商の留置権は，留置権により担保される債権が留置の目的物に関して生じたこと（牽連関係）を必要としていない点で，民事留置権と異なる。また，留置の目的物が債務者（本人）所有の物または有価証券である必要はなく，債務者（本人）との間の商行為によって自己の占有に帰したことも必要でない点で，商人間の留置権（商521条）よりもその範囲が広い。代理商の留置権の効力は，商法・会社法に規定がないので，民法の留置権に関する一般原則に従うことになる。

⑷　**代理商と第三者との関係**

代理商がいかなる範囲で本人（商人・会社）を代理する権限を有するかは，代理商契約の内容による。締約代理商は代理権を有するのに対し，媒介代理商は当然には代理権を有しない。ただし，物品の販売またはその媒介の委託を受けた代理商は，とくに代理権の授与がなくても，売買の目的物が契約の内容に適合しない旨の通知（商526条2項）その他売買に関する通知を受ける権限を有すると規定されている（商29条，会社18条）。これは，商人間の売買における買主の検査・通知義務（商526条）があることなどを考慮し，売主の代理商に通知の受領権限を与えることによって，買主の便宜を図ったものである。したがって，代理商は，買主による売買取消しの意思表示，売買契約解除の意思表示，支払猶予の申入れ，目的物引渡場所の指定などの受領権限がある。しかし，支払猶予，代金の減額をする権限は当然にはない[4]。

---

4)　立法論として，物品の販売またはその媒介以外の委託を受けた代理商にも通知を受ける権限を認め，代理商の権限の範囲を明確にして，取引の安全の保護をはかる必要があるといわれている。逐条解説(1)193頁（遠藤美光）。

(3) 代理商契約の終了

(ア) 大東京火災海上保険事件（東京地判平10・10・30判時1690号153頁）

　Y株式会社代表者訴外Aは，特別研修生として損害保険会社であるX株式会社に入社し，同研修を終了し，X会社との間で損害保険代理店委託契約・自動車損害賠償責任保険代理店委託契約および集金代行委託契約を締結し，X会社の専属個人代理店として委託業務を開始した。その後，Aは損害保険代理業等を目的としてY会社を設立し，Y会社は，X会社とA間の各契約を承継する形で，X会社との間で，損害保険代理店委託契約・自動車損害賠償責任保険代理店委託契約および集金代行委託契約を締結し，以後，法人の損害保険代理店としてX会社の代理店委託業務を行ってきた。また，Y会社は，X会社の他に6社の損害保険会社から代理店の業務委託を受け，各代理店委託業務を行ってきた。

　平成5年頃からX会社とY会社との間に溝が生ずることとなり，X会社は，平成9年3月27日，Y会社に対し，本件代理店委託契約について，本件代理店委託契約書の解除規定に基づき，60日経過後に解除する旨の意思表示をするとともに，解除後速やかに本件代理店委託契約に基づきX会社から交付された各物件をX会社に返還するように求めるとともに，本件各物件の返還拒否により支出した弁護士費用の支払いを求めた。これに対し，Y会社は，本件代理店委託契約は「無期限」という期間の定めのある契約であるから，商法旧50条2項（現行商30条2項，会社19条2項）の適用により，X会社が本件代理店委託契約を解除するためには「已むことを得ざる事由」が必要であること，本件解除は理由なくY会社の顧客を奪うことを目的としたものであって，本件解除は権利の濫用であって無効というべきであることを，主張した。東京地裁は，次のように判示して，X会社による本件解除の有効性および弁護士費用の請求を認容した。

　「本件代理店委託契約については……委任契約の性格をもつ商法上の代理商契約であると認められるところ，委任関係においては，委任者と受任者の間の信頼関係がその基礎をなすものであることからすると……本件損害保険代理店委託契約書24条1項等にある『無期限』というのは，その文言のとおり，期間の定めのないことをいうと解するのが相当である。」，「代理商契約については，その存続期間の定めがないときには，各当事者は，2か月前に予告をなして解除することができると規定されているが（商法50条1項〔現行商30条1項，会社

19条１項〕），この規定は，民法上の委任契約においては，各当事者がいつでも委任契約を解約告知しうること（民法651条１項）に対する特則であり，継続的な企業補助関係としての代理商関係の特質を考慮したものであると解される。」，「本件各解除規定は，商法50条１項に準拠して規定されているものであることが明らかであるから，本件解除にあたっては認定した事実によっても，『やむを得ない事由』はその要件として必要ではないというべきである。」，「Ｙ会社は，Ｘ会社以外の損害保険会社とも契約し，その代理店としての業務も行っていること，訴外代理店をめぐる保険金不正請求事件の事後処理の方法を契機として，Ｘ会社側とＹ会社代表者の考え方，とくに，Ｙ会社のようなＸ会社の専属代理店でない代理店における保険契約の更新の在り方等について，大きな隔たりが生じたこと，そして，それまでの経緯もあり，本件解除の時点においては，Ｘ会社とＹ会社との関係は，Ｘ会社の担当者とＹ会社代表者との感情的な対立にまで発展してしまっていたことが認められるのであって，これらの諸点を併せ考えると，本件解除の時点においては，Ｘ会社とＹ会社との間の信頼関係が全く失われたため，Ｘ会社Ｙ会社間の本件代理店委託契約を継続することが極めて困難な状況となっていたことが明らかであり，Ｙ会社主張の諸点を考慮しても，本件においては，Ｘ会社のＹ会社に対する本件解除が，権利の濫用に該当するとは認められないというべきである。」

(イ)　代理商契約の終了

①　一般的終了原因　　代理商契約は，別段の定めがない限り，民法・商法の委任・準委任に関する規定が適用されるから，委任の一般的終了原因（民653条・656条）によって終了する。ただし，商行為の委任による代理権は本人の死亡によっては消滅しないから（商506条），締約代理商契約は本人の死亡によって終了しない。媒介代理商契約も同様に終了しないと解されている（通説）。代理商契約は，本人の営業・事業を前提とするから，廃業などで本人の営業・事業が終了するときは，代理商契約も終了する[5]。

②　契約の期間の定めがない場合　　民法の規定によれば，委任は各当事者がいつでもその解除（解約告知。以下同じ）をすることができるが（民651条１

5）　営業・事業の譲渡の場合については，支配人の終任の場合と同様に説が分かれるが，企業維持の観点からも，終任事由とはならず，代理商との関係は原則として譲受人に承継されると解すべきである（多数説）。会社法コンメ(1)209頁（北村雅史）参照。

項・656条),継続的信頼関係を前提とする代理商契約にそのまま適用することは当事者の期待に反し妥当でない。そこで,商法・会社法は特則を設けて,各当事者(商人・会社および代理商)は,契約の期間を定めなかったときは,2か月前までに予告し,その契約を解除することができると規定されている(商30条1項,会社19条1項)。これは,一方的解除に予告を要求するものである。しかし,本条は任意規定と解されるから,当事者間の特約によって,この解約予告期間を短縮または伸長することもできる[6]。また,代理商契約における「無期限」という定めは期間の定めのないことをいい,下記③の「やむを得ない事由」(商30条2項,会社19条2項)は解除の要件として必要ではないと解される[7]。予告して解除するときは,民法651条2項本文の適用は排除され,不利な時期の解除により相手方に損害が生じても,解除した者は損害賠償責任を負わないと解される[8]。

③ **やむを得ない事由がある場合** 契約の期間の定めの有無を問わず,「やむを得ない事由」があるときは,各当事者は,いつでもその契約を解除することができる(商30条2項,会社19条2項)。やむを得ない事由とは,代理商契約を継続することが社会通念上著しく不当と認められる事由をいう。たとえば,代理商の競業避止義務違反などのような不誠実,代理商の重病,代理商に対する報酬支払債務の不履行などのような本人(商人・会社)の重大な債務不履行,本人の営業・事業上の重大な失敗などのような事由である。この場合に,当事者の一方に過失があるときは,予告による解除の場合と異なり,相手方は損害賠償を請求できる(民652条・620条)。

---

6) 横浜地判昭50・5・28判タ327号313頁。
7) 東京地判平10・10・30判時1690号153頁(前掲大東京火災海上保険事件)。
8) 東京高判昭2・5・28新聞2720号14頁。

3　特約店

(1)　特約店の意義

7 - 3図解：特約店

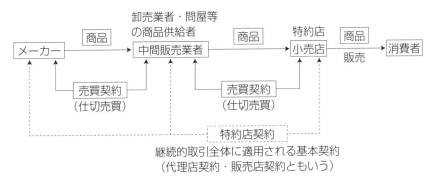

特約店とは，メーカーまたは他の卸売業者である著名な商品供給者の販売チャネルとして系列化され，その商品供給者から商品を買い取り転売（仕切売買）する者である。

実際には，代理店・販売店・取扱店などと呼ばれる[9]。メーカーから最終消費者までの流通経路において（たとえば，メーカー → 中間販売業者 → 小売店），メーカーと問屋等の中間販売業者との間，中間販売業者と小売店との間に，それぞれ売買契約が行われる場合を仕切売買というが，特約店はこのような継続的な仕切売買の一種である。ただし，一般的な継続の仕切売買とは異なり，特約店と商品供給者との間には，重要な契約条項について特約店契約（代理店契約・販売店契約）という名の基本契約（当事者間で，継続的取引全体に適用される基本的事項をあらかじめ取り決めておく場合における取決めをいう）が締結される。

9）　国内市場全域等を対象とする一手販売権（独占的販売権）を付与される代理店は総代理店といわれる。なお，商品の種類により販売・媒介の形態が異なる。たとえば，①化粧品の流通の場合は，(a)直販システムのとき，メーカー → メーカー直営販売会社 → チェーン店，(b)一般品システムのとき，メーカー → 卸売業者 → 小売店・量販店（特約店・量販店），②自動車の流通の場合は，メーカー → 各系列ディーラー → 購入者，③書籍の流通の場合は，たとえば，出版社 → 取次販売店（委託販売・買切り）→ 各書店 → 読者などである。

(2) 重要な契約条項

特約店契約と前記の代理商契約は，実際上，内容的に似かよった部分が多い。特約店契約に特徴的な条項として，①特約店として指定する条項，②特約店の販売協力義務条項[10]，③商標・サービスマーク等の使用に関する条項，④取引数量に関する条項[11]，⑤競業禁止（専属店・排他条件）条項，⑥販売地域・販売ルートを定める条項[12]，⑦商品供給者の援助義務条項[13]，⑧特約店のメーカーに対する仕入代金支払方法と割戻金（リベート）の内容などが定められる[14]。

(3) 契約の終了

本人・商品供給者の側からの契約終了の意思表示の場合には，とくに特約店の立場としては契約終了により今までの自己の投資が無駄となり，また自己の築いた販売ルートに只乗りされる点で深刻である。他方，特約店・代理商側からの契約終了の意思表示の場合にも，本人・商品供給者の立場としては，費用をかけて援助・教育した特約店を競争業者に奪われる点で問題がある。したがって，両者間の利害が衝突し，契約の終了の場合に争われることが多い。契約終了事由として，約定の終了事由と法定の終了事由がある。

(ア) 約定の終了事由

① **契約更新の拒絶**　特約店契約に定められた契約期間の満了後，契約更新の拒絶は原則として可能であると解されている。しかし，特約店が投資の回収に必要な期間より短い契約期間が定められている場合には，当該契約条項はせいぜい契約条件の見直し期間を定めたもので，契約を終了させてもやむ

---

10)　たとえば商品の販路拡張，顧客情報の伝達等。

11)　通常，特約店に目的不達成の場合にペナルティーを科す性質のものであるが，商品供給者にも供給義務を認める裁判例もある（東京地判昭59・3・29判時1110号13頁）。

12)　販売地域（テリトリー）として，たとえば地域の一手販売，販売ルートとして，たとえば特定の卸売業者（商品供給者）が登録小売業者としか取引できないとする一店一帳合い制を定める条項がある。

13)　商品・市場等についての情報提供，広告・宣伝費の一部負担，特約店の従業員に対する教育・訓練の実施等。

14)　上記⑤・⑥の条項は，独占禁止法上の不公正な取引方法（独禁2条9項・19条・20条，不公正な取引方法・一般指定11項・13項）に該当することがある。なお，当該条項が独占禁止法上，違法と評価され得るものであったとしても，公序良俗違反であるとして私法上も無効であるということはできないと解されている（東京地判昭59・3・29判時1110号13頁）。

を得ない事情がない限り，期間満了時に一方的に契約更新の拒絶ができるわけではないと解する裁判例がある[15]。

② **約定解約事由**　特約店契約中に，解約事由[16]として明記される。解約事由の重大な契約違反について，特約店の販売方法（化粧品の対面販売）を定める約定が合理的な理由のあるものであり，その約定違反を理由とする解約を有効と認める判例がある[17]。

(イ)　**法定の終了事由**

① **債務不履行に基づく解約**　継続的契約である特約店契約の解約は，当事者の営業に重大な影響があるので，当事者の軽微な債務不履行を理由に相手方を解除（民541条）することはできないと解されている[18]。

② **期間の定めのない契約の解約**　期間の定めがない場合には，原則として，当事者はいつでも解約を申し入れることができると解されている[19]。しかし，解約による相手方の損害を最小限に抑える努力をしなかった場合（相当の予告期間，相手方の不利の時期）は，信義則上，損害賠償義務が生ずると解される[20]。なお，契約を継続しがたい重大な事由（相手方の不信行為など）があるときは，相当の予告期間を設けずに，一方的に契約の解約申入れをすることができると解されている[21]。

---

15)　札幌高判昭62・9・30判時1258号76頁（北海道における田植機等の独占的販売総代理店契約における1年の契約期間の事案）。

16)　たとえば，(a)重大な契約違反（代金支払義務違反・競業避止義務違反等），(b)信用不安，(c)約定の販売責任額の不達成，(d)企業秘密の漏洩，(e)グループ全体の信用・名誉の段損行為等が，解約事由として明記される。

17)　最判平10・12・18民集52巻9号1866頁。

18)　裁判例として，(a)重大な債務不履行（最判平10・12・18民集52巻9号1866頁），(b)信頼関係の破壊（神戸地判昭54・12・11金判591号43頁〔化粧品販売特約店の競業避止義務違反の事案〕，東京地判平17・7・6判夕1214号226頁〔高性能小型電動モーターの販売代理店による商品供給者の営業機密情報の閲覧等の事案〕等），(c)解約がやむを得ないもの（東京高判昭57・8・25判時1054号92頁〔販売代理店の売買代金の支払の大部分についての債務不履行等による著しい信用不安の事案〕）等について，債務不履行に基づく解約が認められる。

19)　大阪地判昭36・10・12下民集12巻10号2434頁（いわゆる一手販売権を内容とする特約店契約の事案）。

20)　名古屋高判昭46・3・29下民集22巻3・4号334頁（一手販売権をもつ指定販売店に対する商品供給者の賠償責任を肯定した事案）。

21)　大阪高判昭59・2・14判時1126号42頁，東京地判昭52・2・22下民集28巻1～4号82頁。なお，民628条・651条2項但書・678条1項但書参照。

4 フランチャイズ

7－4図解：フランチャイズ

```
┌─────────────────────────────────────────┐
│         フランチャイザー（本部）              │
└─────────────────────────────────────────┘
 ロイヤリティ      商品・販売ノウハウ      ロイヤリティ
 の支払            の供給                 の支払

 ┌──────────────┐          ┌──────────────┐
 │ フランチャイジー │          │ フランチャイジー │
 └──────────────┘          └──────────────┘
       │ 販売                    │ 販売
 ┌──────────────┐          ┌──────────────┐
 │   顧  客      │          │   顧  客      │
 └──────────────┘          └──────────────┘
```

(1) フランチャイズの意義

　フランチャイズ（特定連鎖化事業）とは，前記の特約店の特殊形態であり，フランチャイザー（本部）が，フランチャイジー（加盟店）に対して特定の商標・サービスマーク等を使用することにより同一のイメージの下に営業を行う権利を与え，かつその事業経営につき統一的な方法による統制・指導・援助を行い，フランチャイジーはその見返りとして対価（加盟金，保証金，ロイヤリティ〔Royalty〕等）を支払うものである。

　フランチャイズは，コンビニエンス・ストア，ファースト・フード，レストランなどの業種で利用されることが多い。従来の典型的な特約店のように既存の業者が系列化されるものとは異なり，フランチャイジーは新規に募集された者であり，また自己の開業のために大きな投資額を要する点に特色がある。

(2) 特定連鎖化事業の運営の適正化のための規制

　特定連鎖化事業を行う者（フランチャイザー）は，当該特定連鎖化事業に加盟しようとする者と契約を締結しようとするときは，あらかじめ，その者に対し法定の事項を記載した書面を交付し，その記載事項[22]について説明をしなければならない（中小小売商業振興法11条1項柱書）。

(3) フランチャイズ契約の内容の効力

　フランチャイズ契約に定められる契約条項の効力・解釈について，争われる

ことが多い。裁判例として，フランチャイザーが契約締結前に加盟希望者に対して提供する店舗の売上予想が実際と違った場合，営業不振のため閉店に追い込まれ損害を被った加盟店となった者に対して，当該フランチャイザーの提供した不正確な情報の提供とその加盟店の経営破綻との間に相当因果関係を認め，フランチャイザーに信義則上の保護義務違反による損害賠償責任を認めたものがある[23]。

　また，コンビニエンス・ストアのフランチャイズ契約が締結されてチャージと呼ばれる契約上の対価が支払われる場合に，当該契約中に売上高から売上商品原価を控除したもの（売上総利益）に一定の率（チャージ率）を乗じた額を支払う旨の条項があるとき，チャージ金額の算定の基礎となる売上高から控除されるべき費目[24]の金額が控除されていなかったとして，フランチャイジーから不当利得返還が請求された事案で，本件条項所定の売上商品原価は実際に売り上げた商品の原価を意味し，廃棄ロス原価・棚卸ロス原価を含まないものと解する最高裁判例がある[25]。

　さらに，フランチャイズ契約の終了後も一定期間フランチャイジーの競業を禁じる契約条項は，フランチャイザーが提供するノウハウないし営業秘密が競業他社に漏洩された場合にフランチャイズシステムによる経営に著しい打撃を与えることになるため，このような営業秘密を管理・保全する手段として競業等を禁止する趣旨であることから，有効と解されている[26]。また，フランチャイズ契約における損害賠償額の予定の約定についての効力に関して，その約定による損害賠償の予定額が社会的に相当と認められる額を超えて著しく高額となって著しく不公正であるような場合には，社会的に相当と認められる額を超

---

22)　その記載事項として，①加盟に際し徴収する加盟金・保証金その他の金銭に関する事項，②加盟者に対する商品の販売条件に関する事項，③経営の指導に関する事項，④使用させる商標・商号その他の表示に関する事項，⑤契約の期間ならびに契約の更新・解除に関する事項（中小小売商業振興法11条1項1号～5号）のほか，契約の期間中または契約の解除もしくは満了の後，他の特定連鎖化事業への加盟その他の競業の禁止，知り得た情報の開示の禁止・制限，フランチャイザーまたは加盟者の契約違反の場合に生じる金銭の額・算定方法など（同法11条1項6号，同施規10条・11条）がある。

23)　東京高判平11・10・28判時1704号65頁。

24)　この費目は，廃棄ロス原価（消費期限間近などの理由により廃棄された商品の原価）および棚卸ロス原価（帳簿上の在庫商品の原価と実地棚卸しによる実在庫商品の原価との差額）である。

25)　最判平19・6・11判時1980号69頁。

26)　東京地判平17・1・25判タ1217号283頁。

える部分は公序良俗に反して無効とする裁判例がある[27]。

[問題]

1　F市内で，婦人服の製造・販売をしていた有名なA株式会社は，その販売網を
　拡張するために，K市在住の自然人BにA会社代理店として婦人服の販売を依頼
　した。その際に，A会社は，その商品を一般の卸売代金の相場よりも低くして，
　その代理店に販売していた。
　(1)　Bは，商法上の代理商であるか。
　(2)　上記の事例で，Bに対して，現金販売の場合にはA会社を代理して，月賦販
　　売の場合には取引の媒介だけをすることとして，毎月定額の給料を支給して，
　　A会社の婦人服の販売をする権限を与えた。Bは，代理商となるか。

2　A火災保険会社と損害保険代理店契約を結んだ自然人Bが，Cと火災保険契約
　を結んで保険料を受領したが，A会社への通知を怠っていた。その後，Cに保険
　事故が発生しA会社は保険金を支払った。そこで，A会社は，Bが通知義務を果
　たしていたならば再保険に付すことができており，その保険金の大部分は填補で
　きたとして，その実損害の賠償をBに請求した。Bは，再保険に付するというこ
　とは全く知らなかった。A会社の請求は認められるか。

3　A化粧品販売会社は，B化粧品小売業者と特約店契約を締結した。この特約店
　契約は，有効期間1年，その後異議のないときは毎年自動的に更新されるが，30
　日前の予告で中途解約できると定められ（解約条項），また，いわゆる対面販売条
　項があった。ところが，Bは，対面販売条項に違反して，カタログ販売を行った
　ので，A会社は，解約条項に基づき解除の意思表示をして，Bに対する出荷を停
　止した。
　(1)　上記の例で，Bは，その解除は無効だとし，注文済みの商品の引渡しを請求
　　した。Bの請求は認められるか。
　(2)　上記の例で，Bは，対面販売条項にも反することなく，販売を行っていたが，
　　A会社が販売網を再編するために，30日前に特約店解約の申し出を行った。そ
　　の解約は認められるか。

4　Aは，商事会社退職後に小売業を始めたが，うまく行かなかったことから，フ
　ランチャイズシステムによるコンビニエンス・ストアの経営を計画して，B株式
　会社とフランチャイズ契約を締結した。しかし，B会社がAに提供した店舗の売

---

27)　東京高判平8・3・28判時1573号29頁。

上予想が実際と異なり，開業後6か月で閉店した。

(1)　上記の例で，Aは，B会社に対して，開業費用・店舗賃貸借関係費用を請求した。Aの請求は認められるか。

(2)　上記の例で，閉店後，Aは，新たにC株式会社と契約期間6年のフランチャイズ契約を締結して，コンビニエンス・ストアの経営を再開したが，さらに，他の競業会社のD会社ともフランチャイズ関係を結んだ。しかしながら，C会社のフランチャイズ契約には，他の競業会社とフランチャイズ関係をもったときはフランチャイズ契約を解除することができ，この場合に1か月当たり20万円のロイヤリティの60か月分相当の金員を支払う旨の条項があった。そこでC会社はフランチャイズ契約を解除して，上記条項に基づく損害賠償を請求した。C会社の請求は認められるか。

第8章

商業登記

1 商業登記の意義

　商業登記とは，商法・会社法その他の法律の規定により，商人・会社の営業・事業に関する一定の事項を商業登記簿に記載してする登記をいう（商8条，会社907条，商登1条参照）。商業登記簿は，法務省のもと法務局・地方法務局によって管理されている（商登1条の3）。登記簿は誰でも閲覧することができ，また手数料を納付して登記簿に記録されている事項の概要を記載した書面の交付を請求することができる（商登11条）。企業活動が円滑かつ安全に行われるために，取引主体である企業に関する情報は誰でも入手できるように開示されるべきである。このような考え方を公示主義という。商業登記制度は公示主義を実現する制度である。

　商業登記制度の起源は，中世イタリアの都市国家における商人団体名簿に遡る。取引を行う場合，取引の相手方に事業の実体があるのかどうか，またどのような事業者であるのか等の情報を簡単に入手することができれば，それは取引を促進することになる。今日でも商業登記制度は，取引相手方の基本的な情報を確実にかつ簡単に入手できる方法である。また企業組織・企業活動に関する情報を公示することで，紛争が生じた場合，企業組織・活動に関する真実を証明する資料および基準として意義を有する。

　商業登記簿としては，商号登記簿・未成年者登記簿・後見人登記簿・支配人登記簿・株式会社登記簿・合名会社登記簿・合資会社登記簿・合同会社登記簿および外国会社登記簿の9種があり，登記所に備えられている（商登6条）。たとえ商法の規定による登記であっても，これらの登記簿にされないもの（たとえば船舶登記〔商686条，船舶34条〕）は商業登記ではない。

　商業登記制度は，商人・会社に関する一定の事項（たとえば商人の商号・営業能力，使用人の代理権の有無，会社の種類・代表機関などの企業組織の内容の詳細）を公示することで，商人・会社の信用の維持を図り，その営業・事業において

集団的・大量的に行われる取引の安全と円滑に資することを目的とする（商登1条参照）。なお，商業登記は，法律に特別の定めがなければ，事実・法律関係の公示の機能を有するだけである。不動産登記の権利の公示おいて，登記簿上の記載が権利変動の対抗要件とされているのとは異なる。

2　商業登記事項

(1)　登記事項の分類

　登記事項は，商法・会社法のほか，破産法，会社更生法などにも定められている。登記事項は，できるだけ多くの事項の公示を要請する一般公衆の保護と，企業秘密の保持について有する商人・会社の利益との調整を図り，政策的に決められている。法律が登記事項としたもの以外は，登記することができない（商登24条2号）。

(ｱ)　絶対的登記事項と相対的登記事項

　絶対的登記事項（必要的登記事項）とは，当事者に登記する義務がある登記事項であり，相対的登記事項（任意的登記事項）とは，登記できることは法定されているが，登記するかどうかは当事者の自由に任されている登記事項である。登記事項の多くは絶対的登記事項であるが，相対的登記事項としては個人商人の商号（商11条2項）が挙げられる。もっとも相対的登記事項も，いったんこれを登記したときは，その変更または消滅は必ず登記しなければならないから（商10条，会社909条），その限りにおいて絶対的登記事項となる。

　絶対的登記事項といっても，会社以外の商人に関しては，登記しなければ罰則の制裁があるわけではなく（たとえば未成年者登記〔商5条〕，後見人登記〔商6条〕），その登記を怠ると，その事項をもって善意の第三者に対抗することができないという不利益を受けるにとどまる（商9条）。ただし会社の場合には，そのような不利益を受けるだけでなく（会社908条1項），登記の懈怠について，会社の取締役・監査役・執行役などに過料の制裁がある（会社976条1号）。なお，絶対的登記事項について当事者は私法上の登記義務を負うので，そのような事項の登記を懈怠しているときは，利害関係人はこの義務の履行を求めることができる[1]。

---

1)　東京高判昭30・2・28高民集8巻2号142頁。

(イ)　設定的登記事項と免責的登記事項

　設定的登記事項（創設的登記事項）とは，法律関係の創設に関する登記事項であり，たとえば支配人の選任（商22条，会社918条），会社の設立（会社49条・579条・911条～914条），代表取締役・代表執行役の選任（会社911条3項14号23号ハ・915条）などがこれにあたる。免責的登記事項とは，関係当事者が責任を免れることになる登記事項であり，たとえば支配人の終任（商22条，会社918条），社員の退社（会社912条5号・913条5号・915条），代表取締役・代表執行役の辞任（会社911条3項14号23号ハ・915条）などがこれにあたる。

(2)　登記事項の変更・消滅

　登記した事項に変更が生じ，またはその事項が消滅したときは，当事者は遅滞なく，変更の登記または消滅の登記をしなければならない（商10条，会社909条。会社の場合に登記の懈怠について過料の制裁〔会社976条1号〕）。これは，絶対的登記事項だけでなく，相対的登記事項にも適用される。ただし，市町村の合併などにより，行政区画，郡，市町村内の町もしくは字またはそれらの名称の変更があったときは，その変更による登記があったものとみなされるので（商登26条），当事者はとくに変更の登記をする必要がない。

3　商業登記の手続

8－1図解：商業登記手続の流れ

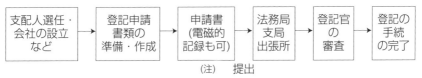

（注）　提出

（注）　登記申請の方法　→　①書面申請，②電子申請（オンライン申請），③半ライン申請（申請情報のみをインターネットで送信し，添付情報を記載した情報を法務局に郵送か持参）

(1)　商業登記の申請・管轄

　商業登記は，原則として，当事者の申請による（当事者申請主義）（商8条・10条，会社907条・909条，商登14条・36条）。例外として，登記事項が裁判によって生じた場合には（たとえば会社937条・938条，破257条，会更258条・259条，民

再11条など），裁判所が職権をもって登記所に登記を嘱託する（商登14条・15条）。その他，登記官の職権による場合（商登72条・135条），利害関係人の申請による場合（商登33条），一方当事者の申請でよい場合（商登30条1項・31条），商人の後見人による場合（商登41条1項・3項）がある。

　登記の申請は，申請書を提出する方法またはインターネット上のオンライン申請の方法でしなければならない（商登17条1項・4項）[2]。登記がなされるべき登記所は，当事者の営業所の所在地を管轄する法務局もしくは地方法務局もしくはこれらの支局またはこれらの出張所である（商登1条の3）。登記所における事務は，登記所に勤務する法務事務官のうちから指定された登記官が取り扱う（商登4条・5条）。商業登記の手続の詳細は，商業登記法および商業登記規則に規定されている。

(2) 登記官の審査権

(ア) 登記事項の調査・却下事由

　登記官は，登記の申請書を受け取ったときは，遅滞なく，申請に関するすべての事項を調査しなければならない（商登則38条）。商業登記法は登記の申請を却下すべき一定の事由[3]を列挙しており，登記官は，いずれかに掲げる事由がある場合には，理由を付した決定で，登記の申請を却下しなければならない（商登24条）。

　2）　申請書に記載することが求められる，登記すべき事項など（商登17条2項4号3項）を記録した電磁的記録が法務省令で定める方法により提供されたときは，申請書には，当該電磁的記録に記録された事項を記載することを要しない（商登17条4項）。また，登記の申請は，電子情報処理組織を使用する方法によってすることができる（商登則101条以下〔オンライン申請〕）。

　3）　却下事由として，①登記所の管轄に属しないとき（商登24条1号），②申請が登記すべき事項以外の事項の登記を目的とするとき（同条2号），③申請に係る登記がすでに登記されているとき（同条3号），④申請の権限を有しない者の申請によるとき（同条4号），⑤申請書が法定の方式に適合しないとき（同条6号），⑥申請書に必要な書面（19条の2に規定する電磁的記録を含む）を添付しないとき（同条7号），⑦申請書・添付書面の記載・記録が申請書の添付書面・登記簿の記載・記録と合致しないとき（同条8号），⑧登記すべき事項につき無効または取消しの原因があるとき（同条9号），⑨登録免許税を納付しないとき（同条15号）などの事由を列挙している。これらの事由のほとんどが形式的事由であるが，上記⑧の事項（同条9号）のように実質的事由に関するものとみられるものがある。

(イ) 形式的審査主義と実質的審査主義

登記官の審査権について，従来，申請事項が登記事項か，登記所の管轄に属するか，申請書・添付書類が法定の形式を具備するかなどのような申請の形式上の適法性を審査する職務・権限を有するにすぎないとする形式審査主義と，それを超えて，申請事項の実体的真実の調査についても職務・権限を有するとする実質的審査主義との対立がある[4]。

形式審査主義は，登記官は裁判官ではなく申請者のために迅速な公示を本来の任務とする記録官にすぎないことなどを理由とする。これに対し，実質的審査主義は，商業登記制度が一般公衆の利益のために真実を公示することを目的とすることなどを理由とする。もっとも，形式審査主義の立場でも，登記官において申請が虚偽であることを知り，またそれにつき理由のある疑いを有する場合には実質的審査をすべきであると解し，他方では，実質的審査主義の立場でも，申請事項の真否に疑うべき事由がある限り，実質的に審査すべきであると解するならば，両主義は実際の適用においてほとんど変わりないということができる。判例は，一貫して形式審査主義の立場をとる[5]。現行の商業登記法24条は，その大部分が形式的事由であり，形式的審査主義をとるものと解されている。

しかし，形式的審査主義をとる場合に問題となるのは，商業登記法24条9号が，「登記すべき事項につき無効または取消しの原因があるとき」という実体的な却下事由を挙げていることである。形式審査主義の立場からは，登記事項に無効原因がある場合について，無効原因の存在が客観的に明白である場合には申請を却下すべきであり，また，無効原因の存否については申請書および添付書類によってのみ判断すべきであると解される（多数説）。無効原因が客観的に明白でなく，解釈上疑義があるときは，一応受理し，有効無効は関係者の後の争訟に委ねるべきであるとされる[6]。

最高裁判例も，商業登記法24条その他同法の規定に徴すれば，申請書，添付書類，登記簿等法律上許された資料のみによる限り，登記官は登記事項に変更

---

4) 学説の対立について，会社法コンメ⑳183頁〜185頁（行澤一人），逐条解説⑼458頁（永井和之），論点体系⑹453頁（舩津浩司）。
5) 大決昭 8・7・31民集12巻19号1968頁，最判昭43・12・24民集22巻13号3334頁，最判昭61・11・4 集民149号89頁・訟務月報33巻 7 号1981頁など。
6) 会社法コンメ⑳184頁（行澤一人）。

が生じていないことについても審査権を有するものと解され，同法24条10号（現行9号）に規定する登記すべき事項につき無効の原因があるときに準じ，登記申請を却下すべきが相当であるとする[7]。また，登記された事項に無効の原因があることを理由とする職権抹消処分（商登135条・134条）の取消訴訟において，登記官の審査権限は，登記簿，申請書およびその添付書類のみに基づいてするいわゆる形式的審査の範囲にとどまるものであるから，裁判所は，その形式的審査権限の範囲内において登記官がとった権限行使の適否を審理判断すれば足りるのであって，登記官の審査権限の範囲に属さない前記書類以外の資料に基づいて処分の適否を判断すべきではないと解するのが相当であるとする[8]。登記事項に取消原因が存在するときも，登記申請の却下事由としていることについては，いつ取消しされるかどうか明らかでない事項を登記するのは取引安全の観点から好ましくないという考慮によるといわれている。なお，登記すべき事項について訴えをもってのみ主張することができる無効または取消しの原因がある場合において，その訴えがその提訴期間内に提起されなかったときは，当該事項は有効となり申請を却下できないことになる（商登25条）。

(3)　登記の更正および抹消

　登記に錯誤または遺漏があるときは，その登記を事実と合致させるために，当事者は，その登記の更正を申請することができる（商登132条）。その錯誤または遺漏が登記官の過誤によるものであるときは，登記官は，遅滞なく，登記の更正をしなければならない（商登133条2項）。また，登記の申請が不適法であるにもかかわらず，登記官が適法なものとして完了した場合には，登記が，①登記所の管轄に属しないこと（商登24条1号），②申請が登記すべき事項以外の事項の登記を目的とすること（同条2号），③申請に係る登記がすでに登記されていること（同条3号），④二以上の登記の申請書を同時に受け取った場合に，当該申請に係る登記により上記二以上の登記の申請書のうち他の申請書に係る登記ができなくなること（同条5号），⑤登記された事項につき無効の原因があること（同条9号），以上のいずれかの事由に該当するとき，当事者は，その登記の抹消を請求することができる（商登134条）。さらに，登記官は，上

7）　最判昭43・12・24民集22巻13号3334頁。
8）　最判昭61・11・4集民149号89頁・訟務月報33巻7号1981頁。

記の事由のいずれかに該当することを発見したときは，通知等の所定の手続を
経た上で，職権で登記を抹消しなければならない（商登135条〜138条）。

4 商業登記の公示

　商業登記制度は，商人・会社に関する事実・法律関係を一般公衆に公示する
ためのものである。個別的な公示方法として，何人も，手数料を納付して，登
記簿に記録されている事項を証明した書面（登記事項証明書）の交付（商登10条），
登記簿に記録されている事項の概要を記載した書面の交付（商登11条）を請求
することができる。また，登記簿の附属書類の閲覧について利害関係を有する
者は，手数料を納付して，その閲覧を請求することができる（商登11条の2）。
　文書の真正性を担保するために，登記所に印鑑を提出した者はその提出した
印鑑の証明書の交付を請求することができる（商登12条）。さらに，その印鑑
提出者は，コンピューターを使った通信において，送信された電磁的記録が印
鑑提出者の作成に係るものであることの確認を請求することができる（商登12
条の2）。また，電気通信回線による登記情報の提供に関する法律に基づくオ
ンライン登記情報提供制度により，料金を支払って，インターネットを利用し
て民事法務協会のホームページから特定の会社の登記情報の送信を受けること
ができる。

5 商業登記の効力

8－2図解：商業登記の一般的効力と不実登記の効力

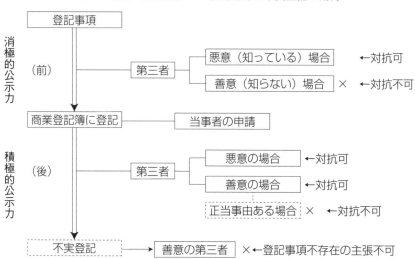

(1) 商業登記の一般的効力

　商業登記簿に登記することで，登記事項は宣言的効力（確保的効力）を持つ。これを商業登記の一般的効力と呼ぶ。これは，商法9条1項・会社法908条1項が規定するものである。すなわち，登記すべき事項は，登記の後でなければ，これをもって善意の第三者に対抗することができず，登記の後であっても，第三者が正当な事由によってその登記があることを知らなかったときは，これをもって善意の第三者に対抗することができない。

　上記のような一般的効力は，登記する前の効力を消極的公示力（消極的公示原則），登記した後の効力を積極的公示力（積極的公示原則）として，二つに区分される。

(ア) 登記前の効力（消極的公示力）

　登記すべき事項は，たとえ登記すべき事実・法律関係が実体法上存在していたとしても，登記前においては，これをもって善意の第三者に対抗することができない（商9条1項前段，会社908条1項前段）。これが消極的公示力である。

登記事項に関しては登記しなければ第三者に対抗できない。真実をもっても対抗できないのであるから，登記を行う強い動機づけとして作用し，登記事項の更新も促進される。

① **登記すべき事項**　「登記すべき事項」には，絶対的登記事項のほか，相対的登記事項も含まれる。また，典型的には，既登記事項（たとえば支配人選任登記）に関して，異なる事実の発生（支配人の解任など）によって変更・消滅の登記をすべきこととなった事項が登記すべき事項（免責的登記事項）となるが（商10条，会社909条），新たに事実が発生したにもかかわらず未登記の設定的登記事項にも適用される[9]。なお，支配人を選任したけれども支配人選任登記をしていないとき，支配人が第三者と取引した場合にも，商法9条1項・会社法908条1項の適用がある[10]。

② **第三者に対する対抗**　善意の「第三者に対抗することができない」とは，登記事項である事実・法律関係の当事者（登記当事者）が，善意の第三者に対し，登記されていない事実・法律関係を主張できないことをいう。登記当事者の相互の間では登記による対抗の問題が生じることはなく，登記当事者は第三者ではないから，たとえば，商人・会社と支配人間，会社と社員・株主間では事実に従った主張ができる[11]。また，第三者相互間においても，事実に従った主張をすることができる[12]。反対に，第三者の側から，未登記の

9）　たとえば，株式譲渡の制限（会社107条1項1号2項1号・108条1項4号2項4号）を登記していない場合（911条3項7号，商登62条），善意の第三者に対抗できない。

10）　この場合，第三者が支配人の選任について善意であったときは，登記当事者はその選任を第三者に対抗することができず，したがって，当該選任された者は支配人でないものとして取り扱われることになるものと考えられる。しかしながら，後述のように（後掲注13参照），第三者からこの者が支配人に選任された事実を主張することができるものと解される。なお，最判昭35・4・14民集14巻5号833頁は，A株式会社の商号変更や代表取締役Yの就任の登記をしていなかった場合に，その変更後の商号および代表取締役Y名義で約束手形が振り出されたとき，当該手形所持人のXが，本件手形の振出名義人であるA会社は存在しないので，手形上に署名したYに対し手形金額の支払いの請求をした事案である。最高裁判所は，商法旧12条（現行商9条，会社908条）の適用の問題ではなく，本件手形は「実在する会社の代表者であるYが，その代表権限に基いて振出したものとみるのが当然であって，従って右各手形を取得したXは，その当然の権利として右会社に対し，本件各手形上の責任を問うことを得べき筋合であるといわなければならない。」と判示した。会社法コンメ⑳194頁-195頁（行澤一人）参照。

11）　大判大15・2・24刑集5巻56頁，東京控判大9・11・15新聞1803号15頁，東京高決昭28・6・29判時11号16頁。

12）　最判昭29・10・15民集8巻10号1898頁。

事実・法律関係を登記当事者に主張することは，商法9条1項・会社法908条1項に関係なく，認められる[13]。

③　**第三者の善意**　　第三者が保護されるための主観的要件である「善意」とは，登記事項である事実・法律関係を知らなかったことをいい，知らないことに過失（重過失を含む）があっても保護される。また，登記の有無が第三者の意思決定に影響を及ぼしたかどうかも問題にならない。たとえば，支配人解任の登記がされていないことを確かめてから解任がないと信じて第三者が取引した場合でなくとも，実際に登記簿を確認しなかったけれども，従来の支配人が依然として支配人であると信じて取引した場合でも，第三者は保護される（通説）。善意・悪意の判断時期は，取引行為の時を基準として判断され，その後になって悪意（事実・法律関係を知っていること）となっても，保護される。善意・悪意の立証責任については，登記前において第三者が善意であると推定されるから，その悪意はこれを主張する者（登記当事者）が立証しなければならない[14]。

④　**法律関係に関する商法9条1項・会社法908条1項の適用範囲**　　商業登記は，商人・会社に関する重要な事項を公示して，その商人・会社の取引相手ないし一般公衆が不測の損害を受けないようにすることを意図した制度であるから，商法9条1項・会社法908条1項は，原則として取引関係にのみ適用がある。したがって，純粋な不当利得や不法行為には適用されないが，たとえば解任された支配人が支配人と称して詐欺を行った場合のように，取引関係と密接な関連において生じた取引的不法行為や取引に起因する不当利得には適用があると解される[15]。

⑤　**支店における登記の効力**　　会社以外の商人においては，商号の登記（商登28条）・支配人の登記（商登43条1項2号3号）は営業所ごとに登記される。したがって支店（営業所）における取引については支店の登記が基準となる。支店で登記されていない事項は，商法9条1項の適用により，支店で取引を

---

13)　大判明41・10・12民録14輯999頁。

14)　大判大4・12・1民録21輯1950頁。

15)　これに対し，実体法上の取引行為でない民事訴訟において，誰が当事者である会社を代表する権限を有する者であるかに関して商法旧12条（会社908条1項）の適用を否定するのは判例である（最判昭43・11・1民集22巻12号2402頁）。学説は，訴訟行為についても，原則として適用があるとする説が多い。会社法コンメ⑳197頁（行澤一人），逐条解説⑼462頁（永井和之），論点体系⑹461頁（舩津浩司）。

した第三者に対して対抗することができない。

　これに対し，会社においては，支店における登記事項は，商号，本店の所在場所および支店の所在場所のみであり（会社930条2項），本店だけでなく支店の支配人の登記も，その本店の所在地で各会社登記簿に登記される（会社918条，商登44条2項）。したがって，会社は，支店で取引した第三者に対して，本店の登記によって対抗することができることになる。

㈡　登記後の効力（積極的公示力）

① 安威川ゴルフ差戻上告審事件（最判昭52・12・23判時880号78頁）　　本判決は，最判昭49・3・22民集28巻2号368頁（後掲）の差戻後の上告審判決である。Y株式会社の代表取締役Aは，昭和41年11月18日取締役の退任により代表取締役の資格を失ったが，昭和43年9月16日に新取締役が就任するまでは従前どおり代表取締役としての権限を有しており，その代表取締役の資格喪失の登記を経由したのは同年12月28日であった。Aは，Y会社の代表取締役としての権限喪失後の昭和43年12月19日に，自分が代表取締役印を所持していたのを幸いとして，S銀行N支店からY会社名義をもって手形用紙50枚の交付を受け，その手形用紙と自分が所持していた代表取締役印を使用して，Y会社名義をもってBに宛て約束手形数通を振り出した。ゴルフ場の建設工事代金の支払いのため振り出された約束手形の1つである本件手形は，昭和44年2月上旬に振り出され，BからC，Xと順次裏書譲渡された。Xは，適法に支払呈示したが，支払いを拒絶されたので本訴を提起した。

　上告審判決（最判昭49・3・22民集28巻2号368頁）の差戻しの理由として，「株式会社の代表取締役の退任及び代表権喪失……についてはもっぱら商法12条（現行商9条，会社908条）のみが適用され，右の登記後は同条所定の『正当ノ事由』がないかぎり，善意の第三者にも対抗することができるのであって，別に民法112条を適用ないし類推適用する余地はないものと解すべきである」から，「本件約束手形の振出交付を受けた折り，右『正当ノ事由』があったか否かについて，更に原審に審理を尽させるを相当とする」と判示された。これを受けて，差戻控訴審（大阪高判昭52・3・30下民集28巻1～4号327頁）は，商法第12条（現行商9条，会社法908条）所定の正当事由とは，「客観的障碍，たとえば交通杜絶等その他社会通念上是認できる障碍により商業登記簿の調査をなすことができず，または登記簿の滅失汚損等により調査してもその登記事項を知ることができないとか，未だ事実上登記簿を閲覧

しうる状態にないような事由のほかは，正常に毎日のように手形取引を繰り返していたような場合で，しかも突然代表者の交代の変更登記がなされたというような特段の事由（相手方に改めて登記の調査を要求することが無理な場合等）が存した場合のみをいい，たとえ一般に継続的取引関係が存する場合でも……これに当らない」と判示して，本件においては正当事由があるとは認められないとした。これに対し，Ｘは，原判決には商法旧12条所定の正当事由の解釈について誤った違法があるなどと主張して，再び上告した。最高裁は，次のように判示して，本件上告を棄却した。

「本件手形は昭和44年２月上旬に振出され，ＢからＣ，Ｘと順次裏書譲渡されたものであるところ，Ｙ会社は，昭和43年12月28日Ａの代表取締役の資格喪失及び取締役退任の登記をし，遅くとも同44年１月７日か８日には右登記事項につき登記簿を閲覧することが可能な状態にあったというのである。右事実関係のもとでは，ＢがＡの代表資格喪失を知らなかったことにつき商法12条（現行商９条，会社法908条）の正当事由があるものとはいえないとした原審の判断は，正当として是認することができ，原判決に所論の違法はない。」

② **積極的公示力**　登記すべき事項を登記した後は，登記当事者は登記事項を善意の第三者に対抗することができる（商９条１項前段，会社908条１項前段の反対解釈）。すなわち，登記事項である事実・法律関係を知っている（悪意の）第三者だけでなく，それを知らない第三者（善意の第三者）に対しても当該事実・法律関係を主張することができる。これを商業登記の積極的公示力という。このように，登記により，登記事項につき第三者の悪意が擬制される[16]。

登記後でも，第三者が「正当な事由」によってその登記があることを知らなかったときは，対抗することができない（商９条１項後段，会社908条１項後段）。積極的公示力の例外を認めたものである。正当事由の立証責任は第

---

[16]　通説。このような通説は，悪意擬制説とも称される。悪意擬制説は外観保護規定との関係では，例外説とも呼ばれる。これに対し，近時，事実を善意の第三者にも対抗できるのが一般原則であり，登記事項について登記の履行の促進のためにこの原則を変更して登記前には善意の第三者に対抗できないものとし，登記後は原則に戻して対抗できるものとしたものと解する説が有力である。このような見解を異次元説という。学説について，会社法コンメ⑳199頁-201頁（行澤一人），論点体系(6)457頁（舩津浩司）。

三者にある。

「正当な事由」とは，判例・通説によれば，風水害・洪水・地震などの災害による交通途絶，登記簿の滅失汚染などのような，登記を知ろうとしても知ることができない客観的事由をいい，長期旅行や病気などのような第三者の主観的事由は含まれないと解されている[17]。継続的取引関係が存する場合で，突然代表者の交代の変更登記がなされたというような特段の事由（相手方に改めて登記の調査を要求することが無理な場合等）が存した場合も正当事由にあたるが，一定の日数が経過して登記簿を閲覧することが可能な状態にあった場合には，正当事由にあたらないとする判例がある[18]。

(ウ) 商業登記の一般的効力と外観保護規定との関係

① 安威川ゴルフ事件（最判昭49・3・22民集28巻2号368頁）　本件の事実関係は，本判決の差戻し後の前掲差戻控訴審（大阪高判昭52・3・30下民集28巻1〜4号327頁）・前掲差戻上告審（最判昭52・12・23判時880号78頁）と基本的部分は同じであり，前掲の最判昭52・12・23判時880号78頁で述べた事実の概要を参照することとし，ここでは省略する。

　第1審は，Y会社の代表取締役であったAがその代表取締役の資格喪失の登記後に，Y会社代表取締役名義でBに宛てて振り出し，その後Xが本件手形を裏書により所持する場合，XのY会社に対する本件手形金の支払請求を棄却した。これに対し，原審は，「BはAがかつて，Y会社の代表権を有していたことを知っており，その後，代表権を失ったのにこれを知らずに代表権があるものと信じていたのであるから，商法上代表権喪失の登記を対抗される善意の第三者であり，かつ，民法112条の善意の第三者にもあたるものというべく，Y会社は同条の代理権消滅後の表見代理の責任を負うべきである。」と判示して，Xの請求を認容した。そこで，Y会社は上告したが，最高裁は，次のように判示して原判決を破棄し，本件を原審に差し戻した。

---

17)　大阪高判昭52・3・30下民集28巻1〜4号327頁（上告審の最判昭52・12・23判時880号78頁は，原審の判断を是認する），最判平6・4・19民集48巻3号922頁（社会福祉法人の理事の退任登記の事案）。学説でも，通説は同様の見解をとる。これに対し，登記に優先する事情や外観が存在する場合（商24条，会社13条・354条等）も正当事由にあたると解する説（正当事由弾力化説）などがある。学説について，会社法コンメ(20)198頁（行澤一人），逐条解説(9)463頁（永井和之）。

18)　最判昭52・12・23判時880号78頁は，このような場合に正当事由にあたらないとする原審（大阪高判昭52・3・30下民集28巻1〜4号327頁）の判断を是認する。

「商法は，商人に関する取引上重要な一定の事項を登記事項と定め，かつ，商法12条（現行商9条，会社908条）において，商人は，右登記事項については，登記及び公告をしないかぎりこれを善意の第三者に対抗することができないとするとともに，反面，登記及び公告をしたときは善意の第三者にもこれを対抗することができ，第三者は同条所定の『正当ノ事由』のない限りこれを否定することができない旨定めている」，「商法が右のように定めているのは，商人の取引活動が，一般私人の場合に比し，大量的，反復的に行われ，一方これに利害関係をもつ第三者も不特定多数の広い範囲の者に及ぶことから，商人と第三者の利害の調整を図るために，登記事項を定め，一般私法である民法とは別に，特に登記に右のような効力を賦与することを必要とし，又相当とするからに外ならない。」，「ところで，株式会社の代表取締役の退任及び代表権喪失は，商法188条（現行会社911条）及び15条（現行会社909条）によって登記事項とされているのであるから，前記法の趣旨に鑑みると，これについてはもっぱら商法12条のみが適用され，右の登記後は同条所定の『正当ノ事由』がないかぎり，善意の第三者にも対抗することができるのであって，別に民法112条を適用ないし類推適用する余地はないものと解すべきである。」，「Xは，Bにおいて，Aより右手形の振出交付を受けた際，右代表権の喪失につき善意であり，かつ，商法12条所定の『正当ノ事由』があったことを主張立証することによってのみY会社に右手形金を請求することができるにとどまり，Bの善意無過失を理由に民法112条を適用ないし類推適用してY会社の表見代理責任を追及することは許されないものといわなければならない。」，「しかるに原審は，右『正当ノ事由』を顧慮することなく，Bが，本件約束手形の振出交付を受けた際，Aの代表権喪失につき善意無過失であったと認め，民法112条により右手形に関するY会社の表見代理責任を認めたのであり，右判断は，前述の法理に違背し，右違法は原判決の結論に影響を及ぼすことが明らかである。論旨は理由がある。よって，その余の上告理由につき判断するまでもなく，原判決は破棄を免れない。そして，Bにおいて本件約束手形の振出交付を受けた折り，右『正当ノ事由』があったか否かについて，更に原審に審理を尽させるを相当とする。」

② **商業登記の一般的効力と外観保護規定との関係**　商業登記の積極的公示力により第三者の悪意が擬制されると解するならば，いったん登記がなされると，表見代理（民109条・110条・112条），表見支配人（商24条，会社13条），

表見代表取締役（会社354条），表見代表執行役（会社421条）などに関する外観保護規定によって，善意の第三者が保護される余地はなくなる。そこで，このような外観保護規定と商法9条1項・会社法908条1項との関係をどのように理解するのかが問題となる。学説は，例外説，異次元説および正当事由弾力化説に大別される[19]。

　判例は，平成19年改正前商法のもとで，共同代表の定めがあり（商旧261条2項3項〔会社法では廃止〕），かつその旨の登記（商旧188条2項9号〔会社法では廃止〕）があるのにかかわらず，代表取締役の1人が，単独で，代表取締役の名称を使用して行為をした場合において，商法旧262条（会社354条）の類推適用を認めている[20]。これに対し，代表取締役を退任して代表権を喪失し，その登記がなされた後に，この者が会社の代表者名義で行った行為について，代表取締役の退任・代表権喪失は登記事項（商旧188条・15条）であるから，これについてはもっぱら商法旧12条（会社908条1項）のみが適用され，同条所定の正当事由がない限り，善意の第三者にも対抗することができるのであって，別に民法112条を適用ないし類推適用する余地はないとしている[21]。

(2)　商業登記の特殊的効力

　商業登記は，一般的に，既存の事実・法律関係の公示を目的とするものであ

---

[19]　通説である悪意擬制説は，外観保護規定との関係に関して，同規定を商業登記の積極的公示力の例外として位置付ける。そのため例外説と呼ばれる。外観保護規定のうち，表見支配人，表見代表取締役，表見代表執行役などの規定である。しかし，民法の表見代理についてはこの例外に該当することを認めない。これに対し，異次元説は，悪意が擬制されることを否定する。商法9条1項，会社法908条1項は公示主義に基づく規定であり，民法112条，商法24条，会社13条・354条・421条などは外観主義に基づく規定である。両者は次元の異なることを規定するものであり，なんら抵触しない（民法の表見代理の規定の適用を認める）。消極的公示力は登記義務者に不利益を課すものであるが，登記がなされた場合には，第三者に対して「真実をもって対抗できる」という原則に復帰するだけである。積極的公示力とは，けっして悪意を擬制するような強い効力を持つものではない。したがって外観主義規定を例外として意義づける必要性はないというのである。正当事由弾力化説は，商法9条1項後段，会社法908条1項後段の正当事由を弾力的に解して，登記に優先する事情や外観が存在する場合（商法24条，会社13条・354条など）には，これを正当事由に含むと解する。会社法コンメ(20)199頁-206頁（行澤一人），逐条解説(9)463頁〜464頁（永井和之），論点体系(6)458頁-459頁（舩津浩司）。

[20]　最判昭42・4・28民集21巻3号796頁，最判昭43・12・24民集22巻13号3349頁。

[21]　最判昭49・3・22民集28巻2号368頁（前掲安威川ゴルフ事件）。

るが（宣言的効力），登記により事実・法律関係がいっそう明確になることから，画一的処理をするために特定の場合に特殊の効力が認められている。下記の場合には，商法9条1項，会社法908条1項の適用はないものと解される[22]。

㈎ 創設的効力

これは，登記によって新たな法律関係が創設される効果が付与される場合をいう[23]。

㈏ 補完的効力ないし治癒的効力

これは，登記することによって，一定の法律関係に内在する瑕疵を主張できなくなり，その結果その瑕疵が補完ないし治癒されたと同一の効果をもつものである[24]。

㈐ 付随的効力

これは，登記により，一定の責任が免除される基礎となるものである[25]。

㈑ その他の効力

商号譲渡の登記によって，商号譲渡は第三者に対抗することができるとされている（商15条2項〔対抗力〕）[26]。

---

22) 大判昭14・2・8民集18巻54頁。本判決に反対する学説もある。会社法コンメ⒇193頁（行澤一人）。
23) たとえば，会社の設立登記（会社49条・579条）によって会社は成立し，会社の新設合併登記（会社754条1項・756条1項・922条），新設分割登記（会社764条1項・766条1項・924条），株式移転登記（会社774条1項・925条）によって，新設合併，新設分割，株式移転の効力が生じる。
24) たとえば，設立登記により会社が成立した後は，株式引受人は錯誤による引受けの無効や詐欺・強迫による引受けの取消しを主張できない場合や（会社51条2項・102条6項），設立の無効または取消しの判決があっても，従来の法律関係に影響を及ぼさない場合（会社839条），会社の組織に関する行為の無効が登記と一定期間の経過でその主張ができなくなる場合（会社828条1項）などがその例である。
25) たとえば，持分会社の社員は退社登記または持分の全部譲渡の登記の時から2年，解散の登記から5年経過したときは，それ以前に請求または請求の予告をしなかった債権者に対する責任を免れる場合（会社586条2項・612条2項・673条1項）がある。
26) また，外国会社（会社2条2号）は外国会社の登記（会社933条）をするまでは，日本において継続して取引をすることができない（会社818条1項）。これに違反して取引をした者は相手方に対し外国会社と連帯して，当該取引によって生じた債務を弁済する責任を負う（会社818条2項）。この登記は，外国会社の地位を強化する意味で，強化的効力ともいわれる。

(3)　不実登記の効力

㋐　天宝堂事件（最判昭47・6・15民集26巻5号984頁）

　A株式会社は，服飾雑貨および装粧品の卸，小売等を目的とする株式会社であり，Yの娘の夫Bが代表取締役をしていたC株式会社の取扱商品である宝石・貴金属類につきその小売部門を開設するために設立された会社であった。A会社は，Bがその経営全般を営業部長として掌理していたが，Yはその設立に際してBから，迷惑をかけないから名目上代表取締役に就任してくれと頼まれてこれを承諾し，昭和39年4月8日同会社の取締役ならびに代表取締役に就任した旨の登記を経て，さらに昭和41年1月7日，同月5日付をもって重ねて同会社の取締役ならびに代表取締役に就任した旨の登記を経た。しかし，Yの前記取締役ならびに代表取締役への就任は，A会社の創立総会，株主総会ないし取締役会の決議に基づいたものではなく，まったく名目上のもので，Yは同役職就任後も同会社の業務の執行には一切関与せず，もとよりその指揮監督にあたる等のこともまったくなかった。

　X株式会社は，A会社に対し，コマーシャルフィルム製作代等の債権を取得していたが，Bが代表取締役をしていたC会社が昭和41年6月頃手形の不渡りを出して倒産したため，A会社はC会社に貸し付けていた資金の全額が回収不能となり，そのためA会社も同年7月不渡手形を出して倒産し，その結果X会社はA会社に対する前記債権の取立てができなくなり，同債権相当額の損害を蒙った。そこで，X会社は，商法旧266条ノ3（会社429条）に基づきYに対して，前記債権額相当の損害賠償を請求する訴えを提起した。

　第1審・第2審とも，X会社の請求を認容した。そこで，Yは上告して，商法旧14条により登記した事項の不実なことをもって善意の第三者に対抗することができないとされる者は登記義務者であるA会社自身であって，Y個人でないことなどを主張した。最高裁は，次のように判示して，Yの上告を棄却した。

　「原審の確定した事実によれば，Yの取締役への就任は，右会社の創立総会または株主総会の決議に基づくものではなく，まったく名目上のものにすぎなかったというのである。このような場合においては，Yが同会社の取締役として登記されていても，本来は，商法266条ノ3第1項（会社429条1項）にいう取締役には当たらないというべきである。けだし，同条項にいう取締役とは，創立総会または株主総会において選任された取締役をいうのであって，そのような取締役でなければ，取締役としての権利を有し，義務を負うことがないか

らである。

　商法14条（現行会社908条２項）……にいう，『不実ノ事項ヲ登記シタル者』
とは，当該登記を申請した商人（登記申請権者）をさすものと解すべきことは
論旨のいうとおりであるが，その不実の登記事項が株式会社の取締役への就任
であり，かつ，その就任の登記につき取締役とされた本人が承諾を与えたので
あれば，同人もまた不実の登記の出現に加功したものというべく，したがって，
同人に対する関係においても，当該事項の登記を申請した商人に対する関係に
おけると同様，善意の第三者を保護する必要があるから，同条の規定を類推適
用して，取締役として就任の登記をされた当該本人も，同人に故意または過失
があるかぎり，当該登記事項の不実なことをもって善意の第三者に対抗するこ
とができないものと解するのを相当とする。」，「ＹがＡ会社の取締役に就任し
た旨の登記につき，同人が承諾を与えたことは，前示のとおりであり，同人が
右登記事項の不実であることを少なくとも過失によって知らなかったことは原
審の適法に確定するところであるから，同人は，右登記事項の不実であること，
換言すれば同人がＹ会社の取締役でないことをもって善意の第三者であるＸ会
社に対抗することができず，その結果として，原審の確定した事実関係のもと
においては，ＹはＸ会社に対し同法266条ノ３（会社429条１項）にいう取締役
としての責任を免れ得ないものというべきである。」

（イ）　不実登記の効力に関する規定の意義

　商業登記簿の記載事項と現実が異なる場合が生じる。たとえば，記載変更の
法的事実が生じたにもかかわらず，登記簿上にその変更がなされなかった場合
である。あるいは登記義務者が，故意に，真実と異なる事項を申請する場合も
あり得る。また真実と異なる事項を誤って申請する場合もあろう。商業登記の
記載は，登記された事項が実体を持つ（現実に存在する）ことを前提とするも
のであるから，実体が存在しなければ，登記があっても何らの効力も生じない
はずである。しかし，そうすると，登記上の記載を真実であると信頼して取引
をした第三者は，不測の損害を被り，取引の安全が害されることになる。登記
上の記載を信頼できないのであれば，登記簿を閲覧する意義自体がうすれてし
まう。

　そこで，故意または過失によって不実の事項を登記した者は，その事項が不
実であることをもって善意の第三者に対抗することができない（商９条２項，
会社908条２項）。このような商法・会社法の規定は，外観保護規定と同様に外

観主義にもとづくものである。

　外観主義とは，外観（真実と異なる見かけ）を信頼した取引相手方の取引の安全を保護するため，当事者の関係について，真実ではなく外観を基準として紛争の解決を図るべきだという考え方である。外観理論または禁反言の法理ともいう。外観主義の責任が成立するには，外観，外観作出の帰責事由および第三者の信頼という３つの要件が必要である。この場合，紛争当事者間において，真実と異なる外観（不実登記の記載）を基準として紛争解決が処理される。真実ではなく，不実の記載が優先されることから，不実登記の効力とも，また商業登記の公信力とも呼ばれる。

㋒　商９条２項・会社908条２項の適用要件

①　**外　観**　　この場合，登記簿上の記載が外観となる。真実と異なる記載である。なお「不実の事項を登記した者」とは，当該登記の申請者（登記義務者）である商人・会社をさす。ただし，登記申請権者ではなくて，自己の取締役就任に関する不実の登記に承諾を与えて，不実の登記の出現に加功した者も，商法旧14条（現行商９条２項，会社908条２項）の類推適用により，当該登記事項の不実を善意の第三者に対抗することができないとする判例がある[27]。また，取締役を辞任した者が，登記申請権者である会社の代表者に対し，辞任登記を申請しないで不実の登記を残存させることにつき明示的に承諾を与えていたなどの特段の事情が存在する場合にも，商法旧14条の類推適用により善意の第三者に対抗できない[28]。

②　**帰責事由**　　外観主義にもとづく責任が生じるには，外観の作出に関し帰責事由が要件である。つまり登記申請権者の故意（不実を知っていること）または過失である。したがって，登記官の過誤による登記や，第三者の虚偽の申請による場合[29]のように，不実の登記が登記申請権者の故意・過失に基づかないで生じた場合，商９条２項・会社908条２項の適用はない。しかし，自己の故意・過失によらないで不実の登記が存在するときでも，その事実を知りながら（重過失で知らない場合も含む）是正措置をとることなくこれを放置する場合には，登記申請権者の申請に基づく登記と同視して，商９条

---

27)　最判昭47・６・15民集26巻５号984頁（前掲天宝堂事件）。
28)　最判昭62・４・16判時1248号127頁，最判昭63・１・26金法1196号26頁。
29)　最判昭55・９・11民集34巻５号717頁。

180

2項・会社908条2項の類推適用が認められるものと解される。

③ **第三者の善意** 第三者の善意とは，登記と事実が相違していることを知らないことをいい，不実の登記を見てそれを真実であると信頼したことは必要ではないと解する説（通説）がある。一方，外観を信頼した者を保護する趣旨から，登記を見て信頼したことを要件とする説がある[30]。不実の登記事項と同一の事項について善意であれば，通常同事項について真実の登記がなされているものと思うであろうから[31]，第三者を保護するためには，登記と事実が相違していることを知らなければ足りるとする説（通説）のほうが妥当であろう。なお，第三者が善意である限り，過失（重過失を含む）があっても保護される。

[問題]

1 A株式会社の株主総会において，Bを取締役に選任する旨の決議があったとして，取締役の変更登記の申請があった。その申請には，株主総会の議事録も添えられていたが，登記官Cが有効な株主総会の決議があったかどうかを審査することが認められるか。

2 個人商人であるA商店は，その支配人Bを解任してCがこれに代わった。しかし，Bの支配人解任登記，Cの支配人選任登記がなされていなかった。そこで，そのような登記がなされていないことを利用して，Bは，A商店支配人Bという名義で約束手形を振り出し，その手形をDに交付し，DはA商店に手形金の請求をした。

(1) A商店は，Bが支配人を解任されているので，代理権はなく，本件手形は，B個人の振り出した手形であるとして，A商店は，その支払いを拒否できるか。

(2) 上記の例で，CがA商店支配人C名義で約束手形を振り出し，Dがその手形の交付を受けた場合，Dは，A商店に手形金の支払いの請求をすることができるか。

(3) 上記の例で，Bが解任登記のないことを利用して，A商店支配人名義で，Eから借財し，自己の債務の返済にあてたとする。この場合に，Eは，Bの支配人選任登記がなされており，Bの解任登記がないことを確かめ，それゆえBの代理権の消滅がないことを信じて，その貸付けを行ったというわけではないと

---

30) 会社法コンメ⒇207頁-208頁・211頁-212頁（行澤一人），逐条解説⑼465頁-467頁（永井和之），論点体系⑹463頁（舩津浩司）。

31) 東京地判昭31・9・10下民集7巻2445頁。

きでも，Eは，A商店に貸金の返済を請求することができるか。

(4)　A商店の支配人Cの取引によって，A商店から動産を買い受けたFは，Cの支配人選任の登記がない場合においても，A商店に対して差し押さえをした債権者Gに対して，支配人Cとの取引によって取得した動産の所有権を主張することができるか。

3　A株式会社の代表取締役Bは，退任登記の完了後の時点で，善意のC宛にA株式会社代表取締役B名義で約束手形を振り出した。

(1)　Cは，その手形の支払いの請求をしたが，A会社は支払いを拒絶できるか。

(2)　上記の例で，Bの退任登記は，令和4年5月30日月曜日になされ，同年3月7日（月曜日）に本件手形が振り出された。Cは，会社法908条1項の『正当の事由』を主張することができるか。

(3)　上記の例で，Bは，退任登記後も，社長の名称の使用について黙認の許諾がなされていたとすると，会社法354条の表見代表取締役の規定により，A会社は，Cに対して責任を負うか。

4　A株式会社の設立の際に，Bは娘婿のCからA会社の名目上の代表取締役に就任するよう依頼され，これを承諾し，その旨の登記がなされた。しかし，A会社ではBを取締役・代表取締役に選任するための株主総会や取締役会を開催していなかった。また，Bは，単に登記簿上の代表取締役に過ぎず，業務執行には一切関与していなかった。

(1)　A会社が倒産したため，その債権者Dが，Bに対して会社法429条による損害賠償の請求をすることができるか。

(2)　上記の例で，A会社の取締役を辞任したCは，辞任登記がなされていなかった場合に，会社倒産後，会社債権者に対して会社法429条により責任を負わされるか。

(3)　A会社の代表取締役Bが死亡により退任したため，会社を代表する権限を有する者を欠くに至った。この場合に，A会社の単なる取締役Eが，A会社を代表して登記申請その他の対外的な行為をする権限を有しないにもかかわらず，A会社代表者名義を使って，株式総会および取締役会の虚偽の議事録を作成しこれに基づき不実の代表取締役就任の登記をした。そして，Eは，A会社の代表取締役としてA会社所有の不動産の売買契約をFと行った。この場合に，A会社は，Eが代表取締役でないことを理由に，Fに対して本件契約の無効を主張することができるか。

第9章

営業・事業の譲渡

1 組織再編と営業・事業の譲渡

　現代の企業は，競争の回避・経営の効率化・市場の独占などを目的として，連携・集中を図って企業グループや支配・従属関係にある企業（結合企業）が形成されているのが実情である。企業グループや複数の企業が結合する企業結合を形成するための方法として，組織再編が行われる。組織再編とは，広い意味では，組織変更，事業譲渡・譲受け，合併，会社分割，および株式交換・株式移転を総称するものである。営業・事業の譲渡は，企業グループの形成や企業買収（M&A）の一環として行われることが多い。

　ところで，営業・事業には，営業・事業活動を意味する主観的意義の営業・事業[1]と，営業・事業活動の基礎となり，一定の営利目的のために組織化された営業・事業上の財産を意味する客観的意義の営業・事業とに分けて考えられる[2]。本章で取り上げる営業・事業の譲渡の場合には，客観的意義の営業・事業が対象となる。

---

1 ） 商5条・6条・14条・502条，会社5条・9条など参照。
2 ） 平成17年改正商法の総則では，「営業」の譲渡（商旧24条～29条）という用語が使われていたのに対し，平成17年改正商法総則では「営業」の譲渡（商15条～18条の2），会社法総則は「事業」の譲渡（会社21条～24条）という用語が使われている。これについて，実質的な変更はないと考えられているので，以下では営業・事業の譲渡と表記する。なお，本書第3章1参照。

2 営業・事業の譲渡の意義と機能

(1) 営業・事業の譲渡の意義

9 − 1 図解：営業譲渡・事業譲渡

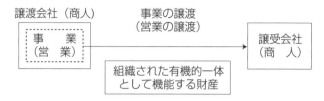

(ア) **富士林産工業事件**（最大判昭40・9・22民集19巻6号1600頁）

　X株式会社は，製材加工事業及びその製品の売買等を業とする会社であったが，その創立とともに製材工場を設置し，この工場施設を基盤として主に桶材の製造加工および販売をしてきた。しかし，その後，原材料の値上り，需要の減少等の事由により昭和28年12月28日を区切りとして一時休業するのやむなきに至った。X会社は，昭和30年9月5日Y協同組合の懇請により本件工場の土地建物と運搬用軌道設備とを一括してY組合に無償で貸与することを約束するとともに，貸与物件についてはX会社が木曾工場の運営上の必要に基づき返還を請求したときは何時でも即時原状に復して返還することを定めて，Y組合に引き渡し，Y組合はそれを占有・使用していた。

　その後，X会社は，本件工場を再開運営する必要を生じ，昭和31年12月24日前記貸与物件の返還を請求したが，Y組合が応じないので，X会社はその明渡しと明渡しまでの損害を求めて訴えを提起した。これに対し，Y組合は，昭和30年11月9日にX会社とY組合との間の売買によって本件土地建物等を譲り受けた旨を主張して，X会社の請求の棄却を求めるとともに，反訴によりY組合の所有権および売買契約の確認を求めた。

　X会社は，本件土地建物等はX会社唯一の施設であるから，その譲渡は商法旧245条1項1号（会社467条1項1号2号）の営業譲渡に該当し，X会社の株主総会特別決議を経ていないため無効であると主張した。これに対し，Y組合は，本件売買は営業譲渡に該当しないから株主総会特別決議を要しないと反論した。第1審・第2審ともに，X会社の請求が棄却された。そこで，X会社は上告したが，最高裁は，次のように判示して，上告論旨は理由がないとした。

　「商法245条1項1号（現行会社467条1項1号2号）によって特別決議を経ることを必要とする営業の譲渡とは，同法24条以下（現行商15条以下，会社21条以下）にいう営業の譲渡と同一意義であって，営業そのものの全部または重要な一部を譲渡すること，詳言すれば，一定の営業目的のため組織化され，有機的一体として機能する財産（得意先関係等の経済的価値のある事実関係を含む。）の全部または重要な一部を譲渡し，これによって，譲渡会社がその財産によって営んでいた営業的活動の全部または重要な一部を譲受人に受け継がせ，譲渡会社がその譲渡の限度に応じ法律上当然に同法25条（現行商16条，会社21条）に定める競業避止義務を負う結果を伴うものをいうものと解するのが相当である。」，「商法245条1項1号の規定の制定およびその改正の経緯に照しても，右法条に営業の譲渡という文言が採用されているのは，商法総則における既定概念であり，その内容も比較的に明らかな右文言を用いることによって，譲渡会社がする単なる営業用財産の譲渡ではなく，それよりも重要である営業の譲渡に該当するものについて規制を加えることとし，併せて法律関係の明確性と取引の安全を企図しているものと理解される。」

(イ)　営業・事業の譲渡の意義をめぐる諸説

　営業・事業譲渡の意義については，最高裁大法廷判決は，一定の営業目的のため組織化され，有機的一体として機能する財産の全部または重要な一部を譲渡し，これにより，譲渡会社による営業的活動の全部または重要な一部を譲受人に受け継がせ，譲渡会社がその譲渡の限度に応じ法律上当然に商法旧25条（現行商16条，会社21条）に定める競業避止義務を負う結果を伴うものをいうと解する。これに対し，学説は営業・事業の譲渡の意義をめぐり諸説があるが，近時では，一定の営業・事業目的のために組織化された有機的一体として機能する財産の譲渡と解し，営業・事業の承継という要素は不要とする説（営業・事業財産譲渡説）が多数説であるといってよい[3]。上記大法廷判決で求められる競業避止義務は特約により排除できるのであって（商16条1項，会社21条1項），営業・事業譲渡の不可欠の要件とはいえないと考えられることから，営業・事業財産譲渡説が妥当であると解される。

(2)　営業・事業の譲渡の機能

　営業・事業の譲渡は，既存の営業・事業を解体することなく，その有機的一体性を保持したまま移転することを認めたものである。したがって，営業・事

業の譲渡は，商人・会社が転業・廃業をする場合に，既存の営業・事業の簡易な清算方法となり[4]，同時に，営業・事業の解体を防止し，企業の維持に役立つ。営業・事業の譲受人にとっては企業規模の拡大となり，両当事者が会社の場合には合併と類似の機能を有するもので企業合同の一方法である。独占禁止法により，合併の場合（独禁15条）と同様，一定の取引分野における競争を実質的に制限することとなる事業の譲受けが禁止される（独禁16条）。

さらに，営業・事業の譲渡は，企業分割にも利用される。たとえば，営業・事業の一部を現物出資して子会社を設立したり，子会社を設立した後に営業・事業の一部を譲渡する場合である。ただし，営業・事業の譲渡は取引法上の契約にすぎないので，個々の財産の移転手続が必要となる[5]。

3 営業譲渡契約・事業譲渡契約

(1) 営業譲渡契約・事業譲渡契約の性質

営業譲渡契約・事業譲渡契約とは，商人（譲渡人）・会社（譲渡会社）が営業・事業を譲渡し，相手方（譲受人）がこれを譲り受けることを内容とする債権契約である。営業譲渡契約・事業譲渡契約は，売買（対価が金銭の場合）・交

---

3) 学説として，その他，①営業・事業目的のため組織化され，有機的一体として機能する財産の譲渡であり，さらに譲受人による営業・事業の承継等を伴うものと解する説（かつての通説），②営業・事業の本体を営業・事業活動とし，営業・事業譲渡は営業・事業の存続を前提とする営業者たる地位（営業用財産の所有者，利用者たる地位を含む）の譲渡と解する説（経営者地位引継説），③営業・事業を財産的価値ある事実関係と解し，営業・事業譲渡とはこれを譲渡することであり，営業用財産は従物としてこれに伴って移転すると解する説（営業・事業組織譲渡説），④営業・事業用財産の譲渡であっても，それによって譲渡人の運命に重大な影響を及ぼすような場合には営業・事業譲渡に該当するという説（前記大法廷判決における反対意見）が対立する。前記大法廷判決（最大判昭40・9・22民集19巻6号1600頁〔前掲富士林産工業事件〕）は，かつての通説である上記①の説と同じ見解ということができる。会社法コンメ(1)200頁-201頁（北村雅史），会社法コンメ(12)26頁-30頁（齊藤真紀），論点体系(1)75頁-77頁（金丸和広），論点体系(4)11頁-14頁（菊地伸）。
4) なお，会社更生46条・167条2項・174条6号参照。
5) 会社法では，そのような個別の移転手続を要しないで包括的に承継される会社分割制度が制定されている。ただし，会社分割の対象が，「営業の全部または一部」ではなくて，「事業に関して有する権利義務の全部または一部」と規定（会社2条29号30号・757条以下）されているので，会社分割の対象は，事業自体でなくなり，事業としての有機的一体性は不要となっている。

換などに類似する性質を有するが，営業・事業の譲渡の対象は物・権利だけでなく事実関係（得意先・営業上の秘訣など）をも含んでいるので，売買などに類似した複雑な内容の混合契約であると解されている。譲受人は非商人でもよく，この場合には営業の準備行為たる営業・事業の譲受契約の締結によって商人資格を取得し，営業・事業の譲受けはその者の附属的商行為となる[6]。

(2)　営業・事業の譲渡の態様

　営業・事業の譲渡の対象について，当事者間で合意がなされるが，営業・事業の全部を譲渡する場合と，その一部を譲渡する場合とがある。個人商人が数個の営業を有する場合に，営業ごとに複数の商号を有することができることから，そのうちの一個の営業を全体として譲渡するときは，営業全部の譲渡であって，一部の譲渡ではない。これに対し，会社が数個の事業を経営している場合，会社は全体として1つの商号しか有することができないことから，そのうちの一個の事業を全体として譲渡したとしても，事業の全部の譲渡ではなくて，事業の一部の譲渡である（会社467条1項2号）。

　営業・事業の譲渡は，個々の財産またはその集合物の譲渡にとどまる営業用財産・事業用財産の譲渡とは異なるのであって，営業・事業の一部の譲渡であっても，これは組織化された有機的一体として機能する財産の譲渡でなければならない。支店などの営業所の譲渡は，通常，営業・事業の一部の譲渡にあたると考えられる。また，営業・事業活動の中心となる営業所とまではいえなくてその組織活動の構成部分にすぎない出張所などの譲渡も，その出張所などが組織化された有機的一体として機能する財産の譲渡である場合には営業・事業の一部の譲渡となりうるものと解される。

(3)　営業譲渡・事業譲渡の手続

　営業譲渡契約・事業譲渡契約の方式については，法律上は自由であり当事者間の合意のみで契約は成立するが，事柄の重要性から，契約は書面によるのが普通である。譲渡契約の当事者が個人商人の場合には，営業譲渡の手続について，とくに問題とならない。これに対し，当事者が会社の場合には，契約はその代表機関が締結するが，事業譲渡は会社にとって重要な事項であるので内部

---

6)　商人資格の取得時期については，本書第2章4(1)参照。

的に慎重な手続が要求され，株式会社では株主総会の特別決議，持分会社では総社員の同意もしくは社員の過半数の決定が必要とされる。このような場合に，株主総会の特別決議や総社員の同意・社員の過半数の決定がないときは，事業譲渡は無効となる。

㈔　株式会社の場合

　譲渡人である株式会社が事業の全部または重要な一部の譲渡をするときは，原則として株主総会の特別決議を要する（会社467条1項1号2号・309条2項11号）。事業の重要な一部の譲渡でない場合には，それが重要な財産の処分にあたるときは，取締役会設置会社では取締役会の決議によって決定される（会社362条4項1号）[7]。取締役会を設置しない株式会社では，定款に別段の定めがない限り，取締役が決定する（会社348条2項）。この場合でも，それが事業の譲渡であり限り，会社法総則の事業譲渡に関する規定は適用される。なお，会社法467条1項1号・2号にいう「事業の譲渡」と会社法総則の「事業の譲渡」とは同一の意義であるとするのが判例[8]である。

　譲受会社である株式会社が他の会社の事業の全部を譲り受けるときも，原則として株主総会の特別決議を要する（会社467条1項3号・309条2項11号）。したがって，他の会社の事業の一部を譲り受ける場合，あるいは会社以外の者（たとえば個人商人）の営業の全部を譲り受ける場合（個人商人から譲り受ける場合はその対価が問題となるほど巨額でないことが想定される）は，株主総会の特別決議は必要とされない。しかし，それが重要な財産の譲受けまたは重要な組織の設置にあたるときは，取締役会設置会社では取締役会の決議によって決定され（会社362条4項1号4号）[9]，取締役会を設置しない株式会社では，定款に別段の定めがない限り，取締役が決定する（会社348条2項3号）。この場合も，会社法総則の事業譲渡に関する規定の適用がある。

　なお，例外として，譲受会社が譲渡会社の特別支配会社（総株主の議決権の10分の9以上を有する）であるとき譲渡会社の株主総会の特別決議は不要とされ，また反対に，譲渡会社が譲受会社の特別支配会社であるときは譲受会社の

7）　監査等委員会設置会社では取締役に（会社399条の13第5項），指名委員会等設置会社では執行役にその決定を委任できる（会社416条4項）。

8）　最大判昭40・9・22民集19巻6号1600頁（前掲富士林産工業事件）。

9）　監査等委員会設置会社では取締役に（会社399条の13第5項），指名委員会等設置会社では執行役にその決定を委任できる（会社416条4項）。

株主総会の特別決議は不要とされる（略式事業譲渡・略式事業全部の譲受け）（会社468条1項）。また，事業の重要な一部の譲渡で，当該譲渡により譲り渡す資産の帳簿価額が当該会社の総資産額の5分の1を超えない場合には，軽微なものとして，株主総会の特別決議は不要である（簡易事業譲渡）（会社467条1項2号括弧書）。さらに，譲受会社が他社の事業全部を譲り受ける場合に，その対価が譲受会社の純資産額の5分の1を超えないときは，譲受会社の株主総会の特別決議は不要とされる（簡易事業全部の譲受け）（会社468条2項）。また，反対株主の株式買取請求権が認められている（会社469条）。

(イ)　持分会社の場合

　譲渡人である持分会社は，清算持株会社である場合を除き（会社650条3項），事業の全部または重要な一部の譲渡をするときに，社員の同意を要求する規定はない。しかし，持分会社が事業の全部を譲渡するときは，これにより会社の目的の変更を生じることになると考えられるので，定款に定めた目的の変更として（会社637条），定款に別段の定めがない限り，総社員の同意を要するものと解される。事業の一部の譲渡の場合には，定款の目的の変更に該当しない限り，総社員の同意を要しないものと考えられる。これに対し，清算中に事業の全部または一部を譲渡するときは，社員の過半数で決定される（会社650条3項）。

　譲受人である持分会社が他の会社の事業を譲り受ける場合については，規定がない。持分会社が他の会社の全部を譲り受けるときも，会社の目的に変更が生じる場合には，定款に別段の定めがない限り，総社員の同意を要するものと解される（会社637条）。

4　譲渡当事者間における営業・事業の譲渡の効果

(1)　営業・事業の移転義務

(ア)　播磨鉄鋼事件（大阪高判昭38・3・26高民16巻2号97頁）

　Y株式会社は，鉄鋼材・鉄鋼2次製品の売買などの事業を営み商業部門と，港湾・運送および回漕陸運荷役などの事業を営む運輸部門とからなる会社であった。Xは，昭和36年5月11日，Y会社の運輸部門に雇用されたが，同年7月29日，年齢・体力などから本採用後の労務に危険を伴うことを理由で解雇された（第1の解雇）。Xは，解雇の無効を主張してY会社の従業員としての仮の地位を定めることを求める仮処分の申請したところ，第1審は，前記解雇は試

用期間中の解雇であるとはいえ，真の理由が思想信条を理由とするものであるから労働基準法3条に違反し無効であり，前記雇傭契約は依然として有効に存続し，XはY会社の従業員たる仮の地位を有すると判示した。

Y会社は，昭和34年の港湾運送事業法の改正により港湾運送事業が登録制から免許制に改められたことに伴い，その営業を商業部門のみにして，運輸部門はこれを分離独立する方針を立て，同部門に関する営業組織一切を新たに設立されるA株式会社に譲渡するとともに，同部門で働いていた従業員については現職現給のまま従前の既得権を保持して新会社に承継させることとした。昭和37年1月25日頃，労働組合はY会社の前記方針を了承し，全従業員は異議なくこれに同意したので，Y会社は，運輸部に関する営業をA会社に譲渡するとともに，従業員との間の雇傭関係を同年1月31日限りで終了し，翌2月1日付けでA会社に引き継いだ。ところが，Y会社は，Xに対しては原仮処分判決に基づく取扱いをなしてきたが，運輸部の廃止に伴う前記の取扱いについてはなんらの通知をしなかった結果，Xからはなんの申出もなく，Y会社はXに対し，運輸部が廃止されたことを理由に昭和37年3月27日付書面をもって第2の解雇の意思表示をなし，Xが予告手当ての受領の催告に応じなかったので，これを供託した。

Y会社は，第1および第2の解雇の有効性を主張して，仮処分申請の却下を求めて控訴した。大阪高裁は，第1の解雇について第1審判決と同様に無効であるとしたうえで，第2の解雇について，次のように判示して，原判決を取り消し，Xの申請を却下した。

「現代の企業においては，この組織化された機能的財産……に企業に組み入れられた労働者の労力が結合して，一体的な有機的組織体を構成している。企業からこの労働力を切り離すときは，その一体的有機性は破壊される。」，「企業譲渡において企業の経営組織が縮少変更されることなく同一性を維持しつつなされるときは，組織内に配置された集団的労働関係も縮少変更の要がないから，企業維持のために，そのままの状態で，営業主体の変更に伴って新主体に承継されるか又は承継されると同様な措置が採られるのが一般である。この労働関係を承継存続させることは企業が社会的公共的の要請に応えるゆえんでもある。」，「企業譲渡に際し労働契約関係が承継存続される旨を定めた一般的規定は存しない。」，しかし「労働契約の組織法的性格を基底において労働問題の円満な解決という企業への社会的要請，船員法にみられる一つの前駆的法解決，

包括承継の場合における商法の規定等を彼此考察すると，企業の経営組織の変更を伴わないところの企業主体の交替を意味するがごとき企業譲渡の場合においては，その際に附随的措置として労働者の他の企業部内への配置転換がなされるとか，その他新主体に承継せしめない合理的な措置が採られる等特段の事情のないかぎり，従前の労働契約関係は当然新企業主体に承継されたものと解するのが相当である。」，「右労働関係の当然承継がなされる場合には，それが集団的性質を有することにかんがみ，労働者の個々的同意を必要とせず，直ちにその効力を生ずると解するのが相当である（民法第625条の修正理論）。」，「もし，特定の労働者が企業の譲受人との間に労働関係の継続を欲しないならば，新主体に対し退職を申入れ，即時解約をなすことができると解すべきである（船員法第43条第2項は，船員に新船舶所有者との間に存するものとみなされる雇入契約について解除権を与えている。）」，「Y会社は昭和37年1月31日運輸部を廃止し，部門に関する企業を包括的に新会社たるA会社に譲渡し，その従業員についてA会社に承継させない等格別の措置がとられたものではないから，その従業員は右企業譲渡により当然A会社に承継せられたものと認めるべきである。そしてXは第1の解雇が無効である以上右Y会社の企業譲渡の当時Y会社の運輸部における従業員たる地位を有していたものというべきであるから，Xの右従業員たる地位も他の従業員と同様右企業譲渡により当然A会社に承継せられたといわなければならない。」，「またY会社がした前記第2の解雇は，すでに従業員でないものに対する解雇の意思表示であって，なんの効力も生じないが，その無効は本件の判断にいささかも影響を与えるものではない。」「そうすると，Xが今なおY会社の従業員である地位を有することを前提とする本件仮処分申請はこれを認容することができない。」

(イ)　営業・事業の移転義務

　譲渡人・譲渡会社は，営業譲渡契約・事業譲渡契約に従って，譲受人・譲受会社に対し，営業・事業を構成する各種の財産を移転する義務を負う。移転すべき財産の範囲は，とくに留保する旨（たとえば一部の債務・不良資産などの除外）の定めがない限り，営業・事業に属する一切の財産である。営業・事業の譲渡は相続・合併のような包括承継ではないので，営業・事業を構成する個々の財産に応じた個別の移転をし，また財産ごとに必要な第三者対抗要件を備えるために必要な手続をとらなければならない[10]。営業・事業上の債務については，債務者の交替による更改（民514条），債務の引受け（民470条・472条），譲

渡人・譲渡会社の債務の履行の引受け（民474条参照）などの手続をとらなければならない。財産的価値のある事実関係については，その性質に従い相当の措置，たとえば営業・事業上の秘訣についてはその伝授，得意先・仕入関係については案内・紹介などが必要である。

譲渡人・譲渡会社と労働者（使用人）との関係も，営業・事業の譲渡の対象となるかどうかについては，労働者は営業・事業の人的施設として実質的に営業・事業そのものに所属する関係にあり，その承諾を要しないで譲受人・譲受会社に移転するが，その者が譲受人・譲受会社との関係の継続を望まないときは，直ちに契約を解除（民628条・651条）できると解される[11]。なお，会社分割の場合に，労働者の保護を図ることを目的として，会社分割に伴う労働契約の承継等に関する法律（平12法103号）が制定されている[12]。

(2) 競業避止義務

譲渡人・譲渡会社の営業・事業譲渡後の競業は，営業・事業の譲渡の実効性を失わせる。これに対し，無制限の競業禁止は，譲渡人・譲渡会社の営業・事業の自由を奪うことになる。そこで，商法・会社法は，営業・事業の譲渡の実効性の確保と譲渡人・譲渡会社の営業・事業の自由との均衡を図るため，競業

---

10) たとえば，不動産・商号について登記（民177条，商15条2項），動産については引渡し（民178条），特許権・商標権などの知的財産権は登録（特許98条，商標35条），債権については債務者に対する通知・承諾（民467条），指図証券については証券の裏書交付（民520条の2～520条の4，手12条・13条・77条1項1号など）などの手続を行う必要がある。

11) 大阪高判昭38・3・26高民16巻2号97頁（前掲播磨製鉄鋼事件）。学説は，労働者の合意なくして移転するとする説と，労働者の承諾が必要（民625条）であると解する説がある（会社法コンメ(1)209頁〔北村雅史〕）。譲渡当事者間において労働契約関係を譲渡の対象から除外する定めがない限り，労働契約関係が当然に承継されると考えるほうが妥当であろう。

12) 最高裁判例として，新設分割（会社2条30号・762条以下）の方法により事業部門の一部につき会社の分割がされた場合に，分割会社との間の労働契約が分割により設立された会社に承継されるとされた者が，上記労働契約はその承継手続に瑕疵があるので上記会社に承継されず，上記分割はその者に対する不法行為にあたるなどと主張して，分割会社に対し，労働契約上の地位確認および損害賠償を求めた事案で，会社分割に伴う労働契約の承継に関する労働者との協議がまったく行われなかった場合，または，分割会社からの説明や協議の内容が著しく不十分である場合には（分割労働承継3条～5条・7条参照），当該労働者は労働契約承継の効力を争うことができるとしたうえで，分割会社の上記協議が不十分であるとはいえないと判示したものがある（最判平22・7・12民集64巻5号1333頁）。

禁止の地理的範囲と時間的範囲を定める。

　競業禁止について当事者の別段の意思表示がない限り，営業・事業を譲渡した商人（譲渡人）・会社（譲渡会社）は，同一の市町村の区域内およびこれに隣接する市町村の区域内においては，その営業・事業を譲渡した日から20年間は，同一の営業・事業を行ってはならない（商16条１項，会社21条１項）。これは，営業・事業の譲渡の実効性を失わせないためである。ここで市町村とは，東京都の特別区の存する区域および政令指定都市では「区」をいう。ただし，譲渡人・譲渡会社の競業避止義務を排除して競業を許す特約は有効である。

　譲渡人・譲渡会社が同一の営業・事業を行わない旨の特約をした場合には，その特約は，その営業・事業を譲渡した日から30年の期間内に限り，その効力を有する（商16条２項，会社21条２項）。これは，譲渡人・譲渡会社の営業・事業の自由を不当に制限しないためである。

　譲渡人・譲渡会社は，競業避止義務を負わない場合でも，不正の競争の目的をもって同一の営業を行ってはならない（商16条３項，会社21条３項）。不正の競争の目的とは，譲渡人・譲渡会社が譲受人・譲渡会社の営業上・事業上の顧客を奪う目的で同種の営業・事業を行う場合[13]などに認められる。

---

13)　大判大７・11・６新聞1502号22頁。

5　第三者に対する営業・事業の譲渡の効果

9－2図解：営業譲渡・事業譲渡における法律関係

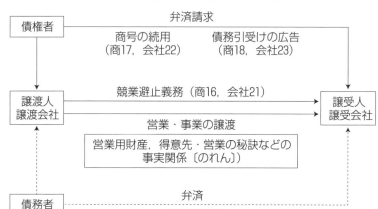

　営業・事業の譲渡によって，営業・事業上の債権・債務は，当事者間では原則として譲受人・譲受会社に移転することになる。しかし，特約で特定の債権・債務が移転対象から除外されたり，譲渡人・譲渡会社の営業・事業上の債務の移転にその債権者が同意していなかったり（民514条参照），譲渡人・譲渡会社の営業・事業上の債権の移転が債権譲渡の対抗要件を備えていなかった（民467条）などのような場合に，譲渡人・譲渡会社の営業・事業上の債権者は譲渡当事者のどちらに請求できるか，また，その営業・事業上の債務者はどちらに弁済すべきかという問題が生じる。そこで，商法・会社法は，営業・事業上の債権者を保護する規定（商17条以下，会社22条以下），営業・事業上の債務者を保護する規定（商17条4項，会社22条4項）を置いている。

(1)　営業・事業上の債権者の保護

(ア)　商号の続用がある場合

①　**新米安商店事件**（最判昭38・3・1民集17巻2号280頁）　　主要食糧および薪炭類の小売販売を業とするA会社（有限会社A商店）は，B合資会社を受取人とする5通の約束手形を振り出した。B会社は，そのうち4通の各手形

（満期日昭和31年11月30日の２通と，満期日昭和31年12月31日の２通）を各満期前にX株式会社に裏書譲渡し，１通（満期日昭和31年11月30日）は満期前にCに裏書譲渡し，Cは同手形を満期後である昭和31年12月５日X会社に裏書譲渡した。満期日昭和31年11月30日の３通の手形はいずれも当時の所持人により支払呈示期間内に支払場所に呈示されたが，その支払いを拒絶された（満期日昭和31年12月31日の２通の手形はいずれも支払呈示期間内に支払いのための呈示がなされたことを認むべき証拠はない）。

　ところで，A会社は，手形の支払期日より前の昭和31年11月26日に解散して，翌27日にY合資会社（合資会社新A商店）が設立され，有限会社時代の施設・備品および従業員全部を引き続き使用し，有限会社の社屋と同一社屋で従前と同一の主要食糧および薪炭類小売販売業を継続し，主要食糧販売について同営業の登録官庁に対し，従前のA会社の主要食糧販売に関する一切の債権債務をY会社が承継した旨の届書を提出し，同営業の名義変更の手続を完了していた。

　そこで，X会社は，Y会社に対して手形金の支払いを求めたところ，第１審・第２審ともに，X会社の請求を認容した。とくに第２審においては，A会社からY会社への営業譲渡の事実を認定したうえで，A会社とY会社との間に商法26条（現行商17条，会社22条）所定の商号続用の関係があるかどうかについて，「有限会社A商店」と「合資会社新A商店」とは，会社の種類を異にし，かつ「新」という継承的字句が加えられたのみで，商号の主体部分と認められる「A」には変動がないのであるから，商法26条の関係においては，後者はまさに前者の商号を続用するものと認めるのが相当である旨説示し，A会社が負担した本件手形債務についてその営業譲受人であるY会社もまた支払責任があると判示した。これに対し，Y会社は，商法26条の商号の続用とは同一商号の続用をいうのであって類似商号の使用をも指すものではないと主張して，上告した。最高裁は，次のように判示して，Y会社敗訴の部分につき原判決を破棄し，第１審判決を取り消して，X会社の請求を棄却した。

　「会社が事業に失敗した場合に，再建を図る手段として，いわゆる第２会社を設立し，新会社が旧会社から営業の譲受を受けたときは，従来の商号に『新』の字句を附加して用いるのが通例であって，この場合『新』の字句は，取引の社会通念上は，継承的字句ではなく，却って新会社が旧会社の債務を

承継しないことを示すための字句であると解せられる。本件において，Y会社の商号である『合資会社新A商店』は営業譲渡人であるA会社の商号『有限会社A商店』と会社の種類を異にしかつ『新』の字句を附加したものであって，右は商法26条（現行商17条，会社22条）の商号の続用にあたらないと解するのが相当である。」

② **商号の続用がある場合**　営業・事業の譲受人・譲受会社が譲渡人・譲渡会社の商号を引き続き使用する場合には，その譲受人・譲受会社も，譲渡人・譲渡会社の営業・事業によって生じた債務を弁済する責任を負う（商17条1項，会社22条1項）。したがって，譲渡人・譲渡会社と譲受人・譲受会社とは不真正連帯債務者の関係に立つ。これは，商号続用の場合に，営業・事業上の債権者は営業主体・事業主体の交替を容易に知ることができないし，また知っていたとしても営業・事業上の債務も譲受人・譲受会社に引き継がれたと考えるのが通常で，債権者が譲受人・譲受会社に請求できるものと信じることが多いからであるといわれている[14]。

譲渡人・譲渡会社の営業・事業によって生じた「債務」には，取引により生じたものに限らず，営業上・事業上生じた不法行為による損害賠償債務も含まれる[15]。また，譲受人・譲受会社は，譲渡された営業・事業の積極的財産を限度としてではなく，無限に責任を負う[16]。

商号の続用は，事実上の続用であって，登記（商15条2項）は関係ない[17]。商号の続用には，まったく同一の商号をそのまま使用する場合だけでなく，商号の主要部分を共通している場合も含まれる。個人の商号に会社名を付加して使用する場合，商号の続用が認められる[18]。会社の種類だけを変更して

---

14)　最判昭29・10・7民集8巻10号1795頁。学説は，伝統的な通説は判例と同じ外観保護説をとるのに対し，営業・事業上の債務は営業財産・事業財産がその担保となっていることを理由として挙げる説（企業財産担保説）も有力である。会社法コンメ(1)215頁−216頁（北村雅史），論点体系(1)76頁（木俣由美）。

15)　最判昭29・10・7民集8巻10号1795頁。

16)　なお，会社分割の場合，会社債権者異議手続において，各別の催告が必要な場合に個別催告を受けなかった債権者に対しては，承継会社・新設会社は承継した財産額を限度として弁済の責任を負う（会社759条2項3号・761条2項3号・764条2項3号・766条2項3号）。

17)　なお，会社の場合には，商15条2項に相当する規定がないが，商号の変更登記について，会社909条・915条，商登34条参照。

18)　たとえば，名和洋品店と株式会社名和洋品店（東京地判昭34・8・5下民集10巻8号1634頁），鉄玉組と株式会社鉄玉組（最判昭47・3・2民集26巻2号183頁）など。

使用した場合も商号の続用が認められると解されるが，従来の商号に「新」の字句を付加することは継承的字句ではなく，かえって新会社が旧会社の債務を承継しないことを示すための字句であると解する判例がある[19]。なお，ゴルフ場の営業の譲渡がされた場合に，ゴルフクラブの名称を継続使用したとき，商法旧26条１項（現行商17条１項，会社22条１項）の類推適用により，譲受人に預託金返還義務を負わせる判例がある[20]。

　商号続用の場合でも，営業・事業の譲渡後，遅滞なく，譲受人・譲受会社が譲渡人・譲渡会社の債務を弁済する責任を負わない旨を登記（譲受会社はその本店の所在地において登記）した場合には，弁済の責任を免れる（商17条２項前段，会社22条２項前段）。免責の登記は，譲受人の申請により（商登31条），商人が譲受人であるときは譲受人の商号の登記記録にし，会社が譲受人であるときは譲受人である会社の登記記録にする（商登則53条）。また，営業・事業の譲渡後，遅滞なく，譲受人・譲受会社および譲渡人・譲渡会社から第三者に対しその旨の通知をした場合において，その通知を受けた第三者に対しても，同様に弁済の責任を免れる（商17条２項後段，会社22条２項後段）[21]。

(イ)　商号の続用がない場合

①　千住北魚事件（最判昭36・10・13民集15巻９号2320頁）　　Xは，昭和25年にA株式会社に対し総額130万円を貸し付けたが，昭和26年にA会社はB株式会

---

[19]　最判昭38・3・1民集17巻２号280頁（前掲新米安商店事件）は，有限会社米安商店と合資会社新米安商店は商号の続用にあたらないとする。

[20]　最判平16・2・20民集58巻２号367頁は，預託金会員制のゴルフクラブの名称（淡路五色リゾートカントリー倶楽部）がゴルフ場の営業主体を表示するものとして用いられている場合において，ゴルフ場の営業の譲渡がされ，譲渡人（株式会社ギャラック）が用いていた前記ゴルフクラブの名称を譲受人（株式会社ギャラクシー淡路）が継続して使用しているときには，譲受人が譲受後遅滞なく当該ゴルフクラブの会員によるゴルフ場施設の優先的利用を拒否したなどの特段の事情がない限り，会員において，同一の営業主体による営業が継続しているものと信じたり，営業主体の変更があったけれども譲受人により譲渡人の債務の引受けがされたと信じたりすることは，無理からぬものというべきであるから，譲受人は，上記特段の事情がない限り，商法旧26条１項（現行商17条１項，会社22条１項）の類推適用により，会員が譲渡人に交付した預託金の返還義務を負うものと解する。また，最判平20・6・10判時2014号150頁は，ゴルフ場の事業が譲渡された場合だけではなく，会社分割に伴いゴルフ場の事業が他の会社または設立会社に承継された場合にも，引き続きゴルフクラブの名称を使用しているとき，会社法22条１項の類推適用により，預託金返還義務を負うとする。

198

社・C株式会社とともに営業を廃止し，新たにY株式会社を設立し，Y会社
が前記旧３会社の業務を引き継いだ。Y会社は，その業務を開始するにあ
たって，旧３会社の取引先に対して御挨拶と題する書面を送付した。そこで，
Xは，Y会社はA会社の営業の譲渡を受けたことにより前記債務を引き受け
たと主張して，Y会社に対し前記貸付金の支払いを請求した。第１審はXの
請求を認容した。Y会社は控訴したが，第２審において，Xは，Y会社によ
る債務引受けがあること，その債務引受けの事実が認められないとしても商
法旧28条（現行商18条１項，会社23条１項）にいわゆる債務引受けの広告があ
ると主張した。第２審判決は，債務引受けの事実を認めず，商法旧28条の広
告について次のように判示して，Xの請求を棄却した。

　「商法28条（現行商18条１項，会社23条１項）にいわゆる債務引受の広告とは，
一般の人が認識できる方法によって不特定多数人に対してなす意思表示であ
ると解するのを相当とするところ」，「右書面は『御挨拶』と題して『粛啓新
緑の候云々』に始まり，前記３会社が小異を捨て大同に就き新にY会社が設
立せられて新社名の下に業務を開始することになったについては迅速適確な
仕切金送付支払をモットーとして荷主各位の期待に副うような努力する旨が
記述され，更に旧３会社の従来の売上実績を数字を挙げて示し」，「『以上所
信の一端を申述べまして御挨拶に代へる次第であります』と結ばれ，追って
書として『御手許にある……荷札は従来通り御使用願い結構で御座居ます』
と附記され」，「宛名を空欄して「殿」と不動文字を以て印刷されているので
あって」，「Y会社はその業務を開始するに当って昭和26年５月頃３会社と取
引のあった生産地における漁業者すなわち荷主に対して個々に前掲……と同
一内容形式の書面を送付したものであって，右書面は取引先に対する単なる
挨拶状であり，不特定多数人になされたいわゆる広告でないことが認められ
る。」，「もっとも右挨拶状の中には『新会社に業務を継承した３社の実績
云々』の文言が使用されているけれども，その前後の文脈を参酌して前記認

21）　なお，営業・事業の現物出資を受けて設立された会社が出資者の商号を続用する場
合についても，法律行為による営業の移転である点で営業・事業の譲渡と同じであるこ
とから，商法旧26条（会社22条・24条２項）の類推適用が認められる（通説，最判昭
47・３・２民集26巻２号183頁）。また，営業の賃貸借および経営の委任の場合にも，商
法旧26条の類推適用を認める裁判例がある（東京高判平13・10・１判時1772号139頁〔営
業の賃貸借〕，東京高判平14・９・26判時1807号149頁〔経営委任〕）。

定の事実から推考すると，右の業務継承とは旧3会社が整備されて営業を廃
止し，新にY会社が設立されて旧3会社と同一の……業務を開始する趣旨で
あって，債務引受の趣旨とは解せられないばかりでなく，外には，X主張の
ようにY会社が……債務を引受ける旨の表示をなしたと解せられる文言はな
にも認められない」。

　この第2審判決に対し，Xは，本件の挨拶状は商法旧28条にいわゆる広告
の範囲内に含まれ，新会社に業務を継承したという文言は明らかに債権者を
してY会社の旧3会社債務引受けの事実を信頼せしめるものがあるなどを述
べて，原判決は商法旧28条等の解釈を誤まった違法があることを理由に，上
告した。最高裁は，次のように判示して，Xの上告を棄却した。

　「A会社，B社およびC会社（以下旧3会社という）が営業を廃止し，新にY
会社が設立されて旧3会社と同一の中央卸売市場における水産物等の卸売業
務を開始するという趣旨の取引先に対する単なる挨拶状であって，旧3会社
の債務をY会社において引受ける趣旨が含まれていないとする原審の認定判
断を正当として是認できる。」

② **商号の続用がない場合**　　営業・事業の譲受人・譲受会社が譲渡人・譲渡
会社の商号を続用しない場合には，債務者の交替による更改（民514条）や
債務引受けなどがない限り，譲受人・譲受会社は譲渡人・譲渡会社の債務に
ついて当然には弁済する責任を負わない。しかし，譲受人・譲受会社が譲渡
人・譲渡会社の商号を引き続き使用しない場合においても，譲渡人・譲渡会
社の営業・事業によって生じた債務を引き受ける旨の広告をしたときは，譲
渡人・譲渡会社の債権者は，その譲受人・譲受会社に対して弁済の請求をす
ることができる（商18条1項，会社23条1項）。これは，外観法理または禁反
言の法理に基づくものである。

　広告とは，債務を引き受ける意思を有する旨を不特定多数の人に認識され
得る手段をもって表示することであるが，広告の方法として，新聞広告やち
らしが一般的であり，大多数の債権者に対し書状の送付等により個別に通知
する場合も広告にあたるものと解される[22]。広告のなかに債務引受けの文字
が用いられなくても，債務引受けの趣旨が含まれていればよい。これについ

---

22)　那覇地判昭54・2・20判時934号105頁は，新聞記者に対する談話発表が新聞報道と
一体として債務引受けの広告にあたると判示する。

て，かつては債務引受けの趣旨を緩やかに認めた判例[23] もあったが，その後，たんなる挨拶状の配布は債務引受けの広告にあたらないとしている判例[24] がある。

(ウ)　譲渡人・譲渡会社の責任についての除斥期間

譲受人・譲受会社が譲渡人・譲渡会社の債務を弁済する責任を負う場合には，譲渡人・譲渡会社の責任は，商号の続用の場合は営業・事業を譲渡した日後，また商号の続用がない場合は債務引受けの広告があった日後，2年以内に請求または請求の予告をしない債権者に対しては，その期間を経過した時に消滅する（商17条3項・18条2項，会社22条3項・23条2項）。これは，営業・事業の債務は営業・事業の帰属者である譲受人・譲受会社が本来負担すべき債務であると考えて，譲渡人・譲渡会社の責任を短期消滅させるものである。譲渡人・譲渡会社の責任の消滅後は，譲受人・譲受会社のみが責任を負う。なお，条件未成就，期限未到来の債権者の場合は，請求の予告をすることになる。

(2)　営業・事業上の債務者の保護

譲渡人・譲渡会社の営業・事業上の債権は，特約で除外されない限り，譲受人・譲受会社に移転しており，譲渡人・譲渡会社の債務者が譲受人・譲受会社に対してなす弁済は当然に有効である。しかし，特約で除外されたり，譲渡人・譲渡会社が二重譲渡して第三者が対抗要件を備えると，債務者に二重弁済の危険が生じる。

そこで，商法・会社法は，二重弁済の危険がとくに著しい商号の続用がある場合において，譲渡人・譲渡会社の営業・事業によって生じた債権について，債務者に善意でかつ重大な過失がない限り，譲受人・譲受会社にした弁済を有効とし（商17条4項，会社22条4項），善意の債務者の保護を図っている。ここに善意とは，営業・事業の譲渡があったことを知らないことをいうものと解される[25]。

商号の続用がない場合には，営業主体・事業主体の誤認のおそれが少なく，

---

23)　最判昭29・10・7民集8巻10号1795頁は，鉄道・バス事業を東京急行電鉄株式会社より譲り受け京浜急行電鉄株式会社として新発足することなったという新聞広告が広告に該当するとする。

24)　最判昭36・10・13民集15巻9号2320頁（前掲千住北魚事件）は，3社が新会社を創立し業務を開始するという挨拶状は広告にあたらないとする。

譲渡人・譲渡会社の債務者は民法により保護されるにとどまる（民478条・479条）。多くの場合は債権の準占有者に対する弁済（民478条）が問題となるであろうが，この場合は，商法の続用の場合と異なり，譲受人・譲受会社が債権の準占有者である場合に限られ，また債務者が善意・無過失でなければ弁済は有効とならない。

(3) 詐害的な営業譲渡・事業譲渡の場合における残存債権者の保護
(ア) 詐害的な営業譲渡・事業譲渡に対する規定

　営業・事業を譲渡した商人・会社（譲渡人・譲渡会社）が，営業・事業を譲り受けた商人・会社（譲受人・譲受会社）に承継されない債務の債権者（残存債権者）を害することを知って営業・事業を譲渡した場合には，残存債権者が譲受人・譲受会社に対して，譲受人・譲受会社が承継した財産の価額を限度として，当該債務の履行を請求することができることが規定されている（商18条の2，会社23条の2）。

　この規定は，平成26年改正において詐害的な会社分割における残存債権者を保護する規定[26]が新設されたのに合わせて，詐害的な営業・事業の譲渡の場合についても同趣旨の規定が設けられたものである[27]。

　しかし，この規定により，本来，譲受人・譲受会社に対し債務の履行を請求できない残存債権者が，常に譲受人・譲受会社に対し債務の履行を請求することができることとすると，譲受人・譲受会社に不測の損害を与えることになりかねない。そこで，譲受人・譲受会社の利益にも配慮して，その譲受人・譲受会社が事業の譲渡の効力が生じた時において残存債権者を害することを知らなかったときは，残存債権者が譲受人・譲受会社に対して債務の履行を請求する

---

25)　これに対し，営業・事業の譲渡の事実は知っているが，債権が譲受人・譲受会社に移転しなかったことについて知らないことも善意であると解する説もありうる。しかし，外観に対する信頼を保護するという趣旨から，ここでは，営業・事業の譲渡があったことを知らないことを，善意というものと解される。会社法コンメ(1)222頁（北村雅史）。

26)　会社759条4項〜7項・761条4項〜7項・764条4項〜7項・766条4項〜7項。

27)　商18条の2，会社23条の2の請求権は，詐害行為取消権（民424条）とは異なり，総債権者のために責任財産を保全するための権利ではなく，その趣旨を異にし，詐害行為取消権の特則ではなく，詐害的な営業・事業の譲渡が行われた場合には，承継されない債権者は，本条の請求権と詐害行為取消権のいずれをも行使することができると考えられている。坂本編著・一問一答356頁。

ことができないとしている（商18条の2第1項但書，会社23条の2第1項但書）[28]。「債権者を害すること」の意味は，譲渡人・譲渡会社がその財産をもって残存債権者の債務を完済することができない状態にあることをいうものと解される[29]。

(イ) 請求権を行使できる期間

譲受人・譲受会社の上記(ア)の債務の履行の責任は，残存債権者が，譲渡人・譲渡会社が残存債権者を害することを知って営業・事業を譲渡したことを知った時から2年以内に請求または請求の予告をしないとき，その2年の期間を経過した時に消滅し，また，営業・事業の譲渡の効力が生じた日から10年を経過したときも，消滅する（商18条の2第2項，会社23条の2第2項）。

(ウ) 譲渡人・譲渡会社に関する破産手続等の開始の決定

譲渡人・譲渡会社について破産手続開始の決定，再生手続開始の決定または更生手続開始の決定があったときは，残存債権者は，譲受人・譲受会社に対して上記(ア)の請求をする権利を行使することができない（商18条の2第3項，会社23条の2第3項）。これは，倒産手続が開始された以上は，破産債権者等の平等を優先し，破産債権者等による上記(ア)の請求権の個別行使を認めないこととするのが適切であると考えられたためである[30]。

6 会社と商人との間の事業の譲渡・譲受け

商法は，商人一般と会社（および外国会社）とを区別して（商11条），商人と商人との間の営業譲渡について規定しているのに対し，会社法は，会社と会社との間の事業譲渡について規定している。そうすると，商人が会社から事業を譲り受ける場合とか，会社が商人から営業を譲り受ける場合はどうなるのかが問題となる。

そこで，会社法は，会社が商人に対してその事業を譲渡した場合には，当該会社を商法16条1項に規定する譲渡人とみなして，同法17条から18条の2までの規定を適用する（会社24条1項）。また，会社が商人の営業を譲り受けた場合

---

28)　民法424条1項但書を参照。坂本編著・一問一答346頁。
29)　論点体系会社法・補巻12頁（第一法規，2015年）（基本的には，同一文言である民法424条の「債権者を害することを知って」に関する解釈が妥当すると解する〔金丸和広〕）。
30)　坂本編著・一問一答352頁。

には，当該商人を譲渡会社とみなして，会社法22条から23条の２の規定を適用する（会社24条２項）。

7　営業・事業の賃貸借・経営の委任

　一定の営業・事業目的のために組織化された有機的一体として機能する財産である営業・事業は，その譲渡・譲受けのほか，賃貸借や経営の委任の対象になることがある。これらは，他人と事業上の損益を共通する契約とともに，企業合同の手段とされ，企業存続の基礎に大きな影響を与えるため，会社法は株式会社について事業の譲渡と同じく，株主総会の特別決議を要求している（会社467条１項４号・309条２項11号）。ただし，事業全部の賃貸および経営の委任についてだけ総会決議を要求し，また，賃貸する側および経営委任する側だけに総会決議を要求している。また，総会決議が不要な場合（会社468条）や反対株主の株式買取請求（会社469条）も規定されている。さらに，一定の取引分野における競争を実質的に制限する場合や不公正な取引方法による場合にも独占禁止法上の規制がある（独禁16条１項３号～５号）。

(1)　営業・事業の賃貸借

9－3図解：営業・事業の賃貸借

　営業・事業の賃貸借とは，商人・会社がその営業・事業の全部または一部を他人に賃貸する契約をいう。賃貸の目的物は，不動産などの個別の財産ではなくて，組織化された有機的一体として機能する財産である。営業・事業の賃貸借は，民法の賃貸借（民601条以下）に類する複雑な混合契約である。民法の賃貸借の規定に準じて，賃貸人は，その営業・事業について賃借人に使用・収益をさせる義務を負い（民601条参照），そのために必要な措置（たとえば商号・施設の使用を任せ，人的組織の指揮を移譲するなど）をとらなければならない。賃借人は，自己の名をもって（営業・事業活動の経営主体）かつ自己の計算におい

て（営業・事業利益の帰属），営業・事業を営むことができるが，賃貸人に対して対価である賃料を支払う義務を負う。

　営業・事業の譲渡の場合と異なり，営業・事業の賃貸人の競業避止義務に関する規定はないが，賃借人に使用・収益をさせる義務を負うことから，賃貸人は，賃貸期間中，営業・事業の譲渡人・譲渡会社に準じて競業避止義務（商16条，会社21条）を負うと解される[31]。なお，営業・事業の譲渡において譲渡人・譲渡会社の債権者・債務者を保護する規定（商17条〜18条の2，会社22条〜24条）は，同様に，営業・事業の賃貸借についても営業・事業の賃貸人の債権者・債務者が自己の債務者・債権者を誤る危険性があるので，類推適用されるべきである[32]。

(2)　営業・事業の経営の委任

　営業・事業の経営委任とは，商人・会社がその営業・事業の経営を他人に委託する契約をいう。営業・事業の経営は，営業・事業の賃貸借の場合と異なり，常に委任者の名義（営業・事業活動の経営主体）で行われる。経営の委任には二つの類型がある。一つは，受任者の計算（営業・事業利益の帰属）で営業・事業を営む場合であり，これが「狭義の経営委任」である。他の一つは，委任者の計算（営業・事業利益の帰属）で営業・事業を営む場合であり，これを「経営管理契約」という。いずれも委任者の名で経営が行われることは共通する。

　狭義の経営委任の場合には，営業利益が受任者に帰属するが，これに対する対価として，受任者は委任者へ一定の報酬（たとえば営業利益・収益の何％）を支払うことを約束する。その実質は一種の営業・事業の賃貸借であり，営業・事業の譲渡の場合に準じて，委任者は経営委任の期間中は競業避止義務を負うものと解されている。これに対し，経営管理契約においては，営業利益が委任者に帰属するが，受任者の経営管理行為に対する見返りとして，委任者は受任者へ一定の報酬を支払うことを約束する。経営管理契約の法的性質は，経営という事務処理の委託を目的とする委任（民643条）または準委任（民656条）である。

---

[31]　多数説である。会社法コンメ(1)207頁（北村雅史），論点体系(1)84頁（金丸利弘）。
[32]　多数説である。会社法コンメ(1)218頁-219頁・227頁（北村雅史），論点体系(1)93頁-94頁・99頁-100頁（木俣由美）。

(3)　損益共通契約

　損益共通契約とは，商人・会社が他人と一定の計算期間内における営業・事業上の損益を合算し，その合計額から，あらかじめ合意された配分割合に従って，損益を分配することを約する契約をいう。民法上の組合契約の一種とされている。営業・事業上の損益の全部を対象にするものと，一部の損益を対象にするものがある。株式会社が事業上の損益全部を共通にする契約を締結するには，株主総会の特別決議を必要とする（会社467条1項4号。また，独禁16条1項5号参照）。

8　営業・事業の担保化

　わが国では，一般に，営業・事業の全体を一個の担保権の目的とすることは認められていない。しかし，営業・事業はこれを構成する個々の財産の総和よりも高い価値をもっており，このような営業・事業の全体を担保権の目的として活用できれば，企業にとって都合がよい。これに近い制度として，各種の財団抵当と企業担保がある。

　財団抵当は，工場抵当法・鉱業抵当法・鉄道抵当法などの特別法で認められるもので，企業に属する財産を一括して1個の物（物的財団として，鉄道財団など）または1個の不動産（不動産財団として，工場財団・鉱業財団など）とみなし，その上に抵当権（財団抵当）を設定するものである。しかし，これを利用できる業種は限られ，財団の構成要素が法定されているから，営業・事業を一体として担保化を図る制度として完全なものとはいえない。

　企業担保は，社債を発行する株式会社がその社債を担保するためにその総財産を担保の目的とするものであって（企業担保1条），その換価方法も一括競売または任意売却で（企業担保37条），営業・事業の担保に近いといえる。しかし，事実関係などが除外され被担保債権が限定され，優先的効力が弱い（企業担保6条・7条）などの欠点がある。

　以上のような財団抵当と企業担保の方法は，事実上大企業しか利用できない。これを利用できない者は，各個の営業・事業財産に抵当権・質権を設定するか，在庫商品や営業・事業用固定資産を一括して譲渡担保を設定するしかない。もっとも，抵当権・質権の設定は手続的に煩雑であり，また営業・事業全体として高められた価値を担保にすることができない。また，法人が営業・事業用

の動産や営業・事業から生じる債権を担保のため譲渡をする場合，第三者対抗要件（民178条・364条・467条）の動産譲渡登記ファイル・債権譲渡登記ファイルへの登記がされたときは，民法の定める第三者対抗要件（民178条・364条・467条）を満たしているものとみなされる点で[33]，中小企業の金融の便が図られているといえるかもしれない。しかし，営業・事業自体を担保化する制度は，なお残された課題であるといわれている。

[問題]

1 家具の製造業および販売業を営むA株式会社は，景気低迷により，その会社にとって重要な製造工場および家具販売店舗を，B株式会社に一括譲渡した。これによって，A会社は，全くその営業をすることができなくなった。

(1) A会社は，本件の譲渡は，会社法467条1項1号の事業譲渡に該当するのに，株主総会の特別決議（会社法309条2項11号）を経ていないので，無効であると主張することができるか。

(2) 上記の例の譲渡が，事業譲渡契約だと考えられる場合に，譲渡財産に含まれる土地・建物は，当然にB会社に移転するか。

(3) 上記の例の譲渡が，事業譲渡契約だと考えられる場合に，A会社の使用人は，当然にB会社の使用人となるか。

(4) A会社が，製造業において唯一の工場を譲渡するとき，これは，事業譲渡となるか。

(5) A会社が，製造業だけを譲渡するときは，これが事業譲渡と考えられるとき，事業の全部の譲渡となるか。

2 個人商人Aは，「F呉服店」という商号で呉服の販売を行っていたが，資金難に陥ったので，老舗の「F呉服店」という商号のみを高額でBに譲渡しようと考えた。認められるか。

3 A株式会社は，F市内において長年にわたって，「株式会社F電器」という商号で家庭用電気器具の製品の小売業を行っていた。令和元年5月に，電気器具製造・販売を業とするB株式会社がA会社に電器製品を販売した。また，同年6月，別のC株式会社が，A会社に電器製品を販売した。その後，同年7月に，A会社は，この事業をD株式会社に譲渡した。D会社は，「株式会社F家庭電器」という商号で，同市内の営業所で家庭用電気器具の販売業を行った。令和3年1月，Bは，A会社

---

33) 動産及び債権の譲渡の対抗要件に関する民法の特例等に関する法律3条・4条・14条。

およびD会社に対して前記の電器製品の代金支払を請求してきた。さらに，C会社も，令和4年1月に，A会社およびD会社に対して前記の製品の代金支払を請求してきた。

(1)　上記の例で，A会社は，B会社およびC会社からの支払請求に対して，D会社に事業譲渡したことを理由に，その支払を拒むことができるか。

(2)　上記の例で，D会社も，B会社およびC会社に対して，当然に支払責任を負う者となるわけではないとして，支払を拒否した場合，D会社の支払の拒否は認められるか。

(3)　上記の例で，①令和元年5月にA会社から電器製品を購入したEは，同年9月にその代金の支払をA会社にした。その後，D会社がEに代金支払を請求した。Eは，すでにA会社に支払をしたということをD会社に主張できるか。また，②Eが，令和元年8月にA会社から電気製品を購入して，同年9月にA会社にその支払をしたとき，Eは，D会社からの請求に対して，すでに弁済をしたということをD会社に主張できるか。

(4)　上記の例で，D会社が「株式会社F電器」または「株式会社F家庭電器」という商号を用いなくて，別の「株式会社D家電販売」という商号で販売業を行っていたとき，B会社がD会社に対して支払を請求することができるのは，どのような場合が考えられるか。

(5)　上記の例で，A会社が，D会社に事業譲渡することによって，D会社に承継されない債務の債権者Gに弁済することができなくなることを知っていた場合に，債権者Gは，D会社に対して当該債務の履行を請求することができるか。

(6)　上記の例で，事業譲渡の際に，A会社が，D会社との間で，隣接の市で直ちに電器製品の販売業を始めることができる旨の特約をすることは，有効であるか。

(7)　上記の例の場合に，事業譲渡ではなくて，事業の賃貸借の場合にも，D会社は，B会社およびC会社に対して責任を負うことがありうるか。

〔主要参考文献〕

[概説書]（平成17年改正商法・会社法総則に関する主要なもの）

落合誠一＝大塚龍児＝山下友信・商法Ⅰ－総則・商行為〔第6版〕（有斐閣，2019）

近藤光男・商法総則・商行為法〔第8版〕（有斐閣，2021）

関俊彦・商法総論総則〔第2版〕（有斐閣，2006）

末永敏和・商法総則・商行為法－基礎と展開〔第3版〕（中央経済社，2020）

田邊光政・商法総則・商行為法〔第4版〕（新世社，2016）

蓮井良憲＝森淳二朗編・商法総則・商行為法〔第4版〕（法律文化社，2006）

森本滋編・商法総則講義〔第3版〕（成文堂，2007）

弥永真生・リーガルマインド商法総則・商行為法〔第3版〕（有斐閣，2019）

[平成17年・26年改正立法担当者解説書・コンメンタールその他の主要な参考著書]

相澤哲編著・一問一答新会社法（改訂版）（商事法務，2009）

相澤哲ほか編著・論点解説新・会社法（商事法務，2006）

江頭憲治郎＝森本滋編集代表・会社法コンメンタール（商事法務，2008～2021）

江頭憲治郎＝中村直人編著・論点体系会社法（第2版）(1)～(6)（第一法規，2021）

江頭憲治郎・商取引法〔第8版〕（有斐閣，2018）

酒巻俊雄＝龍田節編集代表・逐条解説会社法（中央経済社，2008年～）

坂本三郎編著・一問一答平成26年改正会社法〔第2版〕（商事法務，2015）

竹内昭夫＝龍田節編・現代企業法講座第1巻企業法総論（東京大学出版会，1984）

竹林俊憲編著・一問一答令和元年改正会社法（商事法務，2020）

永井和之編・ブリッジブック商法（信山社，2002）

中村一彦・現代企業法総論（同文館，1984）

畠田公明・会社の目的と取締役の義務・責任－CSRをめぐる法的考察（中央経済社，2014）

松井信憲＝大野晃宏編著・一問一答平成30年商法改正（商事法務，2018）

矢沢惇編・現代法と企業（岩波講座現代法9）（岩波書店，1996）

[判例研究・判例集]

神作裕之＝藤田友敬編・商法判例百選（有斐閣，2019）

神作裕之＝藤田友敬・加藤貴仁編・会社法判例百選〔第4版〕（有斐閣，2021）

山下友信＝神田秀樹編・商法判例集第 8 版（有斐閣，2020）

[演習]

鈴木竹雄＝大隅健一郎編・商法演習Ⅱ（総則，商行為，手形・小切手）（有斐閣，1960）

服部栄三＝蓮井良憲編・ワークブック商法〔第 3 版〕（有斐閣，1991）

事項索引

判例索引

● 高等裁判所

［著者紹介］

畠田　公明（はただ　こうめい）福岡大学法学部教授

執筆分担：第1章，第3章，第9章

主要な著作：『会社の目的と取締役の義務・責任―CSRをめぐる法的考察』（中央経済社，2014），『企業グループの経営と取締役の法的責任』（中央経済社，2019），『社会的営利会社の立法とガバナンス』（中央経済社，2022年）

前越　俊之（まえこし　としゆき）福岡大学法学部教授

執筆分担：第2章，第8章

主要な著作：「証券不実開示訴訟における『損害因果関係』」福岡大学法学論叢53巻4号329頁（2009），「金融商品販売業者等の情報提供義務」東北学院法学76号480頁（2015），「デラウェア州会社法第122条⑿号について」福岡大学法学論叢64巻1号317頁（2019）

嘉村　雄司（かむら　ゆうじ）島根大学法文学部准教授

執筆分担：第4章，第6章

主要な著作：「保険とクレジット・デリバティブの法的区別の再構成」德本穰ほか編『会社法の到達点と展望――森淳二朗先生退職記念論文集』68頁（法律文化社，2018），「水害保険の現状と課題」法律時報91巻12号60頁（2019）

後藤　浩士（ごとう　ひろし）九州共立大学経済学部准教授

執筆分担：第5章，第7章

主要な著作：『新会社法講義』（共著，中央経済社，2020），『新企業統治論』（共著，税務経理協会，2021）

新版商法総論・会社法総則

2022年5月1日　第1版第1刷発行

著　者	明之司
	公俊雄
	田越村浩
	畠前嘉後藤
発行者	山　本　　　継
発行所	㈱中 央 経 済 社
発売元	㈱中央経済グループ パブリッシング

〒101-0051　東京都千代田区神田神保町1-31-2
電話　03 (3293) 3371（編集代表）
03 (3293) 3381（営業代表）
https://www.chuokeizai.co.jp
印刷／三 英 印 刷 ㈱
製本／㈲井 上 製 本 所

© 2022
Printed in Japan